Der Sturm wird stärker **Wir auch**

Aus der Angst
in die Freiheit

Hier geht es direkt
zu meiner Homepage

Dr. Claudia Richter

Der Sturm wird stärker **Wir auch**

Aus der Angst
in die Freiheit

Verlag: YessYess Verlag
20sec UG (haftungsbeschränkt)
www.twentyseconds.de
Holterfehner Str. 50 – 26842 Ostrhauderfehn

ISBN
Paperback 978-3-98631-136-0
e-Book 978-3-98631-137-7

Druck und Distribution im Auftrag des Verlags:
YessYess Verlag – 20sec UG (haftungsbeschränkt),
Holterfehner Str. 50, 26842 Ostrhauderfehn

Bibliografische Information der Deutschen Nationalbibliothek:
Die Deutsche Nationalbibliothek verzeichnet diese Publikation in der Deutschen Nationalbibliografie; detaillierte bibliografische Daten sind im Internet über http://dnb.d-nb.de abrufbar.

Widmung

Ich bin nicht hier, um zu gefallen,
ich bin hier, um zu verändern.

Deshalb widme ich dieses Buch zuerst einmal
meinem Vater
Papa, ich glaube, der Satz oben hätte dir gefallen.

Und ich widme dieses Buch allen Frauen,
die sich seit Jahren mit den Folgen von Traumatisierungen
herumquälen.
Die wissen, dass da noch etwas ist in ihrem Inneren,
das gelöst werden darf.

Die trotzdem Tag für Tag funktionieren.
Und das in einem immer noch patriarchalen System,
in dem Frauen manchmal nur
mitgemeint sind.

Und ganz besonders widme ich dieses Buch
meinen wunderbaren Interviewpartnerinnen:

Alexandra Pöhling, Antonia Schöler, Kerstin Rauch,

Monika Schmidt, Saskia Holz, Vera,

Coco Thamm und Dr. Birte Göschl.

Ihr seid das Licht in der Dunkelheit

Inhalt

Vorwort

Manche Bücher entstehen am Schreibtisch, andere mitten im Leben. Dieses Buch gehört zur zweiten Kategorie.
Ich erinnere mich noch genau an den Moment, als Claudia mir zum ersten Mal virtuell gegenüber saß und Bruchstücke ihrer Geschichte erzählte. Ich hatte sie damals im November 2024 über LinkedIn „gepitcht" und um Vernetzung gebeten. Der Zufall wollte es wohl so, denn sie suchte just in diesem Moment einen Verlag für ihr Buch. Und die Welt ist soooo klein – wir leben und arbeiten beide in Schleswig-Holstein, nicht weit voneinander entfernt.
Wir haben uns sofort verstanden. Auf allen Ebenen. Ein ständiger, beinahe unkontrollierbarer Fluss an Gedanken, Ideen und Geschichten. Wir haben gelacht. Wir haben erzählt. Und Pläne geschmiedet (sofern man das bei all den vielen Ideen so nennen kann).
Als Verlegerin ist es auch meine Aufgabe, Manuskripte auf ihre Relevanz zu prüfen. Doch bei diesem Projekt gab es kein langes Abwägen. In einer Zeit, in der das Thema mentale Gesundheit oft hinter glänzenden Social-Media-Fassaden verschwindet, brauchen wir Stimmen, die das Schweigen brechen. Mein Entschluss, dieses Buch und nun auch das zweite in unser Programm aufzunehmen, war nicht nur eine geschäftliche Entscheidung – es war eine Herzensangelegenheit. Ich wollte eine Plattform schaffen für diese Interviews, diese Erfahrungen und vor allem für die Hoffnung und den Mut, die in jeder dieser Zeilen stecken.
Was Claudia dann mit den beiden Büchern in unserem YessYess Verlag geschaffen hat, beeindruckt mich zutiefst. Ihr Schreibstil ist wie sie selbst: schonungslos ehrlich, unprätentiös und doch von einer unglaublichen Wärme getragen. Sie schreibt nicht über Betroffene – sie schreibt als Betroffene, auf Augenhöhe

und ohne erhobenen Zeigefinger. Diese Authentizität ist es, die nun auch ihrem zweiten Buch seine große Kraft verleiht. Es ist kein Ratgeber, der fertige Lösungen präsentiert, sondern ein ehrlicher Begleiter, der sagt:
„Ich sehe dich. Ich kenne diesen Schmerz. Und es gibt einen Weg hinaus."
Ich bin stolz, nicht nur als Verlegerin an ihrer Seite zu stehen, sondern dieses so persönliche und wichtige Werk nun mit dir, die du dieses Buch lesen wirst, teilen zu dürfen.

Neumünster, im Januar 2026
Beatrix Gerhartz

Einleitung

„Nimm dir nix för, dann slei di nix fehl", das hat mein Vater immer gesagt, wenn ich den Kopf voller Flausen hatte, was ich alles in meinem Leben machen wollte. Damit hat er mich manchmal ganz schön ausgebremst und ich habe daraus gelernt: Es ist nicht gut, Pläne zu machen, denn erstens kommt es anders, als man zweitens denkt.
Das hatte für mich Nachteile, denn nach dem Abi wusste ich immer noch nicht, was ich machen wollte, was mein innerstes Interesse wäre.
Aber es hat mich auch befreit.
Befreit zu einer Haltung, die ich heute immer wieder an mir bemerke:
Die Dinge auf mich zukommen zu lassen.
Und mit diesem Satz sind wir schon wieder mitten in der Mitte dessen angekommen, was mich jetzt umtreibt.
Und das, was mich umtreibt, ist immer noch nicht fertig erzählt.

Vielleicht hast du, meine liebe Leserin, schon meine beiden ersten Bücher gelesen: „Da geht noch was" und „Das hab ich noch nie gemacht". Beide bauen irgendwo aufeinander auf: Das zweite ist direkt aus dem ersten entstanden.
Und nun hast du mein drittes Buch in der Hand – den Abschluss der Trilogie.

Worum kann es jetzt noch gehen?
Es sind schon so viele Dinge erzählt und angesprochen.
Was soll da noch kommen?
Meine Liebe, du hast so recht mit deiner Frage:
„Was soll da jetzt noch kommen?"

Nach der Veröffentlichung meines letzten Buches stellte sich still und heimlich das Gefühl ein, es ist noch nicht vorbei, da fehlt eben noch was.
Mein Traum war es und ist es immer noch, einen Roman für dich zu schreiben, einen Roman der Art, wie ich ihn gern lesen würde. Das Setting steht bereits, aber du hast ihn jetzt noch nicht in der Hand – er kommt – ich weiß es, und auch danach werde ich nicht aufhören zu schreiben. Aber die Zeit ist noch nicht reif.
Ich ahnte, es wartet eben noch die Vollendung der Trilogie auf mich. Ich hab es dann einfach „ausgesessen". Zu wissen, es fehlt noch was, nicht genau zu wissen was und trotzdem entspannt abzuwarten, was da so kommt ... danke Papa.

„Nimm dir nix för ..." Ich habe mich voll darauf verlassen, dass die Ideen kommen werden, wenn es so weit ist.
Und heute ... tada ... hast du das Ergebnis meines Abwartens in der Hand.
Als Erstes hatte ich den Titel: „Der Sturm wird stärker, wir auch"
Es lebe Pippi Langstrumpf. Und dann?
Vor jetzt genau zwei Tagen, Ende Juni 2025 für dich zur besseren Einordnung, wachte ich eines Morgens auf und wusste:
Das ist es!

Es sind die Folgen von Traumatisierungen, die jetzt noch fehlen. Und natürlich das Überleben. Wild, frei, frech und kreativ. Und bunt!
Überleben kann man – so meine Erfahrung – allerdings nur, wenn man den Tod nicht ausschließt. Und deswegen werde ich auch um dieses etwas sperrige Thema nicht herumkommen.
Aber langsam und immer der Reihe nach, oder, wie immer in Kreisen. Und mit der gewissen Leichtigkeit, mit der am Ende immer wieder ein kleines Lächeln entsteht. Bei dir und bei mir.
Dieses Buch hier, so viel kann ich dir jetzt schon verraten, wird mein politischstes Buch werden. Das sagt schon der Titel. Sei gespannt darauf, wohin die Reise geht.

Und jetzt mach dich mit mir gemeinsam auf die Socken in bekanntes oder auch gänzlich unbekanntes Terrain. Wir werden sehen.
Wie immer freue ich mich, wenn ich von dir höre. Wie immer kannst du mich gern während oder nach der Lektüre anrufen, ich bin immer nur einen Call entfernt.
Und wie immer darfst du jede Menge Pausen machen. Auch diesmal werde ich dich hin und wieder dazu einladen.
Pausen und dann Atmen.
Nimm dir nix vör, dann sleit di nix fehl. Damit lass uns das erste Kapitel beginnen.
Denn dieses Buch widme ich vor allem meinem Vater, der schon vor vielen Jahren gestorben ist, den ich aber heute immer noch mal vor mir sehe und dem mein Dank für seine Liebe bei allen seinen Fehlern und Versäumnissen gilt.

Nimm dir nix för

... dann sleit di nix fehl
sagte mein Vater zu jeder kreativen Idee,
die ich für mein Leben hatte.

Das ist Plattdeutsch und heißt so viel wie:
Nimm dir nichts vor,
dann kann dir auch nichts schiefgehen.

Mich als Kind oder Jugendliche
hat dieser Satz
so oft ausgebremst.

Heute hat der Satz zwei Seiten für mich:

Die eine Seite ist die Erkenntnis:

Der Druck und die Angst,
alle Ziele zu erfüllen,
alle Anforderungen zu erfüllen,
nach dem Motto

„Du musst es nur einfach wollen",
macht auf Dauer müde.

Vorhaben scheitern,
und das tut weh.
Manchmal
kann man dann sein Leben nicht lieben
und dankbar sein.

Wer das nicht sieht,
lebt im Wolkenkuckucksheim,
der wunderbaren Welt
der Social-Media-Coaches.

Was passiert,
wenn es nicht klappt?
Dann bin ich selbst schuld.
Und da sind sie dann,
diese beiden:
Schuld und Scham.
Davor wollte mein Vater mich
und natürlich sich
schon damals
schützen.

Hören wir also auf, uns damit zu quälen:
Mit der Machbarkeit all dessen,
was du willst.
Erlauben wir uns zu scheitern
und uns dann so zu fühlen,
wie wir uns gerade fühlen.

Und das ist die zweite Seite,
das Fühlen.
Die hatte mein Vater nicht auf
dem Schirm,
ich auch nicht.

Aber ja,
das ist der Game Changer.
Du darfst fühlen,
gib dir die Erlaubnis
zu fühlen,
deinen Weg zu fühlen.

Glücklich sein in jeder Situation,
steht dabei nicht zur Wahl, denn
das Leben kann wunderschön,
aber auch Angst einflößend und schwierig sein.

Weil du Umwege gehen wirst,
wenn du fühlst,
aber genau darum geht es,
denn Umwege
sind manchmal die schönsten
Wege.
Du hast sie zwar
unglücklich eingeschlagen.

Unterwegs aber scheint
manchmal dein
Leben in der schönsten Form auf.
Du fühlst
Hier bin ich richtig,
das ist mein Weg.

Nicht weil er dir den fünfstelligen
Jahresverdienst
verspricht.
Klar musst du Miete und alles andere
bezahlen,
klar kommt es auch darauf an.

Aber es ist für
dein Glück nicht
das Entscheidende,
sondern weil du
fühlst:
Das ist richtig für mich.

Setzen wir uns nicht unter
den Druck der inspirierenden Sprüche,
die durch das Netz geistern,

sondern gehen stattdessen
einfühlsam
unseren Weg.

Danke, Papa.

Erster Teil: Traumatische Erfahrungen und Traumatisierung

1. „Trauma"?

Ich sitze an meinem Schreibtisch. Eigentlich wollte ich erst heute Nachmittag anfangen, aber es kamen gerade so viele Impulse, dass ich beschlossen habe, jetzt schon anzufangen mit dem ersten Kapitel.
Du fragst, was für Impulse ... ganz einfach: Der Hauptimpuls war der kleine unscheinbare Satz: Ich fühle mich gut!
Nimm diese vier Worte einmal ganz im Wortsinn:
Ich:
Wer ist Ich?
Claudia, zur Zeit des Schreibens gerade mal 67 Jahre jung, also im besten Alter, 178 cm groß, Gewicht unbekannt (langjährig essgestört, deswegen ist die Waage bis heute ein „No-go", geschätzt irgendwo zwischen 60 und 65 Kilo), dunkelhaarig mit grauen Anteilen, braune Hautfarbe – wir haben Sommer in Nordfriesland, dort, wo ich lebe, durchtrainiert (Yoga, Joggen, Krafttraining, jeden Tag). Im kirchlichen Ruhestand als Pastorin, voll aktiv als selbstständige Unternehmerin. Ist das alles über mich? Nein, das sind nur die Rahmendaten – das muss jetzt reichen, denn ich möchte auf etwas anderes hinaus – keine Sorge, du erfährst auch in diesem Buch wieder einiges mehr über mich.

Fühle mich:
Bedeutet was? Im landläufigen Sprachgebrauch ein unvollständiges Satzglied, was ein Adjektiv bzw. besser Adverb nach sich ziehen sollte.
Aber für mich ist es auch ohne Adverb etc. vollständig. Und für mich bedeutet es den Himmel. Denn:
Nehmen wir einmal das Ich dazu:
Ich fühle mich!
Hurra, genau darum geht es, darum darf es gehen, endlich kann ich, endlich darf ich mich fühlen! Darf meinen Körper fühlen als einen Teil von mir, darf jeden Muskel fühlen, jede Bewegung, jeden Knochen, jede Sehne, jedes Blutgefäß, jede Zelle – okay, okay, jetzt übertreibe ich.
Aber ich denke, du hast schon eine Ahnung, worauf ich hinaus will.

Dieses „Ich fühle mich", das ist für mich als traumatisierte Frau eine ganz neue Existenzebene.
Und dabei ist es völlig wurscht, ob dahinter noch „gut" steht.
„Ich fühle mich" reicht.
Wenn ich sage, ich fühle mich gut, unterstreicht es nur noch den Umstand. Landläufig, d. h. umgangssprachlich sagt dieses „gut" jedoch meist „nicht krank, keine Schmerzen, gute Laune" etc. aus, so wie „schlecht" auf Krankheit hindeutet.
„Ich fühle mich" ist dagegen eine absolute Aussage, vergleichbar mit „Ich höre" oder „Ich rieche".
Es beschreibt etwas, was wir Menschen haben können, das Gefühl der Eigenwahrnehmung, und das verheerende Folgen haben kann, wenn es gestört ist. Keine Eigenwahrnehmung bedeutet, verloren zu sein im luftleeren Raum. Und nein, ich dramatisiere hier nicht.
Sich selbst nicht zu fühlen ist ein Zustand, den kein Mensch – so behaupte ich – aushalten kann und deswegen Strategien entwickelt, um genau das zu kompensieren.

Ich muss das wissen, denn ich habe es erlebt. 11 lange Jahre war die Bulimie meine Kompensationsstrategie. Die Kompensation, um das Chaos nicht zu fühlen, das sexueller, sexualisierter Missbrauch und sexuelle Gewalt in mir angerichtet hatten. An dem ich mir dann irgendwann auch selbst die Schuld gab und mich schämte. Und so wurde die Bulimie nicht nur Kompensation, sondern auch Bestrafung und Kontrollzwang.

Mit etwas poetischeren Worten so ausgedrückt:

Manchmal
hat das Gefühl von Wertlosigkeit
leise in jede Zelle getropft,
ein beständiges Nagen,
dass ich nicht genug bin,
dass alles an mir falsch ist.
So wurde der Spiegel zum Feind,
und das Essen zur Kontrolle,
zum Versuch, Ordnung herzustellen,
wo nur Chaos war.

Oder, wie ich es mit einem Post auf LinkedIn beschrieben habe.

Jahrelang

Habe ich meinen Körper gehasst,
Fand ihn zu dick, zu unförmig,
Zu schlaff, zu unattraktiv,
Fand meine Beine zu kurz und zu stämmig,
Meinen Bauch zu rund,
Meine Haare nur doof,
Meine Nase zu kurz,
Meine Lippen zu dick.

Jahrelang
habe ich meinen Körper bestraft,
Zigaretten und Alkohol,
Gar nichts zu Essen,
Oder Fressattacken,
Um danach alles
Auszukotzen.

Und warum?
Das war mir lange Jahre nicht klar.
Erste Erinnerungssplitter,
Als ich selbst Mutter wurde,
An Nähe, die mir aufgedrängt wurde,
schon als Kind,
An Übergriffe, die ich nicht verstand.
Dann die spätere Erinnerung an meinen Bruder in meinem Bett,
Und mein erstes Mal,
Das ich nicht wollte,
Und an einen Chef,
Der sich nahm,
Was er wollte,
Und ich ohne Chance
Auf Gegenwehr.
Ich habe alles tief in mir verschlossen
Und den Schlüssel weggeworfen.
Show Must Go on.

Es hat Jahre gedauert, bis ich mir
Nicht mehr die Schuld gab,
Die Scham vor die Tür setzte,
Meinen Körper zu lieben lernte.

Deswegen coache ich heute
Traumatisierte Frauen,
Weil jede Frau,
Die an ihren Erlebnissen
Kaputt geht,
Eine zu viel ist.
Weil ich genau weiß, wie sich das anfühlt,
Wenn man nicht mehr weiter weiß
Und Tabletten schluckt.
Deswegen setze ich mich dafür ein:
Die Scham muss die Seite wechseln,
Damit wir leben können
Mit unseren Traumata
Und trotzdem
In Frieden mit uns selbst
Und mit unserem Körper.
Damit keine Frau
Verloren geht,
Weil sie sich wertlos fühlt
Und benutzt.

Darum habe ich
Mein Buch geschrieben.

Wir dürfen uns selbst
Lieben,
Und wir dürfen mit
Hoch erhobenem Kopf sagen:
Ich habe überlebt ...

Der Post ging viral.

Lass uns in diesem neuen Buch nun einmal genauer auf wichtige Aspekte von Trauma und Traumatisierungen eingehen.

Und vorweg eines: Ob du es glaubst oder nicht, ich wusste lange nicht, was ein Trauma ist, ich hatte keine Ahnung von Traumatisierungen und schon gar keine Ahnung, was Traumatisierungen so alles in mir selbst anrichten können und in meinen Beziehungen. Wenn das, was du hier liest, für dich neu ist – dann bist du nicht allein.

Und ein zweites: Ein Trauma ist – und das weißt du schon, weil du mein zweites Buch „Das habe ich noch nie gemacht ..." gelesen hast – keine psychische Erkrankung.

Nur kurz zur Erinnerung noch mal und weil es so wichtig ist:
Ein Trauma ist keine psychische Erkrankung, es ist schlicht und ergreifend eine Schutzreaktion unseres Organismus. So wie bei einem Schulter-Nacken-Trauma nach einem Auffahrunfall unser Körper uns vor weiterem Schaden bewahrt, weil es schmerzt und alles danach schreit, den Kopf bitte nicht mehr zu bewegen.
Ähnliches passiert bei seelischen Traumata.
Ursachen von Traumata können vielfältig sein. Ich hab das mal nachgelesen und dir – ohne Anspruch auf Vollständigkeit – eine Liste zusammengestellt:

Hier sind einige mögliche Ursachen. Und schon dabei wird auf eine Unterscheidung zurückgegriffen, die mir fast willkürlich erscheint. Warum, verrate ich dir etwas später. Zunächst einmal wird unterschieden in:

1. Psychische Traumata:

- Gewalt- oder Missbrauchserfahrungen
- Naturkatastrophen oder Unfälle
- Krieg oder Konflikte
- Verlust von nahestehenden Personen
- Mobbing oder Diskriminierung

2. Physische Traumata:

- Schwere Verletzungen oder Unfälle
- Chronische Krankheiten oder Schmerzen
- Medizinische Eingriffe oder Behandlungen

Und dann haben wir noch Dinge, die sich nicht so ohne Weiteres einordnen lassen, wie z. B.

- Stress und Überforderung
- Soziale Isolation oder Einsamkeit
- Traumata in der Kindheit oder Jugend

Und wenn wir es genau betrachten, können wir die psychischen und physischen Traumata auch nicht wirklich voneinander unterscheiden, denn es gibt kaum Traumata, die sich nur in eine Kategorie einordnen lassen.
Ein Beispiel?
Ist eine Vergewaltigung ein psychisches oder physisches Trauma? Ich denke doch in fast allen Fällen beides, oder siehst du das anders?
Wenn wir jetzt auf die Auswirkungen schauen, stellen wir fest: Auch hier gibt es keine klare Differenzierung.

Alle Traumata können zu langfristigen psychischen und physischen Auswirkungen führen, wie z. B.:

- Posttraumatische Belastungsstörung (PTBS)
- Angststörungen
- Depressionen
- Schlafstörungen
- Essstörungen
- Schmerzen oder andere körperliche Symptome

Traumata, Traumatisierung und Essstörungen z. B. können eng miteinander verbunden sein. Und ob du es glaubst oder nicht – auch das war für mich neu! Ich hatte lange Jahre keine Ahnung, dass meine Bulimie eine Reaktion auf die sexuellen Übergriffe, die ich in meiner Kindheit und im frühen Erwachsenenleben erlebt hatte, darstellen könnte. Auch darauf gehe ich noch genauer ein. Und du wirst nicht nur Einblick in meine Geschichte bekommen, sondern auch in die Geschichten meiner Interviewpartner*innen.

Ebenso hatte ich keine Ahnung, dass meine immer wiederkehrenden Beziehungsthemen, wie z. B. das Nähe-Distanz-Thema oder meine Tendenz zu triangulieren,[1] mit Traumata zusammenhängen können.

„Trauma, Traumatisierung und Beziehungen" wird deshalb ebenfalls ein wichtiges Thema in diesem Buch werden, vor allem natürlich auch die Beziehung zu dir selbst, aber auch im Außen.

Dazu werde ich dich in dein „inneres Gespräch" begleiten. Du kennst es bestimmt, jedoch sind dir auch die Auswirkungen auf deine Gefühle und deinen Körper bekannt? Das innere Gespräch ist ein wunderbares Analysetool, um zu erkennen, wo der „Hund" bei dir „begraben" liegt.

Nicht fehlen darf natürlich auch eine kritische Analyse der gesellschaftlichen Rahmenbedingungen, die tiefgehende Traumatisierungen erst ermöglichen. Und es wird um die Rolle der Medien im Rahmen unseres Themas gehen, aber natürlich auch um den Einfluss des jahrhundertealten Patriarchats auf gerade uns Frauen.

Und dann geht es um Erkennen, Bewusstwerdung und Lösung von Traumatisierungen.

---

1 Wenn du, so wie ich lange Zeit, nicht weißt, was das ist: Auch darauf komme ich später noch zu sprechen.

Ein wichtiges Hilfsmittel zur Bewusstwerdung, aber auch zur Lösung von Traumata und Traumatisierungen ist wiederum das „Innere Gespräch".

Ein ebenso wichtiges Hilfsmittel, das so oft leider nicht gesehen wird bei der Traumaarbeit, ist unser Körper. Deswegen widme ich ihm ein ganzes Kapitel.

Ein wichtiger Verhinderer ist die Angst. Auch darum wird es genauer gehen.

Im dritten Teil geht's dann um das Thema:
Raus aus dem Trauma, raus aus den Traumatisierungen.
Ich starte mit traumasensibler Sprache und danach mit deinem Körper als deinem besten Freund auf diesem Weg.

Gegen Ende stelle ich dir unter der Überschrift „Systemsprengerinnen" bekannte und eher unbekannte Frauen vor, die in ihrem Leben jeweils drastisch Schluss gemacht haben mit den gesellschaftlichen Moralvorstellungen.
Und natürlich gibt es dann noch das Kapitel Vision.
Daraus ergibt sich eine erste grobe Gliederung für dich, die sich jedoch im Prozess noch weiter differenzieren wird.

Lass uns zunächst nun ins Thema Trauma und Traumatisierung allgemein eintauchen.

Das früheste Bedürfnis von uns Menschen neben der Nahrung ist Bindung.
Wenn ein Neugeborenes keinerlei Erfahrung mit stabiler Bindung zu den Eltern macht, hat das Auswirkungen auf das gesamte Leben.
Bindung ist nach Verena König tatsächlich das allererste Bedürfnis, das ein Neugeborenes hat, noch vor dem Bedürfnis nach Nahrung. Warum ist das so? Ohne eine Bindungsperson – kon-

kret ohne die Mutter oder den Vater – ist es schlichtweg nicht überlebensfähig. Und dies äußert sich in der ersten so fundamentalen Angst, die das Neugeborene empfindet, es mit Schreien äußert und resigniert, wenn es nicht gehört wird.
Was für eine schlechte Idee, Neugeborene sofort von der Mutter zu trennen und es ihr erst zu den Stillzeiten zu bringen – eine Praxis, die ich als Neugeborenes noch erlebt habe.
Vom Vater ganz zu schweigen. Mein Vater z. B. hat mich die ganze erste Zeit nur durch die Glasscheibe betrachten können.
Was für ein Schock das jeweils ist, vor allem für Mutter und Kind, weiß ich durch die Geburt meiner ältesten Tochter, die ich zwar nach der Geburt halten konnte, die mir dann aber erstmal weggenommen wurde für all die so wichtigen medizinischen Untersuchungen. Und dann musste sie in ein Wärmebettchen, weil sie noch so klein war. Als ob meine Körperwärme nicht genug gewesen wäre. Als ich sie dann, nach einer gefühlten Ewigkeit, im Arm hatte, habe ich sie nicht mehr in ihr Bett zurücklegen können. Diese Nähe wollte ich auf keinen Fall noch einmal unterbrechen lassen.
Das war 1982.
1984 bei meinem Sohn war es dann schon anders. Ich durfte ihn von Anfang an bei mir behalten, niemand hat ihn säubern wollen, solange ich es nicht wollte, und ich wollte nicht. So wurde ich dann mit meinem Sohn im Arm versorgt und dann, als der Vater ihn endlich auch auf dem Arm haben wollte, konnte auch er ihn sauber machen und anziehen.
Seit dieser ersten Zeit ließ mein Sohn es nicht mehr zu, wenn er nicht bei mir war. Gegen allen Rat hat er mit mir im Bett geschlafen und tagsüber im Tragetuch verbracht – dann war für uns beide die Welt in Ordnung. Heute ist diese Praxis zum Glück eher die Normalität. 1984 noch lange nicht.

Und so gab es damals einen Kinderarzt, bei dem eine der U-Untersuchungen gemacht werden sollte, der mir sagte: **„Wenn**

Sie Ihren Sohn weiter so tragen, übernehme ich keine Verantwortung für den Rücken Ihres Kindes."
Meine Reaktion?
Ich habe den Kinderarzt gewechselt.

Zurück zur Bindungsthematik: Wenn ein Neugeborenes schon die ersten Tage seines/ihres Lebens auf die vertraute Nähe der Mutter, des Vaters verzichten muss, erlebt es eben keine sichere, verlässliche Bindung. Wenn es dazu noch nur alle vier Stunden zum Stillen hergenommen wird, damit es nicht „verzogen" wird, ist die Bindungsproblematik schon im frühesten Kindesalter angelegt.
Das habe ich selbst als Baby so erlebt. Verena König schreibt:

„Nichts prägt uns mehr als unsere frühe Bindungserfahrung. Was wir von unseren Bezugspersonen über uns und die Welt lernen, tragen wir unbedarft in unser Leben. Unbemerkt suchen wir so das Vertraute und finden einen Widerhall der Vergangenheit in allem Neuen. Sich dessen bewusst zu werden und darüber hinauszuwachsen, öffnet uns die Tür in eine Welt, in der wir neue Wahrheiten über uns selbst und andere finden können."[2]

Heute wundere ich mich nicht mehr über den Zustand unserer Welt, eine Welt, die rein politisch und ökonomisch betrachtet von einer Reihe „alter weißer Männer" geführt wird, die mit großer Wahrscheinlichkeit auch in diese unsichere Bindungsstruktur hineingewachsen sind.
Dieses Bindungsmuster führt – wenn man das frühkindliche Trauma nicht auflöst – zu einem Bindungsverhalten, das, um es vorsichtig auszudrücken, entweder in der verzweifelten übersteigerten Suche nach verlässlicher Bindung bis hin zu Abhängigkeit gipfelt, oder aber sich in Formen von „Ich gegen den Rest der Welt" darstellt. Darauf gehe ich in der Folge auch noch genauer ein.

---

2 Siehe Verena König, Trauma und Beziehungen. Wie wir die immergleichen Beziehungen hinter uns lassen. München 2024, 65.

Beides keine Variante, um harmonisch mit der Mitwelt und sich selbst zu leben, oder?
Wie siehst du das?
Weißt du, wie du die ersten Tage, Monate, vielleicht auch Jahre deines Lebens verbracht hast?
Hast du dich über die Maßen angepasst, bist der Aufmerksamkeit deiner Eltern hinterhergehechelt, hast alles dafür getan, von ihnen geliebt zu werden? Und hast dich trotzdem nie gesehen gefühlt? Dann bist du als Baby und Kleinkind unsicher gebunden aufgewachsen.
Das trifft zu 100 % auf mich zu.
Oder hast du von Anfang an eine Mauer aus „Selbstständigkeit" aufgebaut, um den Schmerz nicht zu spüren, den die kindliche Verlassenheit bei dir ausgelöst hat? Ich kann das schon alleine.
Auch nicht das Gelbe vom Ei.
Wir Menschen sind auf Bindung angewiesen, wir sind soziale Wesen. Die ständige Unsicherheit im Außen führt zu keinem stabilen Selbstwert, sondern führt zu tiefer innerer Angst.
Ein Beispiel aus meiner Frühkindheit fällt mir da ein:
Mein Vater ist damals zur See gefahren, er ist kurz nach der Entlassung aus der Gefangenschaft in Russland von zu Hause abgehauen und hat sich ganz klassisch auf ein Schiff geschummelt, zuerst als blinder Passagier und dann durfte er tatsächlich bleiben. Aus diesem Stoff sind unzählige Geschichten der Nachkriegszeit gestrickt, zumal in Hamburg, dem damaligen „Tor zur Welt".
Er hat es geliebt, es war sein Statement – ich brauche meine Eltern nicht. Ich kann das schon allein.
Als ich ein Baby war, ist er immer wieder auf See gewesen und zwar über lange Zeit und manchmal auch mit meiner Mutter. Wir Kinder wurden bei den Großeltern geparkt.
Wenn er wieder nach Hause kam, erkannte ich ihn – nach Erzählung meiner Eltern – erst nicht und hatte Angst vor ihm.
Dann aber, wenn er zwei, drei Tage da war, war er mein Held.
Als ich etwas älter wurde, hatte ich mit jedem neuen Tag wieder

Angst, er könnte einfach verschwinden. Meine Mutter hat mir damals eine Brücke gebaut und mir erklärt, dass, solange der große Koffer auf dem Schrank im Schlafzimmer da wäre, mein Vater auch noch da wäre.
Das war ein anscheinend griffiger Ansatzpunkt für mich schon als Krabbelkind und mein erster Weg morgens führte mich dann ins Schlafzimmer, um nach dem Koffer zu sehen. Heute frage ich mich:
Haben mir meine Eltern denn nie gesagt, wenn es wieder so weit war, dass er fahren musste? Hatten sie etwa Angst vor meiner Reaktion, vor meiner Angst, wieder allein zu sein?
Beide haben mir etwas später erzählt, mein Vater habe dann seine geliebte Seefahrt aufgegeben und sich einen schlecht bezahlten Job an Land gesucht, weil ich immer so ein Theater gemacht haben soll, wenn er dann wieder weg war. Daran war also in der Legende meiner Eltern ich schuld. Das erste Mal, dass ich es heute so ausspreche. Sie waren sich nicht bewusst, was sie taten, aber ich war schuld daran und diese Schuld begleitete mich in mein Leben. Nun magst du einwenden: Du warst doch noch klein, du hast es dann doch überwunden. Täusche dich nicht. In uns selbst lebt immer auch noch das Kleinkind. Und manchmal blockiert es uns genau in den Situationen, wo wir es nicht erwarten und schreit uns, meist für uns selbst unhörbar an:
„Kümmere dich um mich!"

Ich habe mir bis heute – und ich bin schon einige Tage älter als damals – eine Angewohnheit erhalten: Wenn mein Mann abends allein unterwegs ist, lasse ich im Flur das Licht an. Wenn ich dann in der Nacht aufwache – und ich wache garantiert auf –, kann ich erkennen, ob das Licht im Flur noch an ist oder nicht. Ist es aus, ist er da und ich kann beruhigt weiterschlafen. Verrückt, oder?
Erst ganz vor Kurzem ist mir diese Angewohnheit aufgefallen. Das ist es, was Verena König meint, wenn sie schreibt:

„Unbemerkt suchen wir so das Vertraute und finden einen Widerhall der Vergangenheit in allem Neuen."[3]

Ich bin also schon als kleines Neugeborenes, so sehe ich es heute, durch die damals gängigen Erziehungspraktiken traumatisiert worden. Und dann kam auch noch mein Bruder, der mich noch vor der Schule zusätzlich durch seine sexualisierten Übergriffe traumatisiert hat.
Wen wundert es, dass ich noch nicht einmal den Versuch gemacht habe, meiner Mutter oder meinem Vater etwas davon zu erzählen. Außerdem fühlte ich mich ja auch schuld daran. Und auch später habe ich davon ihnen gegenüber niemals etwas erwähnt, auch als mir so langsam bewusst wurde, was mir geschehen war. Zu groß war die Angst, dass mir niemand glauben würde. Ich musste damit, so sagte ich mir, allein klarkommen.

Heute ist mir klar, wie wertvoll es war, dass, als die Erinnerung an das Geschehen über mich hereinbrach, ein Mensch mir einfach zugehört hat.
Dieser Mensch, mein damaliger Supervisor, den ich im Rahmen meiner Sabbatzeit als Pastorin regelmäßig aufsuchte, hat nicht geurteilt, mit keinem Wort gezweifelt an dem, was ich erzählt habe, nicht nachgefragt, mich nicht abgewertet. Er hat mir durch sein Dasein, sein Zuhören ohne Worte etwas so Wichtiges mitgegeben:
„Ich sehe dich, ich glaube dir, du bist nicht allein."
Das ist im Übrigen ein wichtiges Prinzip traumasensibler Sprache. Wir kommen darauf zurück.

Das hat mein Trauma, meine frühen Traumatisierungen geheilt – mehr brauchte es nicht. Und es war doch eine neue Welt für mich. Damit habe ich auch die Kraft gefunden – nicht sofort, aber in kleinen Schritten – mich aus meinen bisherigen Verhaltensmustern zu lösen.

---

3 Siehe A. a. O.

Zaghaft Vertrauen auszuprobieren, meine Mauern von: „Ich kann das schon alleine" aufzubrechen und aus meinem Verhaltensgefängnis herauszukommen.
Es hat viele Jahre gedauert, bis ich allerdings die Zusammenhänge mit meinen anderen Erfahrungen sexueller Übergriffigkeiten und mit Mobbing, die ich in meinem Buch: „Das habe ich noch nie gemacht – das wird gut" beschreibe, verstanden und nachgefühlt habe.
Und es hat einiges an Körperarbeit gekostet, bis ich die Spuren, die meine Traumatisierungen in meinem Körper gezogen hatten, anschauen und loslassen konnte.
Aber bevor wir auf die Auswirkungen von Trauma zu sprechen kommen, lass uns einmal draufschauen, was passiert, wenn du oder ich ein traumatisches Erlebnis haben.
Und wir dürfen eine etwas genauere Unterscheidung machen zwischen Trauma und Traumatisierung, die sich im normalen Sprachgebrauch und auch bei mir hin und wieder verwischt, weil sie so fließend ist.
Beginnen wir einmal mit Trauma.

2. Was genau ist „Trauma" – was sind die spontanen Reaktionen

Ein Trauma ist wie gesagt zunächst ein Ereignis.
Nehmen wir ruhig einmal eine Vergewaltigung, eines meiner Erlebnisse als junge Frau. In meinem zweiten Band der Trilogie, dessen dritten Band du ja jetzt in den Händen hältst, „Das habe ich noch nie getan, das wird gut"[4], beschreibe ich das klar.
Vergewaltigungen passieren bei uns in Deutschland in überwiegender Mehrheit in vertrauter Umgebung. Es ist also i. d. R. nicht der böse „Fremde", der uns abends auflauert, uns ins Gebüsch zieht und vergewaltigt – obwohl, den gibt es natürlich auch.
Es ist heute meist eine vertraute Person aus unserem engeren Umfeld. Der Vater, Bruder oder Onkel, der Chef, der Freund einer Freundin, der Ehemann. Die Liste lässt sich fast unendlich verlängern.
In meinem Fall war es mein damaliger Chef.

Was ist unsere erste Reaktion, wenn plötzlich klar wird, worauf eine bestimmte Situation hinausläuft?
In der psychotherapeutischen und psychologischen Literatur und noch genauer gesagt, in der Stress- und Traumaforschung werden mittlerweile vier klassische Reaktionsmöglichkeiten beschrieben:
Fight, flight, freeze und fawn – was auf Deutsch so viel heißt wie kämpfen, flüchten, einfrieren und unterwerfen.
Sie sind Teil des sogenannten „Stressreaktionsmodells" und werden oft mit dem Begriff „Polyvagal-Theorie" in Verbindung gebracht.

---

4 Wenn du es noch nicht gelesen hast, bestell es dir gern bei Amazon: https://www.amazon.de/dp/3986310916 oder bei mir direkt.

Die Polyvagal-Theorie wurde von Dr. Stephen Porges entwickelt und beschreibt, wie unser Nervensystem auf Stress und Bedrohungen reagiert.
Diese Theorie beschreibt drei Hauptreaktionen:

Als erste Kategorie wird Sicherheit benannt, denn nur wenn wir uns sicher fühlen, können wir uns auf soziale Interaktionen einlassen und uns mit anderen verbinden. Hier dockt auch die „Fawn"-Reaktion an, bei der wir versuchen, die Bedrohung durch Unterwerfung oder Anpassung zu besänftigen.

Als zweite Kategorie wird Mobilisation genannt. Wenn wir uns bedroht fühlen, können wir automatisch und zum Teil unbewusst auf „Fight" oder „Flight" umschalten, um uns zu verteidigen oder zu fliehen.

Aber auch die dritte Kategorie Immobilisierung hat eine wichtige Bedeutung, denn wenn die Bedrohung zu groß ist, können wir – natürlich völlig getrennt von unserem Bewusstsein – auf „Freeze" umschalten und erstarren.

Wenn wir uns also in einer stressigen oder bedrohlichen Situation – wie z. B. einer drohenden oder beginnenden Vergewaltigung – wiederfinden, reagiert unser Körper bis heute automatisch mit bestimmten Mechanismen, um uns zu schützen.
Was leistet unser Körper nach neuen wissenschaftlichen Erkenntnissen dabei? Natürlich will ich an dieser Stelle nicht zu sehr in die Tiefe gehen. Aber was mir wichtig ist, ist, dass du einen ersten Eindruck von der perfekten Organisation unseres Körpers gewinnst:
Vom Gehirn ausgehend können die Reaktionen „Fight, Flight, Freeze und Fawn" nämlich vereinfacht wie folgt erklärt werden:

Allererstes wird die Amygdala aktiviert, die als Teil des Gehirns für die Verarbeitung von Emotionen wie Angst und Stress ver-

antwortlich ist. Wenn die Amygdala eine Bedrohung erkennt, sendet sie Signale an andere Teile des Gehirns, um die Stressreaktion auszulösen. Ein wichtiger Teil des Gehirns ist dabei der Hypothalamus. Hier wird die Stressreaktion koordiniert, indem Signale an die Nebennieren gesendet werden, um Adrenalin und andere Hormone freizusetzen, die die Stressreaktion auslösen.
Das sympathische Nervensystem als Teil des autonomen Nervensystems ist dann für die „Fight"- und „Flight"-Reaktionen verantwortlich. Es erhöht die Herzfrequenz, den Blutdruck und die Atmung, um den Körper auf die Stressreaktion vorzubereiten.

Demgegenüber kann das parasympathische Nervensystem als zweiter Teil des autonomen Nervensystems die „Freeze"-Reaktion auslösen. Es kann gegebenenfalls auch die Stressreaktion dämpfen und den Körper in einen Ruhezustand versetzen, wenn die Bedrohung doch nicht so hoch oder vorbei ist.

Die „Fawn"-Reaktion kann durch die Aktivierung z. B. des präfrontalen Kortex ausgelöst werden, der allgemein auch für soziale Interaktionen und Emotionsregulation verantwortlich ist.

Verrückt, oder? Unser Körper ist grundsätzlich ein wohlstrukturiertes Wunderwerk!
Diese Kettenreaktionen im menschlichen Gehirn, die in der frühen Menschheitsgeschichte entstanden sind, sind uns bis heute erhalten.

Immer, wenn ich mir das klar mache, muss ich an Otto Waalkes denken, einen Komiker und gleichzeitig Künstler – der einzige, der in den frühen 80er-Jahren zu meiner Kultfigur wurde. Vielleicht kennst du ihn auch – oder die von ihm gemalten Ottifanten.
Als Komiker ist er eine Urgewalt gewesen. Er hat so eindrücklich Sketche geschrieben wie:
„Der menschliche Körper – das Wunder des Ärgerns."
Hier ein kleiner Auszug ;-):

„Großhirn an alle, fertig machen zum Ärgern
Großhirn an Drüsen, Adrenalinausstoß vorbereiten!"
„Milz an Großhirn, Milz an Großhirn, was ist denn da los bei euch
Ich krieg hier ja überhaupt nichts mit?!"
„Brauchst auch nix mitzukriegen, halt dich da raus aus dem Funkverkehr!"
„Großhirn an Blutdruck, steigen!"
„Blutdruck an Großhirn, Blutdruck an Großhirn, in Ordnung, gestiegen!""

Wenn du diesen Sketch nicht kennst, schau ihn dir einmal bei Youtube an. Er ist noch sehr viel witziger, wenn du ihn nicht nur liest, sondern von Otto hörst oder auch am besten siehst.
Otto Waalkes gibt dem komplexen Reaktionsmechanismus unseres Körpers sehr eindrücklich ein Bild.

Die Art der oben beschriebenen Reaktionen von „fight, flight, freeze and fawn" sind, wie gesagt, tief in unserer Menschheitsgeschichte verankert.Warum?
Unsere Ur-Vorfahren mussten sich in einer Umgebung behaupten, in der überall die Gefahren wie z. B. wilde Tiere, Naturkatastrophen und feindliche Stämme lauerten.
Überlebensmechanismen, die – nicht von Verstand gesteuert – einfach passieren, waren dabei der entscheidende Vorteil, das Überleben zu sichern, auf Bedrohungen zu reagieren und sich zu schützen.

Wenn z. B. der Säbelzahntiger vor einem stand, war es wichtig, sofort zu reagieren und nicht erst zu überlegen, was jetzt zu tun sei.
Kampf und/oder Flucht waren angesagt. Die „Fight"- und „Flight"-Reaktionen ermöglichten es unseren Vorfahren, sich in solchen Situationen zu behaupten.

Allerdings war gerade der Säbelzahntiger den ersten Menschen an Schnelligkeit weit überlegen. Aber im Kampf gab es mit Hilfe der ersten Waffen möglicherweise eine kleine Möglichkeit zu überleben.
In Situationen, in denen Kampf und Flucht beide nicht möglich waren, konnte das Erstarren eine bessere Überlebensstrategie sein.
Durch das Erstarren konnte man sich unsichtbar machen und die Aufmerksamkeit der Bedrohung ablenken. Ein Verhalten, das heute noch bei Bärenangriffen eine gewisse Überlebungsmöglichkeit gewährleistet.

Die Reaktion „Fawn", also Unterwerfung, war demgegenüber in sozialen Gruppen wichtig.
Sich unterzuordnen oder anzupassen, um Konflikte zu vermeiden, kann nicht nur das eigene „Überleben" sichern, sondern auch bis heute eine Gruppe zusammenhalten und die soziale Harmonie aufrechterhalten.

In unserer modernen Gesellschaft können diese Reaktionen jedoch auch zu Problemen führen, wenn sie über einen längeren Zeitraum hinweg aktiviert bleiben oder wenn sie nicht mehr benötigt werden. Und doch reagieren wir in Bezug auf Bedrohungen immer noch mit den prähistorischen Reaktionen. Was ist jetzt der Unterschied zu Traumatisierungen?

3. Was genau ist „Traumatisierung"

Der wissenschaftliche Unterschied zwischen Trauma und Traumatisierung liegt nicht nur in der Definition sondern auch in der Auswirkung auf das Individuum.
Warum allerdings werden im gesellschaftlichen Diskurs beide Begriffe fast schon synonym benutzt?
Das liegt eben an den fließenden Übergängen zwischen beiden. Aber bedeuten sie heute auch das Selbe? Das ist mit einem entschiedenen Nein zu beantworten.

Ein Trauma bezeichnet wie gesagt ein Ereignis oder eine Erfahrung, die eine Person als bedrohlich, schmerzhaft oder überwältigend erlebt. Dies kann ein einmaliges Ereignis sein, wie z.B. ein Unfall oder ein Angriff, oder eine länger andauernde Erfahrung, wie z.B. Missbrauch oder Vernachlässigung. Das heißt konkret auf unser Thema oben bezogen: Ein Trauma ist ein Geschehen, das als Bedrohung erlebt wird und auch dementsprechend eine der vier beschriebenen Reaktionen hervorrufen kann.

Ein Trauma ist also auch der beschriebene Beinbruch.
Es kann physische oder psychische Auswirkungen haben.

Und diese langfristigen Auswirkungen eines Traumas auf die psychische und emotionale Verfassung einer Person werden als Traumatisierung bezeichnet. Eine Traumatisierung kann zu Veränderungen in der Wahrnehmung, im Verhalten und in den Beziehungen führen. Sie kann auch zu psychischen Störungen wie der Posttraumatischen Belastungsstörung (PTBS) führen.
Um noch einmal den Beinbruch anzuführen: Ein Beinbruch kann psychische oder physische Auswirkungen haben. Er kann dazu führen, dass der oder die Betroffene nach der Heilung seinem Bein nicht mehr zutraut, ihn zu tragen. In der Regel werden diese

Auswirkungen jedoch mit Unterstützung eines Physiotherapeuten recht schnell überwunden.

Eine Traumatisierung bezeichnet also die langfristigen Auswirkungen eines traumatischen Ereignisses auf eine Person. Aber das vereinfacht zu stark, denn:
Damit eine Traumatisierung entsteht, braucht es noch die Reaktion oder Nichtreaktion meiner selbst und der Umwelt.
Beginnen wir mit der Umwelt:
Genau dann, wenn ein Ereignis von der Umwelt nicht wahrgenommen, ernst genommen oder aber verleugnet wird, passiert der erste Schritt der Traumatisierung.
Ein Beispiel:
Du hast ein Trauma erlebt – sexuellen Missbrauch wie ich im Beispiel von oben. Aber du darfst es danach nicht erzählen, weil es z. B. während der Arbeitszeit passiert ist. Die Arbeit muss ja weiter erledigt werden. Und weil du unter Schock stehst, tust du es! Und weil du Angst hast, dass dir keiner glaubt,
erzählst du es auch nach der Arbeit nicht. Du hast ja keine Beweise und wem glaubt man mehr, dir oder dem Chef. Und schon beginnst du selbst zu glauben, dass du was überinterpretiert hast, dass es ja doch einvernehmlich war, weil du es geschehen lassen hast. Stell dich nicht so an.
Und schon beginnt die Verdrängung.

Das setzt eine Reihe von „unschönen" Reaktionen in Gang:
Nach und nach wird das Geschehen immer weiter in das Unbewusste gedrängt. Auch die Gefühle, die mit einem Trauma verbunden sind, werden tief vergraben, zerbröseln aber von innen still und heimlich das Selbstwertgefühl der betroffenen Frauen.
Trotzdem: Show must go on!

Selbst schwer traumatisiert und mit einem inneren Selbstwert, der gegen null geht, bringen es manche Frauen zu erstaunli-

chen Karrieren, getrieben von dem Bedürfnis, es der Welt zu zeigen, dass sie etwas taugen.
Sie halten durch, werden hart gegen sich selbst und die Umwelt, werden Kontrollfreaks, aber dafür mega erfolgreich.
Oder aber sie geben sich mit einer kleinen Ecke vom Himmel zufrieden, obwohl ihnen eine stattliche Hälfte zusteht. Aber dazu später mehr.

Erinnere dich noch einmal an den Satz: Ein Trauma ist keine Krankheit, sondern es ist ein Schutzmechanismus deines Organismus.
Ein frühkindliches sexuelles Trauma versetzt dein ganzes vegetatives Nervensystem in einen kontinuierlichen Dauerstress, weil du gerade in Bezug auf sexualisierte Gewalt ja noch überhaupt keine Worte hast, dich nicht ausdrücken kannst. Dieses Trauma wandelt sich sehr schnell in Traumatisierung, d. h. dein Verhalten ist kontinuierlich von großer Wachsamkeit geprägt, wittert überall Gefahren, vor allem die des Verlassenwerdens.

Das passt so genau auf mich als Kind, denn der Schritt in die Lösung von meiner Mutter fiel mir noch als Gymnasiastin so schwer, dass ich immer Angst hatte, sie würde von der Arbeit nicht nach Hause kommen und sie deshalb lieber am Bahnhof abgeholt habe, oder sogar in die Stadt fuhr, um sie direkt von dem Geschäft abzuholen, in dem sie arbeitete. So groß war meine Angst des Verlassenwerdens. Selbstständigkeit war lange Zeit ein Fremdwort für mich.

Und dieses Verhalten wiederholte ich dann unbewusst in meiner ersten ernsthaften Beziehung mit dem Vater meiner beiden ältesten Kinder.
Wenn er allein abends bei seinem Vater war, um geschäftliche Dinge zu klären, war ich vor Angst zum Teil wie erstarrt. Und ich hatte, das kam noch dazu, keine leise Ahnung warum. Ich war dieser Angst einfach ausgeliefert.

Verstanden hat das in meinem Umfeld niemand und genauso hat auch niemand aufgehorcht, was da wohl los sein könnte. Die erlebten Traumata in meiner Kindheit hatten sich in handfeste Traumatisierungen gewandelt, weil schon in der Kindheit niemand bemerkt hatte, was mit mir los war.

Das ist die eine Seite.
Die zweite Seite ist: Wenn zu der kindlichen Traumatisierung weitere sexuelle Traumata z.B. als junge Frau hinzukommen, manifestieren sich Reaktionsmechanismen immer weiter. Das nennt man dann Retraumatisierungen. Retraumatisierung beginnt nicht mit dem Erinnern und Aussprechen von Traumata, sondern mit einem erneut erlebten Trauma.

Die Angst vor dem Verlassenwerden mutierte zu einem Kontrollzwang, der mehr als toxisch war.
Da ich mich aus Selbstschutz von allem, was einen sicheren Hafen hätte bedeuten können, abschneiden musste, um die Angst irgendwie zu kompensieren, ging ich dazu über, möglichst viel Kontrolle über meinen Partner ausüben zu wollen und damit im Grunde die Beziehung zu zerstören.
Wie meine ich das?
Gerade die Angst davor, verlassen zu werden, kompensierte ich mit Vorwürfen und Szenen, die ich dem Vater meiner beiden ersten Kinder machte, wenn er wieder zu lange weggeblieben war. Das führte natürlich dazu, dass er immer wieder lange wegblieb, weil er sich meinen Vorwürfen nicht aussetzen wollte. Und der Teufelskreis war geboren.

Ich hatte – wie beschrieben – schon als Kind keinerlei Komfortzone, als erwachsene Frau schon grad gar nicht. Und mein Vertrauen in die Menschen war zugleich völlig hinüber. Hinter allem witterte ich die Vorstufe von Verlassenwerden und Betrug. Dass unter diesen Umständen bei aller „Liebe" keine stabile Paarbeziehung entstehen kann, ist klar, oder? Und dass daraus tatsächlich die Situation entstand, dass mein Partner mich mit meiner besten Freundin in Hamburg anfing zu betrügen, ist auch nicht ungewöhnlich. Eines kommt dann halt zum anderen.

Und es wundert mich heute auch nicht, dass ich zu Beginn meiner Selbstständigkeit beim Thema „Verkaufen" völlig ausrasten konnte, wenn ich den Satz hörte:
„Du musst einfach mal deine Komfortzone verlassen".
Wie sollte das gehen, wenn ich doch diese Zone nie gekannt habe. Das wusste ich zu diesem Zeitpunkt zwar noch nicht, aber meine spontane ablehnende Reaktion darauf war sofort da.

Aber zurück zu Trauma und Traumatisierung.
Ein Trauma verfestigt sich also erst dann, wenn ein Trauma nicht erkannt, nicht gesehen oder gehört, nicht ernst genommen wird. Aus dem Trauma werden Traumatisierungen.
Und damit sind wir mitten in der Mitte des Teufelskreises zwischen Trauma und Traumatisierung.
Gehen wir noch einmal von einem rein körperlichen Trauma aus: Du fällst hin und brichst dir ein Bein. Das weißt du als Kind aber nicht unbedingt. Du weißt und merkst nur, du hast Schmerzen. Sollte sich jetzt niemand um deine Schmerzen kümmern, sondern stattdessen sagen: Stell dich nicht so an, haben wir auch bei körperlichen Traumata ein Problem. Der Knochenbruch, der nicht erkannt wird, wächst unter Umständen schief zusammen und du hast dein Leben lang Schmerzen.

Ähnlich ist es bei seelischen Traumata.
Stell dir sexuelle Übergriffigkeit beim Kleinkind vor. Das Kind hat keine Ahnung und schon gar keine Worte für das, was passiert. Und wenn der Vater, Onkel, Opa oder Bruder auch noch sagt: „Das bleibt unser Geheimnis und wenn du Mama was davon erzählst, wird sie ganz traurig und schimpft mit dir", hast du als Kind keine Chance, als dass sich aus einem Geschehen eine handfeste Traumatisierung entwickelt.

Und das ist nicht nur im Kindesalter so. Das trifft auch junge Mädchen und Frauen, die sich nicht trauen, das auszusprechen, was unsagbar ist.
Und warum trauen sie sich nicht? Weil das nicht sein kann, was nicht sein darf.

Schon ein dahingesagtes „Das bildest du dir doch nur ein" kann verheerende Folgen auf die betroffene Person haben.
„Hätte ich lieber geschwiegen" ist nur die mildeste Reaktion. Mit so einem Satz wird die Glaubwürdigkeit von Frauen massiv beschädigt. Frauen geraten in den Druck, sich zu rechtfertigen, sich eventuell für sich selbst zu schämen. Und sie fangen an, an sich selbst zu zweifeln. Sie werden ein zweites Mal unsichtbar gemacht.

Wie viele Jahre noch sollen, müssen Frauen darum kämpfen, dass erlittenes Unrecht auch im Nachhinein noch als solches anerkannt wird.
Wie viele Frauen machen die Erfahrung eines langwierigen und schmerzhaften Prozesses bei Polizei und in der Gerichtsmedizin, wenn sie eine Vergewaltigung anzeigen.
Wie viele Frauen kennen immer noch den unterschwelligen Vorwurf: Na ja, sie wird es schon provoziert haben, sie hätte sich halt unauffälliger anziehen müssen.
Wie viele Frauen halten in der Ehe oder Beziehung den Mund, wenn der Partner die sogenannten ehelichen Pflichten einfordert, obwohl sie Nein sagt.
Es ist noch gar nicht so lange her, dass die Frau ja auch rein gesetzlich betrachtet kein Recht auf ein „Nein" hatte. Sexueller Verkehr ist ein maßgeblicher Bestandteil der ehemaligen ehelichen Pflichten der Frau gewesen. Vergewaltigung in der Ehe war also auch keine Straftat.
Das änderte sich erst mit dem 1.07.1977.
Da war ich 19.

Auch heute halten sich noch die Vorstellungen von ehelichen Pflichten.
Ich weiß von einer jungen Frau, deren Mann schon zwei Wochen nach der Geburt des gemeinsamen Kindes wieder auf Geschlechtsverkehr bestanden hat. Und dem sie nachgegeben hat, schon um des „lieben Friedens willen", obwohl es massiv schmerzhaft und auch gesundheitsgefährdend war.
Das zu hören, hat mir selbst körperlich wehgetan. Aber ich konnte nicht mehr für sie tun, als sie zu unterstützen, dass sie sich „verweigern" darf, soll und sogar muss. Um des „lieben Friedens willen" und weil sie ihren Partner ja auch liebt, hat sie sich nicht daran gehalten.
Wie weit ist es mit der Liebe des Partners her? Diese Fragen blenden betroffene Frauen meistens aus Angst aus.

4. Folgen

Die konkreten Folgen von Traumatisierungen sind vielfältig und so unterschiedlich, wie es die Frauen sind.
Nur eines ist ziemlich klar: Solange das Trauma nicht gelöst wird, werden Frauen es immer wieder erleben, dass sie in Spiralen von sexualisiertem Missbrauch hineingeraten, weil sie sich häufig genau an den Menschen orientieren, die ähnlich ticken wie die Menschen der Vergangenheit.
Ich z. B. habe mir immer wieder Menschen und Partner ausgesucht, die mich zunächst bewunderten – mal war es mein Aussehen, mal war es meine Pseudoselbstständigkeit, mal war es mein Verstand – das war tatsächlich ganz unterschiedlich. Dass diese Bewunderung aber nicht damit verbunden war, dass ich als eigenständige Person wahrgenommen und akzeptiert wurde, habe ich jeweils als sehr schmerzhaft erlebt. Und zwar immer dann, wenn ich nicht mehr dem Bild entsprach, das sich der jeweilige Partner von mir gemacht hatte.
Das hatte im Umkehrschluss wieder Auswirkungen auf mich, denn dann versuchte ich krampfhaft, doch wieder geliebt zu werden, versuchte, mich anzupassen. Habe Dinge toleriert, die ich nicht hätte tolerieren sollen, z. B. den Alkoholismus des Vaters meiner beiden älteren Kinder, der damit mehrfach meine Kinder massiv in Gefahr gebracht hat.

Das Selbstwertgefühl einer traumatisierten Frau kann zwar nach außen fest aussehen, aber nach innen nur eine Fassade sein, um die eigenen Unsicherheiten zu verstecken.
Mehrfach traumatisierte Frauen wie ich neigen auch dazu – wenn sie denn ihre Traumata nicht gelöst haben – emotionale Folgen davon zu tragen, die sie um nichts in der Welt zugeben würden.

Ich habe mich z. B. unweigerlich in jeden Mann „verliebt", von dem ich den Eindruck hatte, er sei in mich verliebt. Aber wie stand es eigentlich um meine Gefühle?

Kurz gesagt: Ich hatte keine.

Meine eigenen Gefühle zu entdecken, war das Schwierigste und Schmerzhafteste, was ich je getan habe in meinem Leben. Zuzugeben, dass ich manchmal vor Wut fast geplatzt bin, war jahrelang ein völliges Unding.
Aber lass uns jetzt der Reihe nach vorgehen.
Mit Hilfe des Modells des „Inneren Gesprächs bei Traumatisierungen" verschaffen wir uns jetzt einmal einen Überblick, was da so abgeht. Vielleicht erkennst du dich und deine Reaktionen dabei wieder. Dann darfst du dich gern an mich wenden und wir schauen, ob ich dich unterstützen kann, deine Traumatisierungen aufzuarbeiten und loszulassen.

4.1 Theorie des „Inneren Gesprächs"

Das „innere Gespräch" ist eine Theorie, die ich auf der wissenschaftlichen Grundlage von Traumatheorien entwickelt habe, zunächst als Hilfs- und Kontrollfunktion in Coachingsituationen mit traumatisierten Klient*innen.
Und dann ist daraus ein Fortbildungsmodul für Coaches geworden, die dem Thema Trauma und Traumatisierung in ihrer Praxis immer wieder begegnen. Auch hier beziehe ich mich immer wieder auf die Wissenschaft.
Genannt seien in diesem Zusammenhang vor allem die Ansätze von Peter A. Levine, Bessel van der Kolk, Verena König und Dr. Maggie Schauer.
Da dies allerdings keine wissenschaftliche Arbeit werden soll, sondern ein praktischer Ansatz, der dich unterstützen kann, dich selbst und deine Reaktionen besser zu verstehen, verzichte ich

darauf, mit vielen Fußnoten zu arbeiten. Diese füge ich nur ein, wenn ich direkt zitiere. Und auch das werde ich nur selten tun. Versprochen!

Was ist nun zunächst einmal die Theorie des „Inneren Gesprächs"? Grundsätzlich gilt zunächst:
Wir können nicht nicht kommunizieren.
Weder im Außen noch im Inneren.
Und ob positiv wertschätzend oder negativ herabziehend, das kommt darauf an, welche Erfahrungen du in deinem Leben gemacht hast.

Ich definiere in meiner Theorie fünf wichtige Instanzen deines inneren Gesprächs:

- Die eine kennst du mit Sicherheit sehr gut. Das ist der Verstand. Und damit meine ich jetzt nicht nur den analytischen Verstand, der für die Aufnahme von Fakten und Tatsachen zuständig ist, sondern vor allem den reaktiven Teil, der sich aus Erlebtem die eigene Wirklichkeit bildet und diese ungefragt in jeder Situation zum Besten gibt. Du kennst doch bestimmt diese innere Stimme, oder auch den inneren Kritiker, der das, was du tust, kommentiert, beurteilt, wertet. Wenn dein Selbstwert intakt ist, sagt er dir so wunderbare Sachen wie: „Das hast du prima gemacht" ...
  Wenn du jetzt stutzt und denkst: „Schön wäre es! Meine innere Stimme sagt mir viel häufiger, dass ich mal wieder nichts auf die Reihe kriege, dass ich unfähig und faul bin, dass ich jetzt endlich meinen Hintern hochkriegen muss." Dann herzlich willkommen im Klub! Damit bist du nicht allein. Der reaktive Verstand ist zusammen mit dem analytischen Verstand eigentlich dazu da, das innere verbale Gespräch mit dir selbst bewusst oder unbewusst zu kontrollieren und zu ordnen und nach „wichtig" und „unwichtig" zu sortieren. Das meiste, das wir am Tag so aufnehmen, wird als „un-

wichtig" gleich ins Unbewusste verschoben. Das gelingt ohne Traumatisierungen meist gut und ist eine riesengroße Hilfe, damit wir nicht von unzähligen Einzelheiten und Wahrnehmungen des Tages überschüttet werden. Bei Traumatisierungen versagt jedoch diese Hilfe häufig. Das kann bedeuten, dass verletzende Erfahrungen vom reaktiven Teil eher ins Unbewusste verschoben, als verarbeitet werden.
Und diese „verdrängten" Erlebnisse können in den unterschiedlichsten Situationen zu den verschiedensten Reaktionen führen, die dich blockieren. Dazu später mehr.
Der Verstand führt auch so etwas wie einen Realitätscheck durch und ist bereit zu lernen und Wissen zu speichern, auch das bewusst oder unbewusst. Darüber hinaus ist er im Wachzustand ständig aktiv und damit unser größtes „Hindernis" im Hinblick auf z. B. Meditation.

- Die zweite Instanz sind die Gefühle. Fast jede Situation, in der du bist, löst auch immer ein Gefühl aus. Wenn du das nicht so siehst, gebe ich dir zu bedenken, ob du nicht vielleicht einfach verlernt hast, deine Gefühle wahrzunehmen. Gefühle bewahren dich ebenfalls bewusst oder unbewusst vor Gefahren im Außen. Sie helfen dir zu unterscheiden, was wichtig und unwichtig für dich ist und unterstützen dich im sicheren Umgang mit deiner Mitwelt, sind also so etwas wie dein soziales „Gewissen".

- Die dritte wichtige Instanz ist – du ahnst es schon – der Körper.
  Der Körper ist das hauptsächliche Sprachrohr des Verstandes und vor allem der Gefühle.
  Nicht nur jeder Gedanke, sondern jedes Gefühl bildet sich in deinem Körper ab und löst unweigerlich chemische Reaktionen aus. Darüber haben wir ja schon im Ansatz gesprochen. Stress, z. B. wenn du angegriffen wirst, um es dir noch einmal in Erinnerung zu rufen, löst in deinem Körper ein An-

steigen der Durchblutung in den Beinen und Armen aus, damit du z. B. flüchten kannst, und gleichzeitig eine Mangeldurchblutung im Bereich der Organe.
Selten nehmen wir allerdings diese Auswirkungen auf unseren Körper sofort wahr. Auch dies haben wir eventuell verlernt und können in der Folge entstehende Erkrankungen nicht in Zusammenhang mit unserer körperlichen, mentalen oder emotionalen Disposition sehen.

- Dann gibt es noch so etwas wie unser Selbst, der Teil in uns, der uns als unverwechselbaren Menschen ausmacht, so einzigartig wie dein Fingerabdruck.
  Dein Selbst ist, wie gesagt, das, was deinen Persönlichkeitskern ausmacht und ist so unverwechselbar wie dein Fingerabdruck. Schon bei Babys kannst du dieses Selbst erkennen, am Gesichtsausdruck, am Schlafverhalten, an der Stimme z. B. Und diese Persönlichkeit entwickelt sich im Laufe des Lebens weiter oder wird unterdrückt.

- Und da ist natürlich darüber hinaus noch das Unbewusste. Das Unbewusste ist der Teil, in dem jedes Erleben, jedes Wissen, jedes Gefühl, alles, was du erlebst, gespeichert wird. Egal, was dir im Leben passiert, dein reaktiver bzw. dein analytischer Verstand entscheidet sofort, ob es aktiv ins Bewusstsein kommt oder aber – weil es nicht wichtig oder aber zu schmerzhaft etc. ist – ins Unbewusste verschoben wird.

Alle fünf Instanzen kommunizieren bei dir als erwachsener Frau gleichberechtigt miteinander und ergeben ein harmonisches Gespräch, aus dem heraus du erleben, wachsen und handeln kannst und gleichzeitig mit deiner Mitwelt wertschätzend und klar agieren kannst. In diesem Zustand bist du verbunden mit deinem Selbst, kannst weiter wachsen, bist dir deiner Stärken und Fähigkeiten bewusst. Dein Unbewusstes ist dabei der Speicher für nicht (mehr) benutztes Wissen und nicht mehr benötigte Erinnerungen. Denn was du am 23.11.1998 genau gemacht, gegessen oder getrunken hast, ist für dein „Tagesgeschäft" vollkommen irrelevant.

Ich sehe dein Stirnrunzeln jetzt praktisch vor mir und höre deinen Einwand:
„Hallo, das ist aber Illusion. So funktionieren wir Menschen nicht, das ist doch unrealistisch und idealistisch."
Ich gebe dir insofern recht, als dass ich nur wenige Menschen kenne, die so „funktionieren". Die Mehrheit der Menschen ist nicht so aufgestellt und handelt weder wertschätzend noch klar. Aber das heißt ja nicht automatisch, dass wir Menschen nicht so sein können. Nimm es meinetwegen erstmal als eine Utopie an. Aber bedenke: Es gibt diese Menschen und es werden immer mehr.
Weswegen formuliere ich so einen eher fiktionalen Daseinszustand des Menschen?
Um daran besser klarzumachen, was im Rahmen von Trauma und Traumatisierung geschieht. Damit du einen besseren Verstehenshintergrund bekommst.

4.2 Was genau kann passieren in dir?

Was kann also nach einem erlebten Trauma, wie äußern sich Traumatisierungen in deinem Organismus?
Und schon sind wir mittendrin. Einiges haben wir ja schon besprochen, die vier Reaktionsarten „fight, flight, freeze oder fawn" z.B. Aber lass uns das mögliche Geschehen in dir zunächst einmal im Zusammenhang der 5 Instanzen betrachten, um dann daraus auf die begleitenden Symptome zu schließen.

- Nach erlebtem Trauma, z. B. durch Gewalt oder sexuellen Missbrauch, schützt dein Organismus dich als Erstes durch fight, flight, freeze, fawn und sichert so dein Überleben. Und das meine ich wirklich ernst. Diese Reaktionen sind auf Überleben ausgerichtet. Zwar leben wir heute nicht mehr in einer derart feindlichen Umwelt wie unsere Vorfahren, obwohl ... wenn wir es recht bedenken, verstehen wir auch heute noch unsere Umwelt als lebensbedrohlich, obwohl eben kein Säbelzahntiger um die Ecke kommt, wohl aber die zerstörerische Macht unserer Mitmenschen, die letztlich nicht böse sind, aber in einer Welt ähnlich der deinen aufwachsen.
  Das wirkt sich unterschiedlich auf dein inneres Gespräch aus:

- Dein Verstand übernimmt meist unbewusst, kommentiert das Geschehen, sorgt zugleich dafür, dass du weiter funktionierst, das Geschehen wird häufig relativiert. Du neigst zu „Introjekten" – also zur Übernahme von Deutungen des Geschehens aus dem Außen. Du machst dir Kommentare wie: „Jetzt hab dich nicht so", „Stell dich nicht so an", „Du hast selbst Schuld an dem Geschehen" zu eigen.

- Dein Körper – wenn Hauptort der Traumatisierung (z. B. bei sexuellem Missbrauch oder bei erlebter Gewalt) – läuft mit bzw. ist wie „abgeschnitten". Warum wie „abgeschnitten"? Vielleicht, weil du es nicht aushalten kannst, dass du dich nicht gewehrt hast, nicht wehren konntest. Letztlich siehst du unbewusst deinen Körper als „miesen Verräter".

- Die Wahrnehmung deines Körpers im inneren Gespräch sinkt auch deshalb stark.

- Häufig beginnst du schon jetzt deinen Körper für das Erlebte zu „bestrafen" oder zu „kontrollieren", ohne dass du dir dessen bewusst bist.

- Deine Gefühle sind auf „Achterbahnfahrt". Ein großes Durcheinander entsteht dadurch meist im Inneren und du reagierst darauf.

- Du versuchst, deine Gefühle zu unterdrücken, zu rationalisieren oder nicht wahrhaben zu wollen.

- Deine so verdrängten Gefühle erreichen jedoch deinen Körper. Die Verbindung zwischen Gefühlen und Körper geschieht immer spontan, meist ohne Einmischung vom Verstand und ohne, dass du dir selbst darüber bewusst bist. Deswegen ist es so wichtig, verdrängte Gefühle wieder bewusst zu machen, damit dein Körper nicht nach der Verletzung im Außen immer wieder im Innen verletzt wird.

- Dein Selbst baut sich eine starke Mauer als Schutz vor neuen Verletzungen auf.

Diese Reaktionskaskade in deinem ganzen System ist schon ganz schön heftig, oder? Und es ist auch kein Wunder, dass daraus spezielle Symptome entstehen können:

Symptome deines Verstandes können sein:

- Der reaktive Verstand verschließt sich vor dem Außen.

- Nach innen kommentiert er vor allem dich und dein eigenes Verhalten, wenig wertschätzend und z. T. verurteilend – (Wie blöd bist du eigentlich) Dein Mindset verändert sich und damit auch die Sicht auf dich selbst.

- Das Geschehen wird so schnell wie möglich „weggesteckt", d. h. am liebsten ins Unbewusste verschoben, weil nicht sein kann, was nicht sein darf.

- Du baust dir deine Hilfemechanismen auf, ohne wirklich zu verstehen, was du tust. Du versteckst dich eventuell zu Hause oder du suchst gerade das Außen. Du redest viel über alles Mögliche oder aber gar nicht.
  Als Jugendliche und junge Erwachsene kann es sein, dass du auf Alkohol und andere Drogen ausweichst.

Gefühle

- Deine Gefühle reagieren völlig unberechenbar und fahren meist Achterbahn.

- Angst, Einsamkeit, Verunsicherung und Wut herrschen i. d. R. vor, ebenso Trauer, Verletzbarkeit, Verwirrtheit, Abscheu, Verlust, werden aber häufig verdrängt.

- Scham über Geschehen wechselt mit Nichtwahrhabenwollen.

- Klassisch positive Gefühle stellen sich eher selten ein und wenn, in heftigem Wechsel mit klassisch negativen Gefühlen.

Körper

- Der Körper reagiert mit Stress!!! Die Gefäße verengen sich, Stresshormone werden ausgeschüttet. Der Sympathikus ist ohne Pause aktiviert.

- Dein Körper kann aber auch unklare Symptome zeigen, so wie Schwindel, undefinierbare Schmerzen, auch wenn äußerlich keine Verletzungen, ständiges Kälteempfinden.

Vielleicht kennst du die einen oder anderen Symptome von dir selbst. Alle diese Reaktionen und Symptome sind noch reversibel. Wenn du in diesem Stadium liebevolle Eltern hast, die dir glauben, die dich unterstützen, mit dir die nächsten Schritte gehen oder wenn du Freund*innen hast, denen du dich anvertrauen kannst. Schwierig wird es, wenn du z. B. aufgrund von Misstrauen in deine Mitwelt die Erlebnisse lieber mit dir selbst ausmachen willst. Oder dir die ganze Angelegenheit so peinlich ist, dass du nur noch darüber schweigen willst. Ebenso wird es schwierig, wenn du den Versuch machst, dich jemandem anzuvertrauen und du auf Unglauben stößt oder auf Ignorierung und Beschwichtigungen. Dann besteht die Gefahr, dass aus einem Trauma eine handfeste Traumatisierung wird.
Wenn das geschieht, verstetigen sich alle Reaktionen noch einmal.

Zugleich kann Folgendes passieren:

- Dein bewusstes Selbst wird kleiner, die Mauer wird stärker

- Das Geschehen wird tiefer im Unbewussten vergraben

- Dein Verstand kommentiert – teils unbewusst – alles, was du tust, abwertend

- Deine verdrängten Gefühle blockieren z. T. zusätzlich das innere Gespräch und werden zugleich nach außen noch weniger kontrollierbar und können zu einer zerstörerischen Macht im Innen werden.

- Du verlierst Stück für Stück den Zusammenhang zwischen Gefühlen, Wertungen und Geschehnissen. Deine inneren Erlebnisse und Deutungen werden unklar und verwischen sich.

- Die Grenze nach außen kann ebenfalls unklar werden. Und an dieser Stelle spätestens fangen die Probleme an. Hier kann eine Ursache für eine später zu diagnostizierende Borderline-Störung liegen. Aber nicht nur die Grenzen nach außen können unklar werden. Deine Wertvorstellungen und Überzeugungen können ins Wanken geraten und damit dein gesamtes Weltbild.

- Dein Körper kann schon zu Beginn dieser Verfestigung die unterschiedlichsten Krankheitssymptome entwickeln.

Es liegt auf der Hand, dass, wenn sich dieses Stadium verstetigt, die unterschiedlichen Instanzen in deinem Körper ein voneinander getrenntes Eigenleben entwickeln. Dieses sind fast immer von handfesten Symptomen begleitet. Auf die unterschiedlichen Instanzen bezogen bedeutet das:

Verstand

- Du verschließt dich noch mehr vor dem Außen bei ständigem hohen Stresslevel, der sich in Unkonzentriertheit bis hin zu Gleichgültigkeit zeigt.

- Deine Grenzen verschwinden mehr und mehr im Nebel, du empfindest dich als Außenseiter*in, als jemand, die nicht in diese Welt passt, als verkehrt.

- Du entwickelst im Extremen Selbstmordgedanken.
- Das Chaos im Innen wirkt nach und nach auch im Außen.
- Du gibst dir selbst die Schuld an allem, was in der Folge passiert, ohne dass du Zugriff auf den Grund dafür hast. Dein Selbstwert sinkt ins Bodenlose.
- Du entwickelst unterschiedliche Formen von Selbstbestrafung und/oder Selbstoptimierung.

Gefühle

- Du hast möglicherweise unterschwellige Gefühle von Abscheu und Entsetzen, Wut und Hass auf dich selbst.
- Du empfindest Ablehnung des eigenen Körpers, Scham, ohne den Zusammenhang zum Geschehen zu sehen.
- Nach außen bietest du überbordende Hilfe bei Problemen an.
- Du verdrängst häufig deine Gefühle, entwickelst aber heftige Gefühlsausbrüche bei „Kleinigkeiten" oder Dingen, die gar nichts mit dir zu tun haben. Depression oder Borderline können entstehen und sich verfestigen.

Körper

- Dein Körper gerät durch das hohe Stresslevel in mangelnde Durchblutung auf allen Ebenen. Diese mangelnde Durchblutung kann sich Jahre später in schweren Erkrankungen niederschlagen.

- Du lebst mit ständiger Spannung und Anspannung im Körper, dein Parasympathikus „schläft", d. h., du bist dauerhaft im „Hab-Acht-Modus".

- Eventuell schläfst du dadurch sehr schlecht oder hast beängstigende Träume.

- Alkohol bzw. andere Drogen können zur Gewohnheit werden.

- Deine Regel kann sehr schmerzhaft sein, sie kann sich verstärken oder ausbleiben. Du kannst schwere gynäkologische Erkrankungen entwickeln.

- Ebenso kannst du in Essstörungen abrutschen.

In sehr vielen Fällen entwickelst du eine Körperbildstörung.

Und was du in jeder Phase nicht unterschätzen darfst, ist die Wirkung der Angst. Selbst wenn du das Gefühl hast, du hast schon so viel ins Bewusstsein geholt, das Geschehen mit Gefühlen verbunden und transformiert. Wenn auf einmal eine latente Angst in dir auftritt, ein Gefühl von: Was ist denn jetzt los? Wenn sich da gerade vieles komisch anfühlt in dir: Vergiss nicht, Angst ist eine hartnäckige Gegnerin, die du aber auch auf deine Seite bringen kannst. So geschehen ist es mir gestern, also am 10.01.2026.
Nach dem Telefonat mit einer Freundin passierte vieles, das ich nicht wirklich einordnen konnte. Es fühlte sich einfach alles doof an und ich wusste nicht, wohin mit mir. Ich habe diesem Gefühl Zeit und Raum gegeben und dann hat sich ein Text ergeben durch die Erinnerung an Geschehen, die ich bisher nicht in Zusammenhang gebracht hatte.
Ich gebe dir hier einmal den etwas erweiterten Post wieder:

Ich hörte nur ein lautes Schreien.
Mein Vater und mein Bruder stritten im Flur, es krachte und klirrte, etwas zerbrach.
Die Haustür schlug zu – es wurde still.
Es war spät abends oder nachts – ich weiß es nicht mehr. Ich war 7 oder 8 Jahre, lag in meinem Bett und hatte Angst.
Am nächsten Morgen sah ich die Blutflecken im Flur – mein Bruder war weg.
Meine Mutter sah mich an und sagte beiläufig, dass mein Vater sich an einem Glas geschnitten hätte. Ich wagte nicht, weiter zu fragen.
Mein Bruder war weg.
Keiner verlor ein Wort darüber.
Ungefähr zwei Wochen später:
Meine Eltern fuhren mit mir in fliegender Hast zum Zimmer meines Bruders – dorthin, wo er danach zur Untermiete wohnte.
Er hatte Tabletten geschluckt, wollte sich umbringen. Wegen mir. Ich war schuld. Wir saßen die ganze Nacht dort, haben ihm Salzwasser zu trinken gegeben. Damit er immer wieder erbrach. Ein Arzt durfte nicht kommen, ein Selbstmordversuch wurde damals „in die Akten" aufgenommen – so erklärten es mir meine Eltern. Und das hätte Auswirkungen auf seine berufliche Zukunft.
Ich fragte nicht nach. Ich hatte Angst.
Ich war schuld. Ich wusste es.
Weil er oft zu mir ins Bett gekommen war, wenn ich zu schlafen versuchte – ich wollte das doch nicht. Ich habe ihn dafür gehasst. Hab so häufig gewünscht, dass er tot wäre. Und jetzt das.
Ich hatte Schuld.
Heute frage ich mich, ob mein Vater das entdeckt hatte – ihn deswegen verprügelt und rausgeschmissen hatte.
Ich habe nie gefragt.
Zu groß war meine Scham, meine Schuld und meine Angst.

Ich bin Claudia – eine von vielen.

Heute unterstütze ich Frauen, die wie ich Missbrauch erlebt haben. Weil ich weiß, wie sich das anfühlt, weil ich die Folgen kenne, die Angst, die Scham, den Ekel, die Schuld, den Selbsthass.
Heute kann ich darüber reden, mit dir. Das hilft.
Du bist nicht allein.

Die Angst ist eine starke Gegnerin, aber auch eine gute Hilfe beim Entdecken von Zusammenhängen, die du vorher vielleicht noch nicht gesehen hast.
Wenn du sie ignorierst, bekommst du ihre Härte immer wieder zu spüren.

Das ist so wie mit meiner neuen elektrischen Zahnbürste. Sie hat einen Stand- und Ladefuß. Dieser Fuß soll ohne Kabel auch als Halterung zwischen den Aufladungen dienen.
Ich habe es mit Kabel wohl hinbekommen, meine Zahnbürste auf dem Ladefuß zu laden, ohne Kabel bin ich schier verzweifelt.
Immer wenn ich die Bürste wieder auf ihre Halterung stellen wollte, blockierte etwas und ich wusste nicht, was.
Irgendetwas war an der Halterung falsch.
Ich war kurz davor, alles wegzuwerfen aus lauter Wut, und dann – ganz leise – kam die Erkenntnis:
Wenn ich die Bürste andersherum positionierte, passt es wunderbar!
Seitdem sind meine Bürste und ich beste Freunde.

Ähnlich ist es mit der Angst:
Wenn du sie verdrängst, wegschiebst, nur weil sie nicht so funktioniert wie du, wird ihre Kraft und ihr Einfluss auf dich immer stärker.
Wenn du dich ganz sanft näherst, hinguckst, Stück für Stück die fehlenden Puzzleteile in deinem Kopf zusammenfügst, wird aus der Angst plötzlich ein Schmusekätzchen, das nur eines will: wahrgenommen werden, das sie ist.
Und dann ist sie nicht mehr deine Chefin, sondern du bist es.

Mag sein, du findest dieses Beispiel merkwürdig, aber für mich ist es eines der besten Beispiele, die mir in letzter Zeit begegnet sind. So viel wurde mir klar über meine Angst, die immer dann größer wurde, je ungeduldiger ich mit ihr war. Je impulsiver und wütender ich sie „abgeurteilt" habe als blockierend, fehlerhaft, ärgerlich und letztendlich als überflüssig und lästig.
Und wie sich alles änderte, als ich mir dann doch die Zeit nahm, genau und vorurteilslos hinzuschauen. Zu verstehen, wie sie funktioniert. Dass hinter der Wut sich noch viel mehr verbirgt, nämlich diese Angst, ganz leise und eigentlich still, die nur gesehen und angenommen werden möchte.

Kennst du eventuell noch den Film „Angst essen Seele auf"?
Wenn nicht, lerne ihn kennen. Ich habe dir in der Fußnote einmal die kurze Inhaltsangabe des Filmes von 1977 mit Rainer Werner Fassbinder als genialem Regisseur.[5]
Nur so viel zu dem Film, der die Beziehung der deutschen Putzfrau Emmi zu dem viel jüngeren Gastarbeiter Ali aufzeichnet. Mich hat die damalige Auseinandersetzung mit der Gastarbeiterproblematik damals nicht so geflashed, wie die Darstellung von Emmi, die an einem Rollenkonflikt fast zerbricht und sich traut, zu ihrer Angst, aber auch zu Ali zu stehen, trotz des Unverständnisses der Umwelt inklusive ihrer drei Kinder.

---

5 Siehe: https://de.wikipedia.org/wiki/Angst_essen_Seele_auf.

5. Körperliche Langzeitfolgen

Anhand meiner eigenen Essstörung möchte ich dir jetzt verdeutlichen, wie das Leben mit sich verfestigender Traumatisierung anfühlen kann. Dabei gehe ich zunächst auf die Bulimie ein, an der ich 13 Jahre litt.
Dann wenden wir uns der Anorexie zu und als Letztes schauen wir uns die Körperbildstörung an.
Mir ist völlig klar, dass das eine subjektive Auswahl von Symptomen aufgrund von Traumatisierungen ist. Warum wähle ich nur die?
Weil ich einerseits mit diesen Störungen selbst Erfahrungen habe und andererseits nicht stoffgebundene Süchte immer noch zu wenig als Folge von Traumatisierungen bedacht werden. Aber natürlich könnten wir auch auf jede Form von stoffgebundenen Süchten eingehen, wie z. B. Alkohol, Rauchen bzw. harte Drogen. Das jedoch ist nicht mein Kompetenzbereich.
In der Folge werde ich die oben genannten nicht stoffgebundenen Süchte anhand von Interviews mit betroffenen Frauen vertiefen.

5.1 Bulimie

So nicht
Wenn ich
so
weitermache,
erlebe ich
meinen 40sten
nicht mehr.

Dieser Gedanke
schoss mir
durch den Kopf

im Krankenhaus
nach der Biopsie
in der Speiseröhre

Die Diagnose?
Nothing
es gab keine Erklärung
für die blutende Stelle dort

Aber ich
wusste

12 Jahre Bulimie
die Folgen
12 Jahre gegessen
und wieder ausgekotzt

am liebsten
Vanilleeis und Kekse
Nutella und Kuchen
ging auch
aber bitte keinen Salat
geht gar nicht.

12 Jahre habe ich
es verborgen
keiner
hat es gemerkt

nicht meine Familie
meine Mitbewohner
meine Partner
mein Arzt
keiner

12 Jahre
trug ich
nach außen
eine Maske
und dann
die Biopsie

Ich wusste
ich darf mein Leben
ändern
und ich hab
es getan

allein
für meine Kinder
noch nicht für mich

Waage weg
Laufen
statt kotzen
es hat geklappt

Und heute
unterstütze
ich Frauen

Ich lebe
ich liebe
was ich tue

Geschichten
Wunden
Traumatisierungen

Es geht
das Leben
ohne
ist so viel
besser

Diesen Text habe ich 2025 geschrieben und es passt perfekt als Einleitung in das Kapitel Bulimie, das ich wieder mit meiner Geschichte beginnen möchte.

In die Bulimie bin ich nach und nach hineingerutscht.
Lange Jahre habe ich geglaubt, dass ein Satz meines Vaters diese Erkrankung bei mir ausgelöst hat. Ich habe ja nach meinem Abitur zunächst in Marburg angefangen, Chemie zu studieren. Als ich nach dem ersten Semester zu meinen Eltern fuhr, schaute mich mein Vater an und meinte:
„Na, du hast ja einen ganz schön dicken A... bekommen." Das ist ja nun wahrlich nicht der sensibelste Satz, mit dem man die Tochter begrüßen kann. Und ich war mega geschockt.
Das war zwar der Turningpoint, aber es war nicht die Ursache für die Bulimie. Und auch nicht ihr Auslöser. Denn die Grundlage für meine Bulimie lag schon in meiner Kindheit.
Die entwickelte sich erst. Aber mein über Jahrzehnte anhaltendes Gefühl, zu dick zu sein, entstand zu diesem Zeitpunkt.
Und so griff ich zunächst auf Abführmittel zurück, eine Strategie, die ich durch meine Mutter schon seit meiner Kindheit kannte. Sie nahm selbst Abführmittel und ich bekam sie als Kleinkind auch schon häufig, weil ich „immer so schlecht auf die Toilette" konnte und so häufig deswegen Bauchschmerzen hatte.

Noch bei meinen Eltern in den Semesterferien begann ich also damit, um mir die Kontrolle über mein Gewicht wiederzuholen. Schließlich war das zunächst das Einfachste, weil mir das meine Mutter immer vorgelebt hatte und immer Abführmittel im Haus waren, an denen ich mich bedienen konnte.
Unangenehm, aber durchaus zielführend. Ich weiß noch genau, dass eine junge Kollegin meiner Mutter Lust hatte, mich mit in die nahe gelegene Disco zu nehmen. Ich hatte aber schon Abführmittel genommen. Du kannst dir sicher vorstellen, was passiert ist.
Ich habe den halben Abend auf dem Klo verbracht. Der Kollegin erzählte ich, ich hätte wohl eine Magen- und Darmgrippe. Damit konnte ich sicherstellen, dass sie mich doch recht bald nach Hause brachte!

Abführmittel blieben dann auch mein Begleiter im Studium. Bis ich dann nach zwei Semestern wieder nach Hamburg ging, um einen ehemaligen Freund wiederzutreffen. Ich mietete mir die erste eigene Wohnung und suchte mir einen Job – zum Studium hatte ich eh keine Lust mehr, die Abführmittel hatte ich schon aufgehört.
Ich musste mir meine Wohnungsmiete und meinen Lebensunterhalt verdienen, denn meine Eltern waren mit dem Abbruch meines Studiums nicht einverstanden.
Also fing ich zunächst wieder bei McDonald's an, um dann aber durch Zufall einen guten Job in einer kleinen Boutique zu finden. Ich weiß bis heute nicht, was den Besitzer geritten hatte, mich einzustellen, in meinen Student*innenklamotten, mit dickem Pullover und Holzschuhen.
Aber er hatte mich sehr gut eingeschätzt, denn ich entwickelte mich zu einer Spitzenverkäuferin, weil ich ein Gespür für Mode hatte und gut mit den Kundinnen umgehen konnte.
So weit so gut, bis auf einen kleinen Schönheitsfehler:
Alle anderen Verkäuferinnen waren super dünn und perfekt gestylt. So wurde auch ich umgestylt und einer rigorosen Diät

unterzogen mit ... du ahnst es schon, mit Abführmitteln. Aber nicht mit irgendwelchen Mitteln, nein, es waren Heumanns Schlankheitsperlen, die waren viel gesünder.
Und es hat gewirkt: Innerhalb kurzer Zeit passte ich bei meiner Größe 178 cm in Kleidergröße 34, hatte eine neue Frisur und schminkte mich nach Strich und Faden.
Eine der Verkäuferinnen hat mich dann zusätzlich in die Kunst des Kotzens eingeführt, geräuschlos und ohne Auswirkungen auf Frisur und Make-up und ich wurde eine wahre Meisterin darin.
Kannst du dir das vorstellen:
Drei verrückte superdünne Verkäuferinnen, die morgens regelmäßig nacheinander die einzige Toilette der Frauenabteilung wegen der Schlankheitsperlen aufsuchten und dann noch einmal wieder, um das Mittagessen auf charmante Art und Weise wieder auszukotzen. Zwischendurch aßen wir dann mal einen grünen Apfel oder Eier.

Und wofür?
Nur um perfekt in Kleidergröße 34 zu passen, damit die Kundinnen auch konkrete Beispiele vor Augen bekamen, wie die präsentierte Mode denn aussehen könnte, wenn ...
Ja, wenn sich die Verkäuferinnen dafür die Gesundheit ruinierten.
Natürlich bekam ich viel Lob, wie schnell und wie viel ich abgenommen hatte. Nicht nur von den Verkäuferinnen, sondern auch von meinem Chef, der ja immer schon gewusst hatte, was in mir steckte. Und von meinen Eltern, die wieder stolz auf ihre schöne Tochter sein konnten.
Du wirst es nicht glauben – mir wurde sogar angeboten, in den zweiten Laden, den mein Chef eröffnen wollte, als seine erste Verkäuferin und zugleich Assistenz als Einkäuferin mitzukommen. Ich war mega geschmeichelt und hätte beinahe zugesagt.
Aber dann begegnete ich mir im Spiegel einer Umkleidekabine selbst und hätte mich fast nicht wiedererkannt.
Innerhalb einer Woche hab ich dann gekündigt und mir wieder einen Job in der Gastro gesucht.

Die viele Schminke legte ich ab, aber das Kotzen blieb zuverlässig und unentbehrlich an meiner Seite. Über Jahre hinweg habe ich gekotzt und keine*r hat's gemerkt. Ich hatte halt das lautlose Kotzen perfektioniert. Selbst auf öffentlichen Toiletten hörte man mich nicht und lange gebraucht habe ich auch nicht. Die erste WG, in die ich zog, als ich mit meinem Theologiestudium in Kiel begann, merkte nichts, nur einmal waren sie verwundert, weil ein halber Kuchen und ein fast volles Glas Nutella fehlte – warum wohl?
Ich hatte beides abends im Rahmen einer Fressattacke vernichtet und dann sofort wieder ausgespuckt. Denn das kam ohne die „Kontrolle meiner Kolleginnen" immer häufiger vor, die Fressattacken. Allerdings waren der halbe Kuchen und die Nutella der unrühmliche Höhepunkt, denn ich lernte schnell, was gut zu kotzen war und was gar nicht ging. Salat z. B. und Obst ist einfach nur widerlich rückwärts, zu sauer – Nutella ebenso, zu zäh in der Konsistenz.
Aber Butterkekse waren super und Vanilleeis perfekt.
Jetzt weißt du, warum ich beides bis heute nicht mehr sehen, geschweige denn essen kann.
Bitte versteh mich jetzt nicht falsch. Das ist keine Kotzberatung und soll es auch nicht werden. Das ist lediglich ein Hinweis darauf, dass ich immer tiefer in die Bulimie hineinrutschte.

Und ja, ich hab es gemerkt. Und nein, ich hab es nicht gemerkt.

Beides stimmt.
Denn das Verrückte an uns Frauen ist ja manchmal, dass wir uns die Umstände schönreden können. Ich wollte lange nicht wahrhaben, dass das, was ich praktizierte, einen Namen hatte, dass ich Bulimie hatte und damit eine Essstörung. Und dass diese Essstörung zu den nicht stoffgebundenen Süchten gehört.
Ja, du hast richtig gehört. Essstörung bedeutet Sucht.

Und Sucht bedeutet: Es dauert lange, bis du dich dieser Wahrheit stellen kannst, dass du süchtig bist, dass du dir das nicht von heute auf morgen abgewöhnen kannst.
Lange habe ich mir eingeredet, dass ich das ja sofort wieder lassen könnte. Um mich dann am nächsten Tag darüber fertigzumachen, wenn ich nach dem Essen wie unter Zwang auf die Toilette schlich, dass ich es nicht geschafft hatte, dem ein Ende zu machen.
Aber ich und suchtkrank? Das hätte ich zu jeder Zeit abgestritten!
Je länger du in diesem Kreislauf gefangen bist, desto schwerer wird es, da auch wieder rauszukommen. Desto abstruser werden deine eigenen Erklärungsversuche:
Das Essen war nun wirklich eklig ... Ich fühle mich heute schon den ganzen Tag nach Magen- und Darmgrippe ... das Thema geht mir auf den Magen ... ich habe halt einen sehr sensiblen Magen.
So rettest du dich von Tag zu Tag und schwupps ist wieder ein Jahr vorbei.
Bulimie – so sehe ich es heute – schaffte mir eine Struktur in meinem Leben, half, die seelischen Schmerzen auszuhalten, die Leere zu füllen, die Gefühle runterzudrücken. Und ich konnte das Gefühl ausleben, mich und meine Nahrungsaufnahme voll unter Kontrolle zu haben. Denn darum geht es im Grund, um Kontrolle. Wenn man schon die Welt draußen nicht kontrollieren kann, dann wenigstens sich selbst.
Und nein, ich habe wirklich mit niemandem gesprochen – bis zum bitteren Ende nicht.
Was war das bittere Ende? Meine Zähne hatte ich mir schon ruiniert durch das Kotzen – und dann:
Dann habe ich angefangen Blut zu spucken. Das hat mich wachgerüttelt. Ich bin zum Arzt, der eine Stelle in der Speiseröhre gefunden hat und mich ins Krankenhaus zur Biopsie geschickt. Zum ersten Mal hatte ich Angst um mein Leben.
Diese Biopsie ergab null Komma null gar nichts, aber die Zeit, in der ich auf das Ergebnis wartete, war echt übel. Und mir war

von jetzt auf gleich klar, dass ich mit dem Kotzen aufhören musste, wenn ich weiterleben wollte.

Leichter gesagt als getan. Was habe ich also gemacht? Eine Sucht mit der anderen abgelöst, so deute ich es im Nachhinein. Ich bin angefangen zu joggen. Und das war wirklich ein Anfang. Erst habe ich nur einen halben Block um das Wohnviertel geschafft, musste dann gehen. Dann bis zur dritten Ampel und so weiter. Stück um Stück habe ich mir das Laufen erobert und damit das Kotzen substituiert.
Nach kurzer Zeit war ich süchtig nach Laufen.
Einmal noch ging ich zu meinem Arzt, sehr viel später und erzählte ihm – nachdem es mir endlich klar geworden war, dass ich bulimiekrank gewesen sei.
Da sagt dieser Arzt doch tatsächlich zu mir:
„So etwas habe ich geahnt, aber ich mochte Sie nicht darauf ansprechen." Ich war völlig konsterniert und gleichzeitig auch entsetzt, dass er mit mir eben nicht Klartext geredet hat. Und von dem Moment habe ich mir vorgenommen, Frauen anzusprechen, bei denen ich das Gefühl hatte, auch sie hätten Bulimie oder eine andere Essstörung. Das habe ich bis heute beibehalten.

Heute weiß ich auch:
Sowohl frühkindliche Traumata wie auch später geschehene Traumata können Essstörungen auslösen oder verschlimmern.
Und ich weiß heute auch, dass Essstörungen in der Regel Schutz- bzw. Bewältigungsmechanismen sind. Dass unsere Körper uns vor den seelischen Schmerzen einer Traumatisierung schützen möchten.
Und natürlich ist mir heute auch klar, wie sinnvoll das sein kann, aber auch, wie ambivalent. Denn diese Essstörungen – und damit meine ich jetzt nicht nur Bulimie, sondern auch Binge Eating,

Anorexie und Orthorexie[6] – führen irgendwann ein Eigenleben und zerstören langsam aber sicher deinen Körper.

In der Theorie sprechen wir von folgenden unbewussten Gründen, die zu Essstörungen führen können:

Emotionale Regulation
Essstörungen können als Versuch deines Organismus dienen, „negative" Emotionen zu regulieren, die durch Traumata entstanden sind.
Die Emotionen, die du erlebst, z. B. während einer sexuellen Übergriffigkeit, lässt du in der Regel nicht zu. Sie werden verdrängt und sorgen für ein emotionales Ungleichgewicht. Um wie viel mehr trifft das auf dich zu, wenn du – so wie ich – sexuelle Traumatisierung als Kind erlebt hast und keinerlei Ahnung hattest, was da überhaupt passiert, außer dem Gefühl davon, dass das so nicht richtig sein kann. Und Achtung: Dass du irgendwie falsch bist.
Auf dieses Ungleichgewicht reagiert dann dein Organismus, wenn die Traumata nicht gelöst werden, in zunehmendem Maße mit Symptomen, wie im Falle eines Traumas aus der Kindheit zunächst mit dem unklaren Gefühl von: Ich bin nicht richtig, so wie ich bin.
Wenn dieses Trauma zur Traumatisierung übergeht oder du möglicherweise durch ein neues Trauma als junge Frau retraumatisiert wirst, führt es dann eventuell in das Bestrafen des eigenen Körpers.

Nicht nur Essstörungen können Kompensation darstellen. Auch selbstverletzendes Verhalten, wie Ritzen, Drogen etc., eignen sich als Kompensation.

---

6 Unter Binge-Eating versteht man das unkontrollierte, maßlose Essen mit dem Erfolg, immer mehr zuzunehmen, Anorexie wiederum ist die Sucht, so dünn wie möglich zu werden und dafür so wenig wie möglich zu essen, und Orthorexie ist die Sucht, nur noch das ernährungstechnisch „Richtige" zu essen und weil es das gar nicht geben kann, in der Folge auch immer weiter abzunehmen.

An dieser Stelle noch eines – du hast vielleicht schon gemerkt, dass ich die Wertungen in Sachen Emotionen, also positiv und negativ, gerne in Anführungszeichen setze. Warum?
Meiner Meinung nach verunklärt die Bezeichnung „positiv" und „negativ" in Bezug auf die Emotionen deren Funktion. Emotionen sind und haben immer ihre Berechtigung in unserem sozialen Miteinander. Negativ und positiv sind soziale Wertungen, die mitunter völlig unpassend sind.
Ein konkretes Beispiel:
Ist Wut ein negatives Gefühl, wenn es uns doch darauf aufmerksam machen kann, dass da etwas ganz und gar Schwieriges in unserem Unbewussten wohnt, das wir uns anschauen dürfen?

Es geht eher darum, wie wir mit der Wut umgehen. Ob wir ihr nachspüren, entdecken, was ihr Ursprung ist, oder ob wir sie ungehindert am nächstbesten Menschen, der/die uns in die Quere kommt, auslassen – das ist das Entscheidende. Nicht das Gefühl ist also per se negativ, sondern der Umgang damit macht es zu etwas Ungutem.

Kontrolle

Ebenso wie Regulation ist Kontrolle eines der zentralen Themen in Sachen Traumatisierung. Ein Trauma geht in der Regel mit Kontrollverlust einher. Es ist etwas geschehen, das du nicht vorhersehen konntest, das du nicht wolltest, gegen das du dich aber nicht wehren konntest. Dieser Kontrollverlust kann dann in der Folge zu Schuldgefühlen führen, die du auch in deiner Umwelt wiedererkennst. So sind Sätze wie: „Warum hast du dich nicht gewehrt" und „Du hättest dich eben nicht so aufreizend anziehen/benehmen müssen" oder „Du hast es selbst provoziert" gang und gäbe in unserer Gesellschaft. Solche Botschaften habe ich z. B. von klein auf mitbekommen. Mithilfe solcher Botschaften hat man mir persönlich meine Unbefangenheit als junges Mädchen/junge Frau zerstört. Ich wurde dazu angehal-

ten, bloß nicht zu sichtbar zu werden, damit mir „so etwas" nicht passiert.
Ironie der Geschichte: Mir war es ja schon längst passiert. Und so musste ich mir selbst auch im Nachhinein die Schuld geben, ohne zu wissen, wofür eigentlich genau.
Heute wundert mich mein verstärkter Kontrollzwang mir selbst, aber auch meiner Mutter gegenüber, kein Stück.
Meinen Körper zu kontrollieren war der direkte Weg in die Bulimie. Das Essen war etwas, was es zu vermeiden galt, bis der Zwang die Kontrolle übernahm und ich so viel in mich hineinstopfte, bis ich alles wieder auskotzen musste.
Ein wahrer Teufelskreis, aus dem es für mich lange keinen Ausweg gab. Was hat darunter am meisten gelitten:

Mein Körperbild und Selbstwertgefühl

Traumatisierungen haben mein Körperbild und mein Selbstwertgefühl massiv beeinträchtigt, und das über viele Jahre meines Lebens.
Meine Körperbildstörung führte dazu, dass ich bis heute ein gestörtes Verhältnis zu Spiegeln und Fotos von mir habe.
Warum Spiegel: Bis heute kann es mir passieren, dass ich mich morgens um 8 ganz ok im Spiegel finde und um viertel nach 8 zufällig am Spiegel vorbeikomme und mir überlege, wie es sein kann, innerhalb von 15 Minuten mindestens drei Kilo zuzulegen.
Heute weiß ich natürlich, dass das Quatsch ist. Aber das Gefühl ist manchmal noch da.
Ich vermeide deswegen auch immer noch die Waage – sie ist mein größter Feind gewesen, und bis heute weiß ich nicht, ob ich einen Rückfall in die Essstörung bekommen würde, wenn ich mich auf die Waage stellen würde.
Ich gebe mein Gewicht beim Arzt immer stereotyp mit 65 Kilo an, ganz gleich, was man dann von mir hält.
Und ich habe bis zu meinem 65. Lebensjahr gebraucht anzuerkennen, dass gute Fotos von mir gemacht werden könnten. Vorher fand ich mich immer grottenhässlich auf Bildern. Dann traf

ich Maike Hilbert. Sie hat mir ein für alle Mal gezeigt, wie super ich auf Fotos rüberkommen kann, wenn ich es denn nur zulasse. Danke, liebe Maike.
Ein Text von mir aus dem Jahr 2025 bringt das Gefühl der Körperbildstörung auf den Punkt. Auf dieses Symptom gehe ich etwas später noch ausführlicher ein. Genauso wie auf das Thema Selbstwert.

Stress und Angst
Auch diese beiden sind körpereigene Regulationsmechanismen. Nur dass auch sie über kurz oder lang nach hinten losgehen können.
Natürlich ist permanente Angst ein möglicher Begleiter einer Traumatisierung.

Angst hatte ich in meiner Kindheit permanent und immer:
Vor dem Gewitter,
vorm „schwarzen Mann",
vor dem Schulversagen,
davor, bei Gruppenspielen nicht oder als Letzte ausgewählt zu werden,
davor, dass meine Mutter nicht mehr nach Hause kam,
davor, nicht aufgefordert zu werden beim Tanzen ...

Die Liste könnte ich jetzt endlos weiter fortsetzen. Omnipräsente, aber diffuse Angst führt zu omnipräsentem Stress. Kein Wunder, dass ich schon als Kind unter Schlafstörungen litt. Und Stress macht zudem die Gefäße eng, das wissen wir heute. Kein Wunder, dass ich Dauerverstopfung hatte. Ich konnte einfach nicht loslassen.

Besonders belastet hat mich selbst bis vor Kurzem das Thema der Kontrolle. Und dieses Thema dürfen wir noch einmal von einer anderen Seite betrachten.

Die durch die sexuellen Traumatisierungen in meinem Leben verlorene Kontrolle über das Außen – soll heißen, ich hatte ja gefühlt keine Möglichkeit, mich gegen die körperlichen Übergriffe zu wehren – versuchte ich mir wie gesagt über die Kontrolle in meinem Inneren zurückzuerobern.

Aber nicht nur das: Auf mich traf in jedem Fall auch zu, dass ich mich bzw. meinen Körper dafür bestraft habe, dass er sich nicht gegen die sexuellen Übergriffe gewehrt hat, ohne das bemerkt zu haben. Und das ist ein ganz wichtiger Punkt: Weswegen du zum Kontrollfreak werden kannst, entzieht sich völlig deinem Verständnis.
Wie crazy ist das denn! Du entwickelst „nur" ein Verhalten, alles und jeden kontrollieren zu müssen, bist krankhaft eifersüchtig, hast Verlustängste, haderst mit dem, was du getan hast oder eben unterlassen hast. Und das meint nicht mehr die Traumata selbst, denn die hast du ja verdrängt. Sondern das meint das Gefühl, an allem und jedem schuld zu haben.

Aber stopp! Genau das ist es ja, das die Gesellschaft, in der wir leben, immer wieder projiziert. Jede Frau ist dafür verantwortlich, was sie aus sich macht, ob sie gut aussieht, aber bitte nicht zu gut, ob sie ihren Partner findet und auch halten kann. Selbst wenn Männer mit ihr flirten, ist sie die, die das provoziert hat. Und jede Frau kann schließlich mit einem gewissen Augenaufschlag alles erreichen, aber nur bis maximal 40. Danach ist sie per se unattraktiv. Und natürlich sind Frauen auch für die Kinder zuständig. Ob sie sich später gut oder eher schlecht benehmen – alles liegt in der Verantwortung und unter der Kontrolle der Frau. Und last but not least die Care-Arbeit für die Eltern oder, wenn vorhanden, für die Schwiegereltern.
Frau ist natürlich auch für die Belange des Mannes zuständig, vom Kofferpacken bis zum regelmäßigen Sex. Und wenn sie dort nachlässig wird – na kein Wunder, wenn er sich eine andere sucht.

Und diese Gedankenketten sind fatal, weil gerade traumatisierte und essgestörte Frauen sie inhalieren wie den nötigen Sauerstoff.
Wenn ich nicht ...
Ich hätte doch ...
Warum habe ich nicht ...
All das sind die unterschwelligen Gedankengänge, die in einem solchen gesellschaftlichen Umfeld entstehen.
Aber das ist Quatsch.
Du bist für deine erlebten Traumata nicht verantwortlich, auch wenn du sie noch nicht gelöst hast. Und du bist weder für deinen Mann noch für deine Eltern und schon gar nicht für deine Schwiegereltern verantwortlich. Alles erwachsene Menschen, die für sich selbst sorgen können. Und wenn sie es nicht mehr können, gibt es auch Lösungen, die gesucht und gefunden werden dürfen – und zwar von allen Beteiligten gemeinsam.

Klar bist du für deine Kinder verantwortlich, aber der Vater deiner Kinder genauso.
Und du bist auf keinen Fall für sie verantwortlich, wenn sie schon einen guten Beruf und eine eigene Wohnung haben. Und natürlich bist du nicht für deine Enkelkinder verantwortlich. Du hast dein eigenes Leben und das ist gut so.

Wofür du auf alle Fälle verantwortlich bist, bist du selbst. Und zwar im Vollständigen. Nur du entscheidest über deine Berufstätigkeit, über deinen Partner, ob du gehst oder bleibst. Da haben dir weder deine Kinder noch die Eltern hineinzureden. Du entscheidest über das Leben, das du führen möchtest. Du entscheidest dich, deinen Lebenstraum zu verwirklichen und dabei muss es nicht um Mann und Kinder gehen. Du bist niemandem Rechenschaft schuldig außer dir selbst. Wiederhole das, bzw. schreibe es mit großen Buchstaben in dein Tagebuch, an deine Pinwand whatever, sodass du es immer im Blick hast.

Du musst nicht deine Traumatisierungen aufarbeiten, aber du kannst es, du hast alles, was du dafür brauchst. Und ich verspreche dir, das Leben wird so viel einfacher, wenn du damit startest. Auf Bulimie werden wir auch noch in Interviews zu sprechen kommen. Aber dazu später mehr. Kommen wir zunächst einmal zu einer weiteren Essstörung.

5.2 Anorexie

Das Leben mit Anorexie kann zugleich sehr herausfordernd und erfüllend für dich als betroffene Frau sein, aber auch hochgradig dein Leben gefährdend, wenn die Erkrankung dann länger anhält.
Einerseits hast du, wenn du aufs Essen verzichtest, schnell „Erfolge" in Bezug auf Gewichtsabnahme und verzeichnest von daher positive Reaktionen und Komplimente deiner Umwelt. Dein gestörtes Selbstbild wird pseudo gestärkt, weil du dich so diszipliniert zeigst und dein Ziel deutlich umsetzt. Allerdings ist sehr schnell eine Schwelle übertreten, in dem du deinen Gewichtsverlust nicht mehr in der eigenen Hand hast, er verselbstständigt sich bis hin zu massiv dein Leben bedrohenden Exzessen. Aber auch hier der Reihe nach:

Anorexie, auch bekannt als Magersucht oder Anorexia nervosa, ist eine Erkrankung, bei der du als Frau ein gestörtes Verhältnis zu Nahrung und deinem Körpergewicht hast. Auch Männer leiden zunehmend an Anorexie, aber darauf gehe ich an dieser Stelle nicht weiter ein.
Anorexie gehört ähnlich wie Bulimie zu den nicht stoffgebundenen Süchten.
Menschen mit Anorexie haben oft eine übermäßige Angst vor dem Zunehmen und versuchen, ihr Gewicht durch extreme Maßnahmen zu kontrollieren.

Die Ursachen von Anorexie sind vielfältig und in der Regel – vergleichbar mit der Bulimie – bestehend aus einer Kombination von Faktoren.

Biologische Faktoren:

- Als biologische Faktoren werden in der Literatur zunächst genetische Veranlagungen benannt: Menschen mit einer Familienanamnese von Essstörungen sind möglicherweise anfälliger für Anorexie.

- Ebenso können hormonelle Störungen zur Anorexie beitragen: Störungen im Hormonhaushalt, wie z. B. eine Überproduktion von Cortisol, können zu Anorexie beitragen.

Weit wichtiger sind jedoch meiner Meinung nach die sogenannten **psychologischen Faktoren**:

- Negatives Selbstbild: Ein ganz wichtiger Stichpunkt ist hier ein negatives Selbstbild. Dieses Selbstbild ist häufig mit der optischen Erscheinung und der Figur verbunden. An dieser Stelle lässt sich aber mit Fug und Recht fragen: Woher kommt denn das negative Selbstbild? Aus einem Selbst heraus sicher nicht, sondern es entsteht immer durch äußeres Erleben.

- Perfektionismus: Frauen mit Anorexie können perfektionistische Tendenzen haben und sich selbst unter Druck setzen, um bestimmte Standards zu erfüllen. Klingeln da nicht deine Ohren? Das haben wir doch schon bei der Bulimie so benannt. Und auch Angst bzw. Stress haben wir schon kennengelernt:

- Angst und Stress: Angst und Stress können zu Anorexie beitragen, indem sie die Nahrungsaufnahme und das Essverhalten beeinflussen.

Und dann haben wir noch soziale Faktoren, auf die wir noch im Einzelnen stärker eingehen werden.

- Der Druck, einem bestimmten Schönheitsideal zu entsprechen, kann zu Anorexie beitragen. Und genau hier dürfen wir noch das eine oder andere Wort verlieren. Und genauso über die Rolle der Medien:

- Die Darstellung von Schönheitsidealen in den Medien kann zu einem negativen Selbstbild und Anorexie beitragen.

- Auch Familienthematiken dürfen hier nicht fehlen, denn Familienprobleme, wie z. B. Konflikte durch einen eher autoritären Erziehungsstil oder eine übermäßige elterliche Kontrolle, können zu Anorexie beitragen.

- Weitere soziale Thematiken sind z. B. auch traumatische Erfahrungen, wie z. B. Missbrauch oder Vernachlässigung. Auch diese können ein Abrutschen in die Anorexie unterstützen.

- Allerdings darfst du, dürfen wir uns immer wieder fragen, wieso gerade die eine Frau Anorexie, die andere Bulimie entwickelt. Und hierfür sind mit Sicherheit nicht nur Persönlichkeitsmerkmale, z. B. eine hohe Selbstkritik oder eine Neigung zu Zwangsgedanken, verantwortlich, sondern auch das soziale Umfeld, in dem wir uns bewegen.

Anorexie definiert sich auf jeden Fall aus der Einschränkung der Nahrungsaufnahme. Die Einschränkung kann bis zur völligen

Verweigerung von Essen gehen. Darüber hinaus werden hochkalorische Nahrungsmittel meist gemieden.
Übertretungen des eigenen gesetzten Essverhaltens werden oft mit exzessiver körperlicher Aktivität kompensiert. Sport oder andere körperliche Aktivitäten können so in einem Ausmaß ausgeübt werden, das weit über ein angemessenes Training hinausgeht. Dieser exzessive Sport kann bereits gesundheitsschädliche Formen annehmen. Allerdings sind diese Auswirkungen eher nicht präsent oder werden billigend in Kauf genommen. Dazu kommt der Umstand, dass es nach einer gewissen Zeit kaum mehr möglich ist, das, was wir für eine normale Menge oder auch ausgesprochen kleine Menge an Essen halten, zu sich zu nehmen. Deswegen kommt, je weiter die Anorexie fortschreitet, Erbrechen dazu.

Anorexie kann zu ernsthaften gesundheitlichen Problemen führen, wie:

- Gewichtsverlust: Menschen mit Anorexie können stark untergewichtig sein.

- Ernährungsstörungen: Sie können Defizite an wichtigen Nährstoffen wie Vitaminen und Mineralien haben.

- Hormonelle Störungen: Anorexie kann zu Störungen des Hormonhaushalts führen, wie z. B. Amenorrhoe (Ausbleiben der Menstruation).

- Kardiovaskuläre Probleme: Anorexie kann zu Herzproblemen und anderen kardiovaskulären Erkrankungen führen.

Das Hauptproblem bei fortgeschrittener Anorexie kann jedoch sein, dass Nahrung überhaupt nicht mehr zugeführt werden kann. Das wiederum kann zu der Notwendigkeit intravenöser Ernährung führen.

Alles in allem keine rosigen Aussichten für Anorexie-Patientinnen, zumal diese Ernährungsstörung eine ganze Zeitlang fast wie eine Modeerscheinung unter jungen Frauen gehandelt wurde. Ana als die beste Freundin bietet kaum eine gute Überlebenschance ohne klinische Hilfe.

Deshalb geht man in der Regel davon aus, dass die Behandlung von Anorexie eine umfassende Therapie, die psychologische, ernährungstherapeutische und medizinische Aspekte umfasst, erfordert.

5.3 Körperbildstörung

Ich kenne es so gut ...

Fast mein ganzes Leben:
Ich schau in den Spiegel
Und finde mich zu dick

Gestern war ich
Noch ganz normal
Heute geht alles den Bach
Runter

Körperbildstörung

Die spiegelnde
Fensterscheibe
Unterwegs

Der zufällige Seitenblick
Ins Schaufenster

Die Umkleidekabine
Mit der bestimmten Beleuchtung

Der direkte Blick
In den See

Aber auch
Der zufällige Schnappschuss
Aus ungünstiger Perspektive

Alles kann zur Falle
Werden

Gestern war doch
Noch alles in Ordnung

Und heute?
Die Bestrafung
Folgt auf dem Fuß
Die innere Beschimpfung auch

Das geht so schnell
Du merkst es kaum
Der Verstand hat
Sendepause

Das tut weh
Und keiner versteht,
Was vorgeht

Oder aber
Die haben es längst
Gemerkt
Und lachen über dich

Kannst du nachvollziehen,
Dass ich jahrelang
Keine Bilder von mir
Wollte?

Unser Körper
Schreit um Hilfe
Gerade bei
Lange verschütteten
Traumatisierungen

Lass dir helfen
Du bist nicht allein
Und warst es nie

Was meine ich also mit Körperbildstörung? Du kennst es, ich bin mir ziemlich sicher. Und außerdem hast du ja schon meinen Text dazu gelesen.
Stell dir vor, du stehst morgens vor dem Spiegel und findest dich völlig ok. Du hast deine Lieblingshose an, das Shirt, eine Neuerwerbung passt perfekt dazu, ein bisschen bunter Schmuck – alles gut.
Eine halbe Stunde später kommst du am Spiegel vorbei – wohlgemerkt am selben Spiegel – siehst dich und bist entsetzt. Wie konntest du nur denken, dass du gut aussiehst, hast du vorhin nicht bemerkt, wie sich deine dicken Oberschenkel in der Hose abzeichnen? Und dein Shirt zeichnet perfekt die Speckrollen am Bauch ab.
Wie konntest du nur – hoffentlich hat dich noch keine/r so gesehen. In Windeseile ziehst du dich um, du hast gleich einen Termin, da musst du gut aussehen. Aber das Umziehen gestaltet sich schwierig – du findest nichts, aber auch gar nichts, in dem du dich wohlfühlst. Also rettest du dich in deine megaweite Jeans. Zusammen mit einem weiten Sweatshirt, das auch die Arme nicht

so direkt zeigt, muss es gehen. Aber der Tag ist dir erstmal verhagelt und nur mit Mühe bewahrst du die Ruhe beim folgenden Termin.
Du kannst nicht glauben, dass du dich so von deinem Spiegel hast täuschen lassen.
Wenn du so etwas nicht kennst, freu dich! Aber komm nicht auf die Idee zu sagen:
„Das ist aber nun wirklich übertrieben."
Nein, ist es nicht. Ich habe jahrelang in diesem Auf und Ab gelebt und wenn ich es bei anderen essgestörten Frauen anspreche, sagen fast alle, dass sie es auch so erleben oder erlebt haben. Was ist da los mit den Frauen, mit uns Frauen?

Eine Körperbildstörung oder auch Körperdysmorphe Störung (KDS) ist eine komplexe Erkrankung.
In der Regel geht es dabei um Menschen, meist Frauen, aber auch Männer, die sich übermäßig mit ihrem Aussehen beschäftigen und sich zugleich als
hässlich oder unzulänglich empfinden.
Menschen mit Körperbildstörungen suchen häufig nach Fehlern oder Unzulänglichkeiten in ihrem Aussehen und kritisieren sich selbst dafür.
Darüber hinaus führen sie negative Selbstgespräche über ihr Aussehen.
Sie werten sich selbst und ihr Aussehen ab und denken Dinge wie: „Ich bin hässlich", „Ich bin nicht gut genug" oder „Ich werde nie attraktiv sein".

Um es noch mal etwas weniger abstrakt deutlich zu machen:
Wir Frauen vergleichen uns oft gerade mit anderen Frauen, insbesondere mit solchen, die wir als attraktiv oder erfolgreich empfinden.
Wie du dir denken kannst, spielt hierbei auch die Hochglanzwelt bestimmter Social-Media-Kanäle eine nicht zu kleine Rolle.

Denn gerade diese Welt zeigt uns unsere Unzulänglichkeit wie durch ein Brennglas. Frauen, die sich mit Topfigur inszenieren (auch gern gefotoshoppt) und auch noch perfekt gestylt sind, geben uns Tipps, wie man das eigene Äußere optimieren kann. Wie wir das eigene Gewicht in 10 Tagen auf das Traumgewicht reduzieren können, ohne zu hungern und nur mit ein paar gezielten Übungen. Und wie wir uns dann durch entsprechende Kleidung selbst als Topmodell inszenieren können.
So ein Bullshit, denn ...
natürlich führen diese Vergleiche und auch diese Tipps, die in keinster Weise der Realität entsprechen, oftmals erst recht dazu, dass wir uns unzulänglich oder hässlich im Vergleich zu anderen erleben.
Im Extremen beginnen wir, uns für unser eigenes Aussehen zu schämen oder entwickeln regelrecht Angst, von anderen beurteilt zu werden.
Und das führt dann wiederum dazu, dass wir uns nicht mehr in die Öffentlichkeit trauen, aus Angst, für unser Aussehen ausgelacht oder kritisiert zu werden.
Und solche hämischen Sprüche, die dann – gerne hinter unserem Rücken – fallen, haben viele von uns schon erlebt:
„Meine Güte, ist die fett geworden." – „Wenn ich so aussehen würde, würde ich mir einen Sack über den Kopf ziehen." „Heute muss doch keine mehr so rumlaufen." „Sie sollte sich schämen." „Hat sie keinen Spiegel zu Hause."
Oder, wie in meinem Fall von meinem Vater zu hören bekommen: „Du hast ja einen ganz schön dicken Hintern bekommen."
In diesem Fall kann ich allerdings mit Sicherheit sagen, dass er es nicht böse gemeint hat und dass er mit Sicherheit nicht geahnt hat, was er damit ausgelöst hat. Es ist so aus ihm herausgeplatzt. Aber auch das rechtfertigt diese Aussage nicht.

Ist es verwunderlich, dass Menschen mit Körperbildstörungen oft soziale Situationen vermeiden? Ich denke nein.

Wir haben so und so schon viel mit uns zu tun. Wir müssen zwanghaft unser Aussehen im Spiegel überprüfen.
Und das ständige Vergleichen mit anderen kostet uns schon genug Energie.

Und dann kommt meist noch dazu, dass wir eigentlich die Bestätigung von anderen suchen, um uns selbst zu beruhigen. Wenn wir sie dann allerdings bekommen, glauben wir sie nicht, denn Selbstkritik und Selbsthass sind uns viel vertrauter.

Die Ursachen einer Körperbildstörung sind vielfältig. Zunächst einmal sind es am häufigsten die Folgen von Traumatisierungen, denn durch Trauma und daraus entstehende Traumatisierungen ist – wie wir schon besprochen haben – unser Selbstwertgefühl stark in Mitleidenschaft gezogen und das betrifft auch unsere Sicht auf unser Äußeres. Denn unser Äußeres ist nicht von dem, was in uns vorgeht, zu trennen.
Aber natürlich dürfen wir auch die Umweltfaktoren nicht vergessen: Die Medien allgemein, die Gesellschaft und die Familie können einen negativen Einfluss auf das Körperbild haben.
Durch die Medien lernen kleine Mädchen heute schon sehr früh, wie sie zu sein haben und eifern ihren Vorbildern nach.
Jedoch dürfen wir nicht verkennen, dass wir nun mal nicht alle dem heute gängigen Schönheitsideal entsprechen. Stelle dir vor, unsere Welt wäre gefüllt mit all den perfekt gestylten Barbies mit vollem, langem Haar, ordentlich Busen, Wespentaille, überdimensioniert langen Beinen und einem leichten Schmollmund. Wäre doch eigentlich langweilig, oder?
Das dürfen wir auch unseren Kindern erklären und auch, dass sie so manche perfekte Barbie – wenn sie ihr dann im Alltag begegnen würden, gar nicht erkennen würden.

Und wir dürfen ihnen klarmachen, dass es nicht sein kann, dass wir unseren Körper und unser Gesicht mittels Operationen viel-

fältiger Art „verschönern" wollen, weil wir nur so, wie wir wirklich sind, echt sind.
Aber die Realität ist eine andere: Was hätte ich als Kind schon dafür gegeben, längere schlankere Beine zu haben und nicht solche kräftigen Körperteile. Und meinen Haaransatz, der viel zu tief in die Stirn ging, habe ich gehasst. Eine Freundin nannte mich Monchichi. Das war mir so peinlich.

Natürlich kann eine Körperbildstörung auch durch genetische Faktoren begünstigt werden. Meine kräftigen Beine habe ich von meinem Vater geerbt und egal wie viel ich abnahm, ich hatte immer das Gefühl, dass sie zu dick sind. Erst in den letzten Jahren habe ich Frieden mit meinem Aussehen gemacht, fühle ich mich in meinem Körper wohl. Wie ich das geschafft habe? Ich habe mich Stück für Stück mit meinen Traumatisierungen auseinandergesetzt und vor allem mit den dahintersteckenden Gefühlen. Denn egal wer und wie du bist. Deine eigenen Gefühle sind der Gamechanger. Wenn du dich ihnen unvoreingenommen stellst, kannst du Stück für Stück aufräumen in dir. Deine Gefühle zeigen dir den Weg zu dir selbst.

5.4 Imposter- oder auch Münchhausen-Syndrom

Das Imposter-Syndrom ist ein psychologisches Phänomen, bei dem eine Person trotz ihrer Fähigkeiten und Erfolge das Gefühl hat, nicht würdig oder kompetent genug zu sein. Sie fühlt sich wie ein „Betrüger" oder ein „Hochstapler", der nur durch Zufall oder Glück erfolgreich ist. Kennst du das Märchen „Des Kaisers neue Kleider"?
Genau darum geht es bei dieser Symptomatik. Und vor allem um das Ende des Märchens, der Situation, in der ein kleines Kind als Einziges den nackten Kaiser entlarvt.
Das ist die größte Angst von uns Frauen mit Imposter-Syndrom: Dass irgendwann uns jemand entlarvt, egal in welchem Bereich,

zeigt, dass wir keine Ahnung haben, dumm sind oder was auch immer und wir dann völlig nackt dastehen.
Bei mir hat das damals dazu geführt, dass ich Dinge und Sachverhalte behauptet habe, die ich nicht so genau wusste, aber mit solcher Vehemenz, dass sich niemand getraut hat, mir zu widersprechen. Ich vermute, ich habe eine mögliche Bloßstellung geradezu herausgefordert. Sie geschah nie.

Die Gründe für das Imposter-Syndrom sind ziemlich einleuchtend.
Es geht dabei um Menschen, so wie mich, die im Grunde ihres Herzens von Selbstzweifeln geplagt sind. Die ihre eigenen Fähigkeiten und Erfolge selbst nicht anerkennen, bzw. sie eigentlich für selbstverständlich halten, aber auch irgendwo anzweifeln. Sie wiegeln gern Lob ab mit den Worten:
„Ach, das ist doch nichts Besonderes, das kann jeder".
Und dabei werden sie umgetrieben von der Angst vor Entdeckung.
Eine Angst davor, dass andere entdecken, was sie eigentlich selbst schon lange wissen, dass sie eben nicht so kompetent sind, wie sie zu sein scheinen. Dass es nicht lange gut gehen kann mit den Erfolgen. Der Satz „Hochmut kommt vor dem Fall", den du bestimmt auch schon öfter gehört hast, lebt dabei ein verflixtes Eigenleben. Jeden Moment könnte die Entlarvung, die Entdeckung geschehen.
Und dabei kann es sein, dass du unglaublich hart arbeitest, um deine Erfolge zu rechtfertigen oder aber es geschieht, dass dir Dinge zufallen und du diese Art Erfolg nicht akzeptieren kannst. Und es kann auch sein, dass du so etwas wie Perfektionismus entwickelst und es dir selbst nie recht machen kannst.
Es gibt auch die Variante, dass Menschen ihre Erfolge nicht akzeptieren können und sie deshalb auf Zufall oder Glück zurückführen.

Was bei allen Betroffenen des Impostor-Syndroms aber wohl zutrifft, ist, dass sie sich ständig mit anderen vergleichen und sich dabei unzulänglich fühlen.

Mit dem Impostor-Syndrom verbunden ist auch häufig Prokrastination: Dabei werden wichtige Aufgaben aufgeschoben, weil du Angst hast, nicht gut genug zu sein.
Ebenso häufig ist damit die Angst vor Feedback oder Kritik verbunden, weil du befürchtest, dass deine Selbstzweifel bestätigt werden.
Überraschenderweise sind oft Menschen, die hochbegabt oder sehr erfolgreich sind, anfällig für das Imposter-Syndrom.
Gerade Hochbegabung geht, wenn sie nicht diagnostiziert ist, leicht mit Imposter zusammen, weil du ja siehst, wie sich die anderen bemühen. Für dich ist es aber nur ein Klacks und das kann nicht richtig sein, du kannst nicht all das in 2 Minuten lernen, was andere erst in 2 Stunden draufhaben, also ist etwas falsch mit dir.
Deswegen denken gerade hochbegabte Kinder eher darüber nach, ob sie vielleicht sehr dumm sind, denn häufig verlieren sie an einem Thema das Interesse – z. B. in der Schule –, wenn alle anderen draufrumkauen, und sie es doch schon lange verstanden haben.
Und so kann es auch wichtig werden, bei Verdacht auf Hochbegabung eine professionelle Diagnostik durchführen zu lassen. Das kann erleichtern, muss aber nicht.
Wie du dir vorstellen kannst, habe ich weitreichende Erfahrung mit der Kollegin Impostor. Ich durfte erst meine Doktorarbeit schreiben – und das auch noch in Windeseile, obwohl mein Mann mir prognostiziert hat, dass das dicke Ende noch kommen würde. Es kam nie und meine Diss wurde zum großen Erfolg. Seitdem zweifle ich nicht mehr an meinen Fähigkeiten. In meinem Fall hat es auch dazu geführt, dass ich zu der schon länger vorher diagnostizierten Hochbegabung besser stehen konnte, obwohl ich es immer noch nicht so gerne erwähne.

Wenn du bisher der trockenen Theorie gefolgt bist, wunderbar. So theoretisch soll es jetzt aber nicht weitergehen.
Denn jetzt geht es um das Leben mit den Folgen von Traumatisierungen.

Du wirst in einigen Interviews Begegnungen mit Frauen haben, die mit einer der bisher genannten Folgen zu kämpfen hatten oder haben, oder aber mit allen vier Folgen in unterschiedlicher Ausprägung.
Möglicherweise erkennst du dich in der einen oder anderen wieder. Das kann schmerzhaft sein, aber auch heilsam.
Es kann z. B. sehr gut sein, dass du einerseits Symptome der Anorexie zeigst, die aber auch in Bulimie übergehen können oder andersherum. Und dass du denkst, dass da irgendetwas nicht stimmt in dir.
Du darfst als Erstes wissen: Du bist nicht allein, mit dir stimmt alles. Nur haben Traumatisierungen bei dir Folgen hinterlassen, die du bisher nicht einordnen konntest, weil du dich ja eben nicht nur mit Bulimie oder Anorexie herumgeschlagen hast.

Die Frauen, die ich dir vorstelle, sind fast alle mit Körperbildstörungen konfrontiert gewesen oder sind es immer noch. Das kann auch bei dir sein.
Die Körperbildstörung kann aber auch in einer noch viel komplexeren körperlichen Symptomatik eingebunden sein.
Und auch das Impostor-Syndrom kann häufig mit den anderen Folgen verbunden sein.
Aber lies einfach selbst. Und achte dabei gut auf dich. Wenn es dir zu viel wird, unterbrich die Lektüre und leg das Buch zur Seite.

5.5 Interviews

Für die Einleitung in die Interviews ist folgender Text wunderbar geeignet. Ich hoffe, das findest du auch!

Frauen sind immer zu viel

zu dick
zu dünn

zu groß
zu klein

zu schnell
zu langsam

zu direkt
zu unpräzise

zu auffällig
zu unscheinbar

zu laut
zu leise

zu klug
zu dumm

Das nimmt
dir den Blick
auf dich selbst
und
dein Bauchgefühl
in dir

Das macht dich müde
langweilt
zieht Energie
laugt aus

Und dann kommt
der Spruch
der dich
umhaut
Sei doch mal
du selbst

Hä
wie jetzt ...
du merkst
du hast
deinen Fokus
verloren
in dir

Stell dir vor
du könntest
wieder
entdecken

wie du
wirklich bist
wie du denkst
wie du tickst
wie du fühlst

Der Himmel auf Erden ...

Wo bist du zu viel?

Interview mit Alexandra Pöhling

Alexandra empfängt mich zum Interview per Zoom draußen in der Natur. Ihr Auftritt vor der Kamera, in sommerlichen Sportklamotten und viel nackter Haut ist einfach wunderschön.
Ich melde ihr das zurück.
Ihre Reaktion darauf:

„Es ist im Moment nicht wirklich mein Körper – ich habe zu viel drauf …"

Und schon sind wir mitten drin im Thema.
Essstörungen, Idealbild, Körpergefühl – unser Gespräch geht gleich in die Vollen.

Ich frage Alexandra, was denn anders sein dürfte an ihrem Körper. Sie hat sofort die Antwort:

„Meine Oberschenkel berühren sich beim Gehen und Laufen, mein Rücken bildet eine Falte, etwas unterhalb vom Sport-BH und meine Arme sind viel zu bullig."

Und sie ergänzt:

„Es ist ein dauerndes Hin und Her. Eigentlich bin ich ein Beispiel an Körperbewusstheit, aber in meinem Inneren sieht es ganz anders aus. Ich habe da einen „Quatschi", der quatscht mir dauernd rein."

Ich frage nach.
Sie erzählt von ihrer Energiearbeit, die sie schon sehr weit gebracht hat, von der wunderbaren Zeit hier in der Natur und von dem letzten Rückschlag am Strand.
Es ist alles richtig gut gewesen, das Wetter so schön, das Wasser, und sie hat spontan am Strand einen Kopfstand gemacht und ihren Partner gebeten, sie dabei zu fotografieren.

Und dann hat sie sich das Bild angeschaut und schon hat sie es wieder gefühlt:
Wie der riesen Klumpen Hass in ihr hochgekommen ist, der Hass auf ihren Körper.
Und das Gefühl, sich total zerkratzen zu müssen – und das alles so intensiv, wie schon lange nicht mehr.
Wegen eines einzigen Bildes.
Ich verstehe, was sie meint, denn ich kenne es selbst sehr gut.
Trotzdem frage ich nach, möchte gern, dass sie ausspricht, was genau sie gefühlt hat.

Sie deutet daraufhin dieses Bild als Ende der Täuschung – der Täuschung, in ihrem Körper mit ihrem Körper genau richtig zu sein.
Das Bild hat wieder gezeigt:
Sie entspricht halt einfach nicht ihrer eigenen Idealvorstellung von sich.
Hasst sich selbst, weil ihr dafür die nötige Disziplin fehlt und ihr „Quatschi" dazu noch das Thema vereinfacht, indem er es auf das Essen schiebt.
Ja, sie hat das Bild vom Kopfstand noch, obwohl es sie schmerzt.

Ich frage, ob sie sich daran erinnern kann, wann sie sich zum ersten Mal so gefühlt hat.
Sie erzählt von einem Schlüsselmoment auf ihrem Abiball.
Sie mit ihren Mitschüler*innen – alle Typ Barbie – auf einem Bild, in ihren Abendkleidern.
Sie hat sich selbst ganz furchtbar gefunden, viel zu bullig, neben all den dünnen Mädels.
Und dann berichtet sie davon, dass sie schon mit 12 gemeinsam mit einer Freundin ein Ernährungstagebuch geführt hat und ihre Mutter das gut gefunden und unterstützt hat.
Das Thema um die Figur zieht sich im Rückblick, so sagt sie, durch die ganze Familie. Ihre Oma, so erinnert sie sich an ein weiteres Beispiel dafür, war Mannequin.
Und sie erzählt im Zusammenhang mit der Oma, dass sie mit 14 mit einer Freundin auf Menorca im Urlaub war.
Die Freundin – Typ: Kann essen, was sie will, und nimmt doch nicht zu – hat immer alles gegessen und sie selbst, Alexandra, hat einfach mitgegessen.
Sie hat den Urlaub so richtig genossen.
Dann hat ihre Oma nach dem Urlaub ein Bild von ihr gesehen und spontan gesagt:

„Da hat Alexandra ja ganz gut zugenommen."

Alexandras Konsequenz daraus:

„Immer wenn ich mich dem Leben hingebe, funktioniert es nicht ... Wenn ich die Kontrolle aufgebe, geht's nicht mehr."

Sie bricht ab und setzt neu an, erzählt von ihrer Kindheit:
Ihre Mutter hat getrunken, sie – Alexandra – hat immer auf sie aufpassen müssen und war dabei so oft selbst allein. Alles an ihr erinnert sich im Moment an diese Zeit, ihre ganze Körperhaltung zieht sich in sich selbst zurück.

Und sie berichtet: Vor allem, wenn sie hungrig aus der Schule gekommen ist und ihre Mutter nicht wie versprochen da war und damit auch kein Essen gekocht hatte, hat sie sich um ihre Mutter gesorgt, wusste nie, wann sie denn kommt und was dann ihre Verfassung ist. Es konnte Stunden dauern.

Und trotzdem hat Alexandra sich dann selbst nichts zu essen gemacht, hat sich selbst gequält mit dem Hunger.
Und das alles, weil sie ihre Mutter nicht enttäuschen wollte, nicht wollte, dass sie dann umsonst kocht, wenn sie kommt.

Diese verknotete Energie spürt sie heute noch manchmal.
Und überhaupt, beim Essen – so erzählt sie – hat sie häufig das Gefühl, nicht genug zu bekommen, ist nicht entspannt.
Das merkt sie vor allem an ihrem Rückenstrecker, der sich immer wieder festzieht, wie um sie zu schützen. Vor ihrer unberechenbaren Mutter? Darüber sagt sie nichts.
Aber, so schiebt sie hinterher, manchmal macht das Essen ihr auch Spaß, auch wenn die Schutzfunktion Rückenstrecker, wie sie es nennt, noch aktiv ist.

Ich frage nach ihrer Magersucht und wann diese sich entwickelt hat.

Sie erzählt, dass die Magersucht in der Zeit auftrat, als ihr Freund ihr depressives Verhalten viel kritisiert hat, ebenso wie ihr Essverhalten und das Untergewicht.
Ihre Mama hat sich ebenfalls sehr gesorgt, sie aber nicht gedrängt. Also hat sie sich um einen Therapieplatz bemüht. Nach zirka einem halben Jahr hat sie diesen bekommen. Die behandelnde Therapeutin hat sie dann recht schnell in die Klinik weiterüberwiesen.

Und ihr fällt die Zeit in der Klinik ein – etwas mehr als ein halbes Jahr war sie dort. Und das war nicht wirklich schön.
Sie erzählt davon, dass es nur darum gegangen ist, zuzunehmen.

Und sie erzählt, dass unter den Patientinnen immer die Angst, zugenommen zu haben, ausgebrochen ist, wenn es dann um das wöchentliche Wiegen gegangen ist. Obwohl das ja der Zweck des Aufenthaltes gewesen ist.
Es sind dann Tränen geflossen.
Verzweiflung hat sich immer wieder breitgemacht und diese ganzen Emotionen haben sie selbst noch mehr verwirrt, als dass das Ganze heilsam für sie gewesen wäre.

Alexandra erläutert dabei, dass sie zu der Zeit ein starkes Anpassungsverhalten gezeigt hat. Somit hat sie dieses Verhalten der anderen Patientinnen adaptiert, weil sie sich als nicht zugehörig gefühlt hätte, wenn sie „anders" gewesen wäre.

Insgesamt gesehen hat sie sich in der Klinik sehr verloren und nicht in der Tiefe abgeholt gefühlt.

Sie erzählt von ihrer eigenen Bemühung, die Kontrolle über ihr Gewicht trotz Essen zu behalten. Sie ist dann eben jeden Tag 80 Bahnen geschwommen und zusätzlich lange Strecken gelaufen.
Bis ihr Therapeut ihr einen Bewegungstracker an das Bein gebunden hat, um sie zu kontrollieren und damit sie damit aufhört.

Einmal hat ihr Therapeut sie erwischt, auf einem schnellen Spaziergang und hat aus dem offenen Autofenster gerufen:

„Zu viel Bewegung, Frau Pöhling."

Das entsetzt sie noch heute.
Und noch heute ist sie darüber erschüttert und auch darüber, dass niemand je gefragt hat, was denn der Grund für die Magersucht sein könnte.
Und dass ihr Therapeut für sie überhaupt eine sehr bedrohliche Ausstrahlung gehabt hat. Bei der Entlassung hat er ihr dann noch mitgegeben:

„Sie wissen ja, wie es geht."

Das hat ihr noch mal ganz deutlich gemacht, dass es nur an ihr liegt, wenn es nicht funktioniert. Dieser Glaubenssatz hat sie lange Zeit begleitet.
Hat sie ihn heute vollständig überwunden? Ich bezweifele es.

Diesen Satz hat sie dann auch von ihrem damaligen Freund gehört, der mit ihr Schluss gemacht hat, weil sie immer wieder mit ihren Depressionen gekämpft hat. Er ist fremdgegangen und hat ihr daran die Schuld gegeben, weil sie ja nicht funktionieren würde. Sein Fremdgehen hat er damit ihr in die Schuhe geschoben.

In dieser Zeit hat sie dann die Bulimie für sich entdeckt. Die 4 bis 5 Essanfälle pro Tag hat sie immer wieder ausgekotzt.
Sie erinnert sich:

„Das war ganz furchtbar, und das Übergeben war einfach schrecklich!"

Noch heute höre ich ihren Ekel vor sich selbst in ihrer Stimme.
Dann erzählt sie, wie sie sich das Erbrechen damals vor sich selbst schöngeredet hat:

„Jede hat ein anderes Hobby, meines ist es eben zu essen und es wieder auszubrechen."

Alexandra kommt auf die erste Zeit nach der Klinik zu sprechen und erzählt:

„Nach der Klinik fand ich meinen Körper gut – aber das hat nur genau drei Tage angehalten."

Ich frage sie:

„Ist das das Idealbild deines Körpers? So wie du direkt nach dem Klinikaufenthalt gewesen bist?"

Ihre erste zögernde Reaktion:

„Nicht ganz."

Und dann ergänzt sie:

„Doch, im Prinzip ja, aber ich möchte mich heute nicht mehr so quälen."

Wieder frage ich nach.
Und frage weiter nach ihrer heutigen Sicht der Worte „Versagen" und „Kontrolle".

„Versagen" definiert Alexandra als ein Gefühl, das entsteht, wenn sie sich etwas vorgenommen hat und es nicht schafft. Oder aber, wenn jemand einen Anspruch an sie hat, den sie nicht halten kann.

„Kontrolle" definiert sie heute als Illusion. Und fragt:

„Was können wir schon kontrollieren, das Leben ist hochkomplex. Wir können denken und planen und es kommt anders. Ich kann Kontrolle gut abgeben, wenn es um die anderen geht, oder um etwas Größeres."

Das, was Alexandra schwerfällt, ist nach ihren Worten

„... die Kontrolle der eigenen emotionalen Verletzbarkeit abzugeben. Ich weiß, dass mir nichts passieren kann, aber ich habe Angst vor emotionalem Schmerz und auch vor physischem Schmerz."

Sie erwähnt ihren jetzigen Partner, der ein riesiges Geschenk für sie ist. Trotzdem ist da Angst, dass der Fall aus dieser Beziehung schmerzhaft wäre.

„Dann lieber nicht ganz so viel freuen", sagt sie.

Und zum Abschluss macht sie „als sehr analytischer Mensch" noch einen Ausflug in die Selbstanalyse:

„Wahnsinn. Was für ein destruktives Selbst, das aus sich selbst heraus sich selbst immer wieder nährt. Das immer wieder reproduziert und keinen Ausweg zulässt."

Ich frage spontan, wie sie sich selbst auf einer Skala von 1–10 im Hinblick auf die Überwindung ihrer Essstörung einschätzt. Sie wählt sehr schnell die 6–7.
Und sie erklärt:

„6–7 deswegen, weil ich immer noch dieses Idealbild habe. Ich habe mein Urvertrauen in der Kindheit verloren. Heute weiß ich, wie wichtig das Vertrauen in mich selbst ist. Ich bin dabei, mich selbst zu fühlen."

Und das ist ein gutes Schlusswort.
Denn ich erlebe Alexandra als eine Frau, die weiß, dass sie durch die Hölle gegangen ist, in ihrer Kindheit und auch später. Und die auch genau weiß, dass der entscheidende Faktor, der zu einer 8–10 auf der oben genannten Skala führt, ihr immer stärker werdendes Vertrauen in sich selbst sein wird.
Und übrigens – eine Waage hat sie schon längst nicht mehr!
Zum Schluss hat sie noch eine schöne Ergänzung:
Sie erläutert, dass in ihrem Heilungsprozess enthalten ist, mit beiden Eltern Frieden zu schließen.
Das ist zwar ein langer Weg gewesen, denn sie hat beide sehr lange Zeit sehr auf Distanz gehalten.
Diese innere Vergebungsarbeit hat im Wesentlichen dazu beigetragen, das Konstrukt aufzubrechen und ihren eigenen Wert immer besser von Vergangenem zu lösen.
Sich selbstständig in dieser Welt zu bewegen.

Sie erklärt:

„Meiner Erfahrung nach sind viele selbstzerstörerische Verhaltensweisen von Menschen darin gewurzelt, dass sie sich noch als Opfer ihrer Vergangenheit sehen. Eigenermächtigung, Eigenverantwortung für das eigene Leben – eben nicht nur im Sinne von zu tragenden Konsequenzen, sondern sich selbst als Schöpfer zu verstehen, der sein eigenes Leben erschafft – sollte daher in den Therapieformen großgeschrieben werden.
Ich habe viele Coaching-Jahre gebraucht, um das wirklich zu verinnerlichen.
Wir sind nicht Opfer unserer Emotionen. Da gibt es noch so viel mehr Möglichkeiten ..."

Und das ist ein wunderbarer Abschlussgedanke.

Nach diesem Interview darf ich erst einmal durchatmen, denn ich merke, wie sehr mich das Thema mitnimmt, wie sehr ich viele der Gedanken und Gefühle von Alexandra immer noch immer wieder fühle.
Und fast wie im Schlaf entdecke ich ein für mich heute noch wichtiges Thema, über das ich noch nie gestolpert bin.
Wie aus heiterem Himmel hat sich mir eine Erkenntnis dargestellt, die mich völlig unvorbereitet trifft und die mir im wahrsten Sinne des Wortes die Augen öffnet:
Ich habe immer gedacht, solange ich mich erinnern kann, ich wäre falsch. Mit meinem Essverhalten, mit meiner Einstellung zum Essen. Es gab immer wieder und bis heute Menschen um mich herum, die mir diese Sicht meiner selbst vermittelt haben. Als Erstes meine Eltern.
Für sie war es völlig merkwürdig, dass ich lieber Käsebrötchen anstelle von Kuchen mochte.
Dass ich entweder Fleisch oder Gemüse gegessen habe, aber nie beides zusammen und schon gar nicht mit Kartoffeln und Soße, war für meine Eltern als Nachkriegsgeneration völlig absurd.
Und ich sah es ja in meiner ganzen Familie: Ich war in Bezug auf Essen eindeutig die Außenseiterin. Auch als ich älter wurde, behielt ich diese Gewohnheiten bei. Mit Kuchen konntest du mich jagen. Milchreis und Milchsuppe – die Leibspeisen meines Vaters – waren mir ein Gräuel. Stattdessen mochte ich Eier, aber davon durfte nur mein Vater sonntagmorgens zwei essen. Ich durfte mich mit einem begnügen.
Meine Ausrichtung auf Fleisch z. B. war auch nicht ok. Als Beilage war Fleisch ok, aber nur so, ohne alles? Das ging gar nicht. Das war unverschämt. Gerade, wenn wir eingeladen waren. Höflichkeit war das oberste Gebot und dazu gehörte eben, alles zu essen, was angeboten wurde.
Bloß keine Sonderwünsche. Und zu sagen: „Das mag ich nicht", war verboten, weil, du ahnst es, unhöflich.

Diese Liste könnte ich jetzt so fortsetzen. Was aber wichtiger ist als diese Liste, ist die Erkenntnis, die mich wie ein Schlag traf: Mein Essverhalten war in der Vorstellung meiner Eltern nie in Ordnung, ich war immer die, die eine Extrawurst gebraten bekam – normal war das aber auf jeden Fall nicht.
Essen, wann man Hunger hatte, war gar nicht ok. Frühstück gab's morgens, Brot mit Marmelade, mittags wurde warm, aber sehr einfach gegessen, abends wieder Brot. Das passte so gar nicht zu mir.

Wieso wundert es mich also bis heute immer noch immer wieder, wenn mir Menschen aus meinem engeren Umfeld bescheinigen, mein Essverhalten sei ganz und gar nicht normal?
Und ich verstehe heute auch, warum ich in Zeiten, als ich so viele Lebensmittelunverträglichkeiten entwickelt hatte, dass ich mich gefühlt ein Jahr lang nur von Blaubeeren, Himbeeren, Hafer, Reis und Eiern ernährte, völlig überzogen reagierte, wenn ich gefragt wurde, was ich denn essen dürfte.
Meine fast schon stereotype Antwort war:

„Ich darf alles essen, aber ich möchte nicht alles essen."

Verstanden hat das niemand, ich schon gar nicht. Aber ich konnte nicht anders.
Heute verstehe ich, ich bin ernährungsdivergent. Und im Grunde meines Herzens fühle ich, dass jede von uns Frauen so ist.
Das unterstützt mich sehr, meinen eigenen Weg zu finden.
Heute schaue ich ganz genau hin, was ich wann essen möchte und ich lasse mir von niemandem reinreden. Ich esse immer noch nicht gern Kuchen und Zucker vermeide ich, so gut es geht, ganz.
Aber ich habe eine große Schwäche für frisches Obst. Auch Gemüse ist immer noch nicht so meines. Einiges mag ich sowie Rotkohl, Edamame, Tomaten, Paprika, jede Art von Blattsalaten und einiges mehr. Aber heute kann ich es mir erlauben zu sagen:

Das ist so! Heute kann ich immer besser zu meinen Vorlieben stehen und weiß eben:
Im Prinzip sind wir Menschen allesamt so unterschiedlich. Warum lassen wir das nicht einfach zu und stehen zu unseren eigenen Besonderheiten? Ich bin auf dem besten Weg.

Aber kommen wir wieder zurück auf die Interviews. Denn Alexandra ist nicht die Einzige, die ich zu den Folgen von Traumatisierungen interviewt habe. Sie macht den Anfang, weil sie eine meiner jüngsten Interviewpartnerinnen ist.
Auch meine nächste Interviewpartnerin ist noch jung.
Einer meiner Texte darf wieder in das Interview einleiten:

Ich habe überlebt

Und bin stärker als je zuvor
Was mir passiert ist, war mir lange Jahre nicht klar

Ich hatte keine Erinnerung
An sexuelle Übergriffe als Kind,
Mein Bruder hinter der Schranktür
Der sich auszog
Und in mein Bett kam
Ich wusste nicht, was passierte
Woher auch
Ich wollte es nicht
Habe meinen Bruder gehasst

Und an mein „erstes Mal"
Der Freund meiner Freundin
Nutzte meine Verzweiflung aus
Ich war wie gelähmt

Und an einen Chef,
Der sich nahm,
Was er wollte
Mit Gewalt
Erniedrigend
Und ich ohne Chance
Auf Gegenwehr

Jahrelang
habe ich meinen Körper bestraft
Zigaretten und Alkohol
Gar nichts zu essen
Oder Fressattacken
Um danach alles
Auszukotzen
Ich habe alles tief in mir verschlossen
Und den Schlüssel weggeworfen
Show Must Go on

Es hat Jahre gedauert, bis ich mir
Nicht mehr die Schuld gab
Die Scham vor die Tür setzte
Meinen Körper lieben lernte

Deswegen begleite ich heute
Traumatisierte Frauen
Weil jede Frau
Die an ihren Erlebnissen
Kaputt geht
Eine zu viel ist

Damit keine Frau
Verloren geht
Weil sie sich wertlos fühlt
Und benutzt

Weil ich genau weiß, wie sich das anfühlt,
Wenn man nicht mehr weiter weiß
Und Tabletten schluckt

Deswegen setze ich mich dafür ein:
Die Scham muss die Seite wechseln
Damit wir leben können

Darum habe ich
Mein Buch geschrieben
Wir dürfen uns selbst
Lieben
Und wir dürfen mit hoch erhobenem Kopf sagen:
Ich habe überlebt ...

Auch Antonia ist eine Überlebende, die stärker als vorher aus dem Geschehen hervorgegangen ist und die mit ihrer Geschichte an die Öffentlichkeit gegangen ist. Sie möchte anderen Betroffenen dadurch Mut machen. Deswegen ist es ihr auch ein Anliegen, auch mir ihre Geschichte zu erzählen und damit für Sichtbarkeit zu sorgen. Vor diesem Mut kann ich mich nur in Dankbarkeit verneigen.

Interview mit Antonia Schöler

Auf Antonia bin ich durch einen ihrer Posts bei LinkedIn zum Thema „Sexuelle Gewalt" gestoßen. Sie erzählt darin ihre eigenen Erlebnisse. Ich habe sie auch in der Bild-Kampagne[7] bemerkt, bin erneut auf sie aufmerksam geworden.
Deshalb schreibe ich sie an und frage sie, ob sie mir für mein neues Buch ein Interview geben würde. Sie stimmt sofort zu. Denn es ist ihr, so wie mir, ein Herzensanliegen, Frauen durch ihr Beispiel Mut zu machen, auch über ihre eigenen traumatischen Erlebnisse zu sprechen. Warum, das erklärt sie am Ende des Interviews.
Als wir uns beim Interview das erste Mal persönlich – wenn auch „nur" per Zoom – gegenübersitzen, merke ich:
Sie ist eine mega sympathische und schöne junge Frau von 31. Sie lebt in einer Beziehung und hat einen Sohn, der vier Jahre wird und ein absolutes Wunschkind ist.
Warum erzähle ich das – du wirst es verstehen, wenn du weiterliest.

„Zur Zeit lese ich immer wieder von mutigen Frauen, die gegen ihre Vergewaltiger vor Gericht gehen. Selten geht der Prozess

---

7 https://www.bild.de/ig/78d4b788-8a3a-445-a0c1-347f4e24a8c7/index/index.html

gut für sie aus. Jüngst gab eine Richterin zu bedenken, die Frau würde nie wieder dieselbe sein. Gleichzeitig fällt das Strafmaß schockierend milde aus: elf Monate auf Bewährung.

Was es bedeutet, dass diese Frau „nie wieder dieselbe sein" wird, scheint die Richterin nicht erfasst zu haben.

Ich habe lange überlegt, wie man ein Verständnis dafür schafft, ohne durch das Schildern der eigenen Erfahrung unangenehm aufzufallen. Bis ich realisierte, dass es nicht meine Aufgabe ist, andere durch mein Schweigen in ihrer Komfortzone zu schützen. Hier also meine Geschichte für alle, die sie hören möchten:

Mit gerade 18 Jahren ging ich im Dezember gegen Mitternacht von einem Geburtstag nach Hause. Eine Strecke, die ich von Kindertagen an kannte, in einer gut beleuchteten Innenstadt. Auf einem Stadtplatz neben unserer Kirche wurde ich von einem mir unbekannten Mann angegriffen und vergewaltigt. Ich glaube, vielen ist nicht bewusst, welche Gewalt es braucht, eine Frau so weit zu dominieren, bis Mann gegen ihren Willen in sie eindringen kann. Er malträtierte mich, bis ich keine Kraft mehr hatte, mich weiter zu wehren. Irgendwann raste immer wieder ein Gedanke durch meinen Kopf: „Wenn er fertig ist, wird er mich töten". Das tat er nicht, er ging einfach. Ich lag da mit meinem Gesicht im eiskalten Gras und dachte das erste Mal in meinem Leben, dass ich sterben möchte.
Seitdem bin ich nicht mehr dieselbe. Jahre lang hatte dieser Vorfall Auswirkungen auf mein Leben und das meiner Familie:

- *Als ich einige Wochen später den positiven Schwangerschaftstest in der Hand hielt.*

- *Als ich für den Abbruch in eine Klinik fuhr und mich fühlte wie eine Verbrecherin.*
- *Als ich ein Jahr später wegen der Krankheiten, die er mir übertrug, mit einem Kollaps meines Immunsystems auf der Isolierstation im Krankenhaus lag.*
- *Als ich wegen meiner Posttraumatischen Belastungsstörung nicht mehr richtig zur Schule gehen konnte.*
- *Als ich wegen Suizidalität eine Einweisung erhielt.*
- *Als ich nach dem Abi drei Monate in eine Traumaklinik ging, anstatt zu reisen oder mit dem Studium zu beginnen."*[8]

Das ist der erste Teil eines Posts, den Antonia auf LinkedIn veröffentlicht hat und der viral ging.
Warum ich hier zum ersten Mal einen Post von jemandem anderen zitiere? Weil keine andere als Antonia selbst so beschreiben kann, was sie erlebt hat und darüber hinaus, was das Geschehen für Folgen für sie hatte.
In unserem Gespräch erwidert sie auf meine Frage, wie es ihr gerade gehe, dass sie sich gut fühlt und aufgrund ihrer Übung durch „Bild" und weitere öffentliche Auftritte wie das SWR-Nachtcafé vom 12.03.2025[9] und ihres Studiums der Psychologie nicht mehr so leicht zu triggern ist.

Dass unser Interview sie jedoch nicht völlig unbeteiligt sein lässt, erläutert sie mit Hinweis auf eine Zwischenblutung, die sie im Vorwege hat.
Ich frage nach. Sie erläutert, dass sie aufgrund von Endometriose Medikamente nimmt, die ihre Regel unterdrücken, deswegen sei die Zwischenblutung eine „Überraschung" für sie

---

8 https://www.linkedin.com/feed/update/urn:li:activity:7281978353186660354/, letzter Zugriff 02.12.2025.

9 Siehe Link: *https://www.swr.de/video/sendungen-a-z/nachtcafe/nc393-nur-ein-moment-100.html*

gewesen, die immer nur dann auftritt, wenn sie sich mit ihrer Erfahrung von sexueller Gewalt auseinandersetzt.

Und damit sind wir auch sofort im Thema – die Folgen ihres traumatischen Erlebnisses.

Sie sieht durchaus Zusammenhänge zwischen der Endometriose und der Vergewaltigung, denn Traumafolgen zeigen sich auch immer im Körper.
Sie erläutert:

„Endometriose ist keine psychische Erkrankung, doch schwere seelische Traumata wie sexualisierte Gewalt können über Stress- und Entzündungsmechanismen den Krankheitsverlauf und die Schmerzverarbeitung dieser Erkrankung beeinflussen."

Und kommt dabei sofort auf die mögliche Deutung dessen von behandelnden Ärzten zu sprechen.
Selbst bei einer verstauchten Hand würde – so berichtet sie – sofort auf ihre schwere Traumatisierung verwiesen. Sie sei halt psychisch krank und deswegen dürfe man sich auch nicht über psychosomatische Erkrankungen wundern.
Eine verstauchte Hand soll damit psychosomatisch erklärt werden ... aha ... das verwundert und entsetzt mich.
Kein Wunder, dass sich Antonia von Ärzten oftmals nicht ernst genommen fühlt.

„Mir glaubt ja doch keiner."

Diese Aussage von Antonia ruft bei mir blankes Entsetzen hervor. Antonia, so scheint mir, nimmt das mittlerweile „sportlich" – „Medical Gaslighting" nennt sie das.

Diesen Begriff darf ich in der Folge einmal recherchieren und finde zu diesem Begriff heraus:

„Gaslighting beschreibt eine Manipulation, die Menschen an ihrer Wahrnehmung zweifeln lässt. Ursprünglich stammt der Begriff aus einem Theaterstück von 1938, wo ein Mann das Gaslicht im Haus abblendet, und seine Frau an den Rand des Wahnsinns treibt, weil er sagt, die Dunkelheit bilde sie sich nur ein. Heute meint der Begriff Gaslighting meist das Herunterspielen und Wegerklären von untrüglichen Erfahrungen.
Diese Technik findet sich auch im Gesundheitswesen, wenn etwa Patient:innen das Gefühl bekommen, dass ihre Symptome von Fachkräften nicht ernst genommen oder abgewertet werden."[10]

Medical Gaslighting bezeichnet somit Phänomene, bei denen Patienten und Patientinnen mit gesundheitlichen Beschwerden – im Fall von Antonia eine verstauchte Hand – nicht nur von Ärzten, sondern überhaupt von medizinischem Personal nicht ernst genommen oder sogar abgewiesen werden.Die Symptome werden auf Einbildung, Stress oder psychische Ursachen zurückgeführt, anstatt die Patient*innen einer gründlichen Untersuchung zu unterziehen. Und was das Schlimmste ist, Betroffene fangen an, ihre eigenen Symptome und ihre Eigenwahrnehmung infrage zu stellen. Medical Gaslighting, so lerne ich, ist grundsätzlich strafbar.
Antonia ergänzt jedoch und macht klar, dass sie mittlerweile ein paar wenige gute Ärzt:innen gefunden hat, bei denen sie sich ernst genommen fühlt.

---

10 https://www.gesundheit-aktiv.de/blog/gaslighting-in-der-medizin-wenn-patienten-nicht-ernst-genommen-werden?gad_source=1&gad_campaignid=22577363968&gbraid=0AAAADAEW6UYVFaejRb0wh71kwdmcbtWu&gclid=EAIaIQobChMIxrSoi9eekQMVE2dBAh2OcSimEAAYASAAEgLQsPD_BwE, letzter Zugriff 02.12.2025.

Natürlich kommen wir von diesem Thema her sofort auf die geläufige Unterscheidung von psychischer und physischer Gewalt und auf die Frage, was schlimmer ist.
Wir sind uns sehr einig darüber, dass physische Gewalt sich natürlich in dem nächtlichen Angriff und der Vergewaltigung zeigt, aber ...
Was ist mit der psychischen Gewalt, die in diesem Moment ebenso passiert?
Die gesundheitlichen Folgen zu differenzieren und möglicherweise eine Seite als schlimmer zu erachten als die andere und damit psychische und physische Gewalt gegeneinander auszuspielen, erscheint mir und vor allem auch Antonia zutiefst unmenschlich. Denn wir Menschen sind doch immer noch als Einheit zu verstehen, oder?

Antonia vertieft das Thema ganzheitlich betrachtete gesundheitliche Folgen in Bezug auf die Schwangerschaft durch die Vergewaltigung. Für sie ist von Anfang an ganz klar gewesen, dass sie eine Abtreibung wollte.
Auf der anderen Seite hat sie aber auch, so berichtet sie, ganz stark um das Kind getrauert. Und auch jetzt ist ihre Trauer noch spürbar, wenn sie erzählt, dass ihr Kind jetzt 12 Jahre alt wäre. Geht es hier um psychische oder um physische Folgen? Die Grenzen sind verwischt.

Damit ist mit der Vergewaltigung auch das Schuldthema in ihr Leben getreten: Schuld zu sein am Tod ihres ungeborenen Kindes.
Dieses Thema hat sie sehr belastet, vor allem, nachdem sie zum ersten Mal geheiratet hat, sie sich beide Kinder wünschten und es nicht klappen wollte. Sogar in einer Kinderwunschklinik sind sie gewesen. Und innerlich hat sie sich selbst die Schuld gegeben.

Es hat Momente gegeben, in denen sie die erfolglosen Versuche als Strafe betrachtet und sich dafür wiederum geschämt hat. Ihre Beziehung ist unter anderem daran zerbrochen.

Und diese zwei Stichworte sind so wichtig: Schuld und Scham. Ich persönlich kenne keine Frau, die Vergewaltigung erlebt hat und sich nicht mit diesen beiden Gefühlen auseinandersetzen musste. Antonia ist diesen Gefühlen immer wieder begegnet. Davon später mehr.

Als sie ihren jetzigen Mann kennenlernt, nimmt sie es als gegeben hin, dass sie nicht schwanger werden kann. Sie spielt mit offenen Karten – Verhütung ist nicht nötig.
Das gibt der Beziehung eine Leichtigkeit. Diese Leichtigkeit ist es womöglich, die es ermöglicht, dass Antonia nach 6 Monaten feststellt, dass sie schwanger ist.
Für beide ist die Freude darüber sofort das Hauptgefühl.
Trotzdem ist die Schwangerschaft nicht unproblematisch. Neben Notoperation in der Frühschwangerschaft und vorzeitigen Wehen kommt ihr Kind mit einem Notkaiserschnitt auf die Welt. Der Säugling muss dann sofort mit Herzproblemen in eine Kinderklinik. Antonia bleibt zurück. Frisch entbunden und doch ohne Baby.
Und sofort kommt ihr der Gedanke:

„Du hättest nicht Mama werden dürfen."

In ihrem Gesicht spiegeln sich heute noch die Reste der Verzweiflung über dieses Gefühl, ausgelöst durch die Entbindung, den Kaiserschnitt, die Schmerzen und dann das Kind weg.
Erst am dritten Tag darf sie ihren Sohn das erste Mal sehen ...
Sie deutet die Verzweiflung nur an, die sie in den drei Tagen gespürt hat.

Ich wechsele an dieser Stelle das Thema und frage Antonia:

„Was ist mit dem Täter?"

„Gar nichts," sagt sie.
„Ich hätte ihn noch nicht einmal beschreiben können, es war ja dunkel. Ich bin nicht zur Polizei gegangen. Ich habe mich nicht getraut. Aus Schuld und auch aus Scham. Und ich hatte Angst vor der Frage, was ich anhatte und ob ich Alkohol getrunken hätte. Ich habe nie ernsthaft darüber nachgedacht, zur Polizei zu gehen."

Sie erzählt weiter, dass sie außerdem verletzt war, im Überlebensmodus und schwer suizidgefährdet.
Und sie hat unter diesem einen Vorwurf gelitten, den sie sich später anhören musste.
Dem Vorwurf, dass sie zur Polizei hätte gehen müssen, um andere Frauen vor dem Täter zu schützen. Heute denkt sie ab und an noch darüber nach. Damals nicht – sie war doch gerade erst 18.

Sie erzählt, dass sie heute sehr empfindlich ist gegen jede Art von Gewalt – auch gegenüber lauter Musik, schnellen Lichtwechseln und vielen Berührungen. Deshalb kann sie auch kaum duschen. Das bedeutet für sie eine totale Reizüberflutung und in ihr entsteht direkt Panik.

Sie erwähnt auch, dass sie sich nicht mehr von Autoritäten beeinflussen lässt.
Sie merkt, wie schnell ihre eigenen Batterien leer sind.
Der Umgang mit großen Gruppen fällt ihr schwer, aber sie ergänzt:

„Paradoxerweise arbeite ich ständig mit großen Gruppen und bin sehr gut dabei, große Gruppen durch Konferenzen, Trainings, Workshops etc. zu leiten. Es zieht mir aber jegliche Energie."

Es ist eigentlich immer laut in ihr und sie schafft es nur schwer, Reize vorzufiltern. Sie ist halt immer noch, immer wieder im Gefahrenmodus – so erklärt sie – bereit, jede mögliche Gefahr um sie herum zu wittern und darauf zu reagieren. Diesen Daueraufmerksamkeitszustand braucht sie zu ihrer eigenen Sicherheit.
Sie erzählt weiter, dass sie neuroatypisch und auf AuDHS diagnostiziert ist.
Ich stelle ihr die Frage, ob das eine Folge der Traumatisierung ist.

Antonia erklärt:

„AuDHS hatte ich schon vor der Vergewaltigung. Es ist aber wieder die Frage, wie das Gehirn damit arbeitet. Bei AuDHS ist das Nervensystem von Natur aus offener, durchlässiger und intensiver in der Wahrnehmung. Reize, Gefühle und Stress werden weniger gefiltert und tiefer verarbeitet. Trifft auf diese neurodivergente Sensibilität ein Trauma, kann es sich besonders stark im Körper und in der Psyche verankern: Das Stresssystem bleibt länger in Alarmbereitschaft, Emotionen lassen sich schwerer regulieren, und innere Überforderung wird schneller erreicht. Dadurch können sich AuDHS-Merkmale und Traumafolgen gegenseitig verstärken oder ineinander übergehen – nicht weil die Person ‚zu empfindlich' ist, sondern weil ihr Nervensystem anders arbeitet."

Sie wünscht sich für sich selbst mehr Selbstfürsorge. Antonias Beziehung zu sich selbst lässt sich – so denke ich – durchaus ausbauen. Vor allem, weil sie sich dessen voll bewusst ist.

Sie weiß genau, dass sie dazu neigt, sich selbst zu verletzen. Und zur Selbstsabotage in Beziehungen.
Sie beschreibt sich selbst als einen guten Menschen, obwohl (oder weil?) sie zu niemandem so verletzend ist wie zu sich selbst. Ist das gut, oder ist das schlecht, so frage ich mich. Es ist eine Frage der Perspektive.

Sie sagt, sie weiß genau um ihren diagnostizierten pathologischen Altruismus: anderen zu helfen, nur sich selbst nicht.
Und anderen helfen, das kann sie einerseits durch ihre Therapieerfahrungen, andererseits durch ihr Studium der Psychologie und der Geisteswissenschaften.
Und durch ihre Erkenntnis, dass es – wie anfangs gesagt – hilft, die eigene Geschichte zu erzählen, weil dadurch das Vertrauen in sich selbst Stück für Stück wieder wachse. Und außerdem das Bewusstsein für ein gesellschaftliches Problem wächst, so ergänze ich für mich selbst.

Sie selbst, so sagt sie, überhöre immer noch viel zu oft die eigenen Körpersignale.
Es gehört z. B. zu ihrem Alltag, jeden Tag Kalorien zu zählen, sich zu kontrollieren.
Sie findet sich oft zu hässlich, zu fett. Und dafür verachtet sie sich dann.
Auch die teils schweren Symptome ihrer Erkrankungen, wie hochfrequente hemiplegische Migräne, Endometriose etc. überhört sie oft, was die Anfälle dann umso stärker werden lässt und dann ihre Körperwahrnehmung wieder negativ beeinflusst, bzw. bestätigt, dass ihr Körper „falsch" ist. Wieder ein Teufelskreis für Antonia.

Ich frage sie, wie sie zum Thema „Selbstliebe" steht. Sie antwortet etwas lakonisch, sie arbeite daran.

Und sie weiß genau, dass sie sich mit ihren eigenen Glaubenssätzen intensiver beschäftigen darf.

An dieser Stelle passen dann auch Antonias Schlussworte aus ihrem eingangs benannten Post, denn diese Sätze illustrieren so deutlich das Zerrissensein, das Einerseits-Andererseits von Antonia.
Und dafür, dass die Tat eines fremden Mannes mitten in der Nacht noch 13 Jahre später ihre gewaltigen Nachwirkungen zeigt:

„Ich habe intensiv an dem Erlebten gearbeitet und einen Weg gefunden, nicht mehr Opfer, sondern Überlebende zu sein. Mir geht es sehr gut, ich habe mit René eine wundervolle Familie gegründet und ich liebe meine Arbeit.

Dennoch habe ich in dieser Nacht unglaublich viel verloren: Körperliche und psychische Gesundheit, Vertrauen in die Welt und mich selbst, unbeschwerte Jahre meiner Jugend, viele soziale Kontakte und auch das Kind, das niemals leben durfte und um das ich trauere, wenngleich ich weiß, dass der Abbruch für mich die richtige Entscheidung war.

Vielleicht hilft meine Perspektive ja dem ein oder der anderen zu verstehen, was es bedeutet „nie wieder dieselbe zu sein". Taten wie diese sollten künftig endlich angemessen bestraft werden."

Dem ist nichts, aber auch gar nichts hinzuzufügen.

Deutlich älter als Alexandra und Antonia ist Kerstin. Auch sie lerne ich über LinkedIn kennen. Wir verabreden einen Zoomcall zum Kennenlernen. In diesem Zusammenhang verrät sie mir, dass auch sie durch ihre Kindheit traumatisiert ist, sich allerdings an vieles nicht erinnern kann. Trotzdem stimmt sie einem Interview sofort zu.
Und in diesem Interview dreht es sich um alles, aber nicht um Essen!

Interview mit Kerstin Rauch

Kerstin Rauch erlebe ich zunächst als eine leise Frau, die zu Beginn erzählt, dass sie keine konkreten bzw. bewussten Erinnerungen an traumatisierendes Geschehen in ihrer Kindheit hat. In einem zweiten Satz ergänzt sie dann aber, dass sie wahrscheinlich viel verdrängt hat. Ihr Körper dagegen erinnert sich.

Und da es mir ja um die Auswirkungen von Traumatisierung geht und sie da schon einiges angedeutet hat, fällt es uns nicht schwer, ins Gespräch zu kommen.

Ich frage sie als Erstes, womit sie heute auch körperlich betrachtet zu kämpfen hat.
Darauf fällt ihr sehr schnell ihr – wie sie es nennt – Körperpanzer ein.
Körperpanzer ist ihr Bild dafür, so erläutert sie, dass sie nach außen entspannt wirkt, aber die Muskelspannung unter der Haut dauerhaft erhöht ist.
Am Tage hat sie das durch Atmung, Dehnung und Yoga ganz gut im Griff.
Nachts jedoch nicht – sie presst die Zähne fest aufeinander und zieht die Beine an den Körper. Das merkt sie dann am Morgen deutlich an ihren Kieferschmerzen und in den Beinen, die sich sehr schwer anfühlen.

Aber der verspannte Kiefer ist ihr stärkstes Symptom.
Ich frage sie, ob sie eine Erklärung hat für dieses Symptom.
Spontan fällt ihr ein:

„Ich beiße eben die Zähne zusammen."

Was für ein aussagekräftiges Bild!

Ich frage sie, wann das angefangen hat. Sie meint, sie kennt es nicht anders. Und sie erzählt weiter, dass sie als Kind völlig abgeschnitten von ihrem Körper war. Damals sei sie mehrfach einfach umgefallen.
Und ihre Erinnerungen daran?
Die kommen vorwiegend aus den Berichten ihrer Mutter, die ihr das erzählt hat.
Dass ihre Eltern sie nicht mehr schlagen konnten, weil sie ja immer gleich umgefallen sei.
Da läuft es mir denn doch eiskalt den Rücken runter und ich frage mich, was vorgefallen sein muss, wenn ein Kind in der Folge jeweils umfällt, wenn es wieder geschlagen werden soll.

Sie beschreibt darüber hinaus ihre eigene Wahrnehmung dieser Bewusstlosigkeit als sehr angenehm, sie ist dann einfach wie im Nebel gewesen und hat sich geschützt gefühlt.

An Schläge hat sie keine konkreten Erinnerungen.
Obwohl – sie korrigiert sich – sie kann sich an eine Episode erinnern.
Sie ist mit ihren Eltern auf einer Hochzeit und trifft dabei andere Kinder, mit denen sie – wie sie sagt – unterwegs gewesen ist, nicht weit weg.
Aber ihre Mutter hat sie gesucht und nicht sofort gefunden.
Und als ihre Mutter sie dann gefunden hat, hat sie sie in die Toilette gezogen und es:

„... hat Schläge gehagelt."

Und zwar so krass, dass eines der anderen Kinder, mit denen sie unterwegs gewesen ist, sie danach fragt, ob es sehr schlimm war. Sie hat damals aus Scham abgewiegelt, hat sich um eine klare Antwort herumgedrückt.
Hat einfach nur den Kopf geschüttelt.

Ich frage sie, ob niemand in ihrer sonstigen Umgebung etwas gemerkt habe. Vielleicht in der Schule?
In der ersten Klasse hat – so erinnert sie sich – eine Lehrerin ihre Mutter gefragt, was denn los sei, ob sie vielleicht geschlagen würde, weil sie so eingeschüchtert wirke. Ihre Mutter habe daraufhin geantwortet, dass das nicht ginge, denn sie würde ja immer umkippen.
Sie selbst ist von niemandem je gefragt worden.

Weiter erzählt Kerstin, dass sie als erwachsene Frau immer wieder nach dem Grund sucht, warum sie keine Verbundenheit mit ihrem Körper fühlt, warum die Angst ihr ständiger Begleiter ist und warum sie dieses Panzergefühl in ihren Beinen spürt.
Den möglichen Grund dafür liefert ihr ein Körpertherapeut.
Er meint, ihr Körper reagiere wie der einer missbrauchten Frau.

In diesem Zusammenhang fällt ihr ein, dass Literatur oder Filme sie immer magisch angezogen haben, in denen es um Missbrauch gegangen ist.
Es hat sich immer wie ein Teil ihres eigenen Lebens angefühlt. Und zum Teil ist die Beschäftigung damit auch verbunden gewesen mit der Hoffnung – so sieht sie es heute –, sich zu erinnern. Das ist aber nicht passiert.

Es gibt nur Assoziationen. Eines Morgens ist sie mit dem Namen „Allerleirauh" auf den Lippen aufgewacht – ein Märchen, in dem der Vater versucht, seine eigene Tochter zu heiraten.
Eine Kinesiologin bestätigt sie in ihrem Verdacht.
Aber konkrete Erinnerungen sind bis heute ausgeblieben.

Ihre Mutter antwortet bei unangenehmen Fragen zur Vergangenheit ausweichend und ihr Vater hat ihr auf die Frage, warum sie so ist, wie sie sie nun mal ist, nur geantwortet:

„Warum willst du in der Vergangenheit wühlen, das bringt doch nichts."

Auf der Beerdigung ihres Vaters hofft sie, dass die Erinnerungen einsetzen. Das passiert aber nicht.
Aufgrund dieser fehlenden Erinnerungen begleiten sie ständige Zweifel und Fragen wie:

„Kann ich mir selbst vertrauen? Es gibt ja keine greifbaren Beweise, nur Gefühle."

Immer wieder entdeckt sie, dass sie sich und ihren Gedanken und Gefühlen misstraut, auch im täglichen Leben.

Sie erzählt von ihrer Mutter.
Sie weiß von ihr, dass sie jahrelang im Zimmer ihres Großvaters geschlafen hat. Sie weiß auch, dass sich gerade traumatisierte Menschen wie ihre Mutter ja immer wieder ähnliche Menschen als Partner aussuchen. Das, was die Mutter mit ihrem Großvater erlebt haben könnte, so schlussfolgert sie, gibt ihr möglicherweise Hinweise auf das, was sie selbst mit ihrem Vater erlebt hat.

Ich frage sie, wie es ihr insgesamt so geht.
Sie lacht und beschreibt die vielen Facetten dieser für sie großen Frage.

Beruflich ist sie gerade im Aufbruch. Sie hat sich entschieden, voll auf ihre Selbstständigkeit zu setzen. Als „Hebamme für Bücher" unterstützt sie Frauen, ihren Buchtraum zu verwirklichen. Sie ist stolz auf sich selbst, dass sie diesen großen Schritt wagt und dazu hat sie auch allen Grund.
Denn sie erzählt, dass sie aus ganz einfachen Verhältnissen stammt.
Mit 16 schon hat sie sich einen ebenfalls traumatisierten Partner gesucht. Diese Beziehung ist für sie eine Möglichkeit, endlich aus ihrer Herkunftsfamilie herauszukommen. Während ihrer Ausbildung zur damals noch „Kindergärtnerin" hat sie im Internat gelebt, danach ist sie sofort mit ihrem Partner zusammengezogen. Sie hat mit 19 geheiratet und mit 20 dann Zwillinge bekommen, zwei Mädchen, mit denen sie heute einen sehr guten Kontakt hat. Beide sind mittlerweile über 30, zwei Enkelinnen gibt es mittlerweile auch. Heute ist sie schon seit 21 Jahren geschieden:

„Ich war damals ja noch ein Kind. Das konnte nicht halten ..." erklärt sie.

Ihre ältere Tochter, die sehr sensibel ist, hat sie vor gar nicht langer Zeit gefragt, ob es in ihrer Kindheit Missbrauch gegeben haben könnte.
Sie selbst, Kerstin, kann das nach wie vor nicht beantworten.

Und dann erzählt Kerstin noch voller Begeisterung, dass sie mit 51 den Mut für eine Ausbildung zur Mediengestalterin gehabt hat, das ist auch etwas, auf das sie heute sehr stolz ist. Daraus hat sich schließlich ihre Selbstständigkeit als Hebamme für Bücher entwickelt.

Ich frage sie, ob es heute noch etwas gibt, das sie begrenzt.

Kerstin leidet immer noch an starker Körperspannung, die z. T. heute auch zur Migräne führt.
Sie berichtet, dass sie stets einen sicheren Raum braucht, um sich zu entfalten und da sei eben eine Online-Tätigkeit in den eigenen vier Wänden ideal.
Noch heute können sie Kleinigkeiten völlig aus der Ruhe bringen – das nervt sie sehr:
Kleine Hindernisse fühlen sich manchmal lebensbedrohlich an, es ist dann kompletter Aufruhr in ihr.
Selbst, wenn sie ihren Schlüssel sucht und nicht findet, kann sich das anfühlen, als sei der „Säbelzahntiger" hinter ihr her.

Was hilft ihr dann?

Das sind drei Dinge:

- Das Erinnern an ähnliche Situationen, die sie schon gemeistert hat
- Das bewusste Atmen
- Und das Kneten ihres Körpers

Ebenfalls kann ihr eine konkrete Konzentration auf ihre Sinne helfen.
Ein Bewusstwerden dessen, was sie sieht, was sie riecht, was sie hört.

Und dann berichtet sie noch ergänzend, dass es vor ca. 20 Jahren eine prägende Erfahrung gab, im Rahmen einer Weiterbildung lernte sie eine besonders sanfte Körperarbeit kennen – die Jahara-Technik. Während sie von einem anderen Kursteilnehmer durchs warme Wasser getragen wurde, fühlte sie sich zum ersten Mal in ihrem Leben völlig sicher. Bis dahin war ihr gar nicht bewusst gewesen, dass sie diese Sicherheit nicht kannte. Aber die neue Erfahrung hat sich tief in ihr Körpergedächtnis eingeprägt. Seitdem weiß sie, wonach sie suchen muss. Wie sich diese kostbaren Momente anfühlen, die es inzwischen immer häufiger in ihrem Alltag gibt. Sie hat sich konsequenterweise dann zur Jahara-Therapeutin ausbilden lassen. Zunächst einmal für ihr eigenes Körpergefühl. Später dann, um diese einmalige Erfahrung an andere Menschen weitergeben zu können.

Und dann schickt Kerstin mir in der Folge der Redigierung des Interviews noch dieses zauberhafte Gedicht, das sie über ihre Erfahrung mit Jahara verfasst hat. Sie hat mir gern erlaubt, das hier im Anschluss an das Interview zu veröffentlichen.

Jahara

Raum und Zeit verschwimmen
grenzenlos so wie das Meer –
aus Gehaltensein wird Schweben
im sanften Fließen um mich her

Wärme flutet meinen Körper
einem Lächeln gleich –
pulsiert und strömt in meinen Adern,
ich fühle mich geliebt und reich.

Weite und Unendlichkeit,
ein lebendig stilles Glück –
es anzunehmen heißt Vertrauen,
du findest einen Weg zurück.

Zurück zu deiner eignen Kraft,
fern von alter Angst
formt sich deine Mitte neu
aus Liebe und Balance.

Interview mit Monika Schmidt[11]

Monika treffe ich zunächst im Zoom zum ersten Austausch. Sie ist 49 Jahre und nachdem wir unser jeweiliges Alter geklärt haben, sprechen wir zunächst über ihre Positionierung bei LinkedIn.
Sie berät Frauen in Hinblick auf ihr gesamtes äußeres Erscheinungsbild, aber auch speziell in Bezug auf den Inhalt ihres Kleiderschranks.
Wir sind uns sympathisch, allerdings plätschert das Gespräch erst mal so dahin:
Wir reden über den Zusammenhang von Innen und Außen, und dass Frauen durch ihre Kleidung und ihr gesamtes Styling so viel mehr über sich aussagen, als sie selbst wissen.
Sie erläutert, dass es 6 verschiedene Stiltypen gibt, von denen jede Frau meist drei repräsentiert. Diese drei Stiltypen bleiben ein Leben lang erhalten, das Einzige, was sich verändern kann, ist die Gewichtung, mal ist ein Stiltyp präsenter und mal ein anderer.

---

11 Monika Schmidt heißt eigentlich anders. Aber weil sie sehr aktiv in Social Media ist, möchte sie lieber nicht mit ihrem richtigen Namen erscheinen. Wenn du sie kontaktieren möchtest, wende dich gern an mich – ich leite deine Anfrage dann weiter.

Mich ordnet sie eher dem klassischen Typ zu, was ich zunächst mega langweilig finde, aber dann doch merke, dass das schon auf mich zutrifft und gar nicht so langweilig sein muss, wie es sich angehört hat.

Sie erzählt weiter, dass sie ursprünglich aus Russland kommt und stark von Mutter und Tante beeinflusst ist.
Wir kommen recht plötzlich auf Traumatisierungen zu sprechen und schon nimmt das Gespräch eine überraschende Wendung, denn sie erzählt, dass das Aussehen in ihrer Familie auf die Frauen einen großen Einfluss hatte und dass sowohl Mutter als auch Tante beide an Bulimie erkrankt sind/waren.

Sie selbst, so sagt sie, hatte Magersucht. Ob sie damit noch zu tun hat, wird zunächst noch nicht klar, da wir beide nur begrenzt Zeit haben bei unserem Erstgespräch. Nach diesem „Paukenschlag" kann ich nicht anders, als sie um ein Interview zu bitten.
Sie willigt sofort ein. Dass daraus so viel mehr wird als ein Interview über Magersucht, weiß ich zu diesem Zeitpunkt nicht – ahne es noch nicht einmal.
Wir verabreden uns für ein zweites Gespräch.

Und dann geht's richtig los!
Monika erzählt von ihrer Kindheit in Russland und von ihrer Mutter, die mit 17 geheiratet hat und mit 19 ihr erstes Kind bekam, Monika – ein Mädchen. Dann kam das zweite Kind, ein Junge und beide Kinder sind von der Mutter völlig unterschiedlich behandelt worden. Sie, das Mädchen bekam die Schläge, der Junge wurde nicht geschlagen und bekam stattdessen die Liebe. Monika deutet das heute so, dass die Mutter genau das weitergegeben hat, was sie selbst erlebt hatte und nicht wirklich gewusst hat, was sie tat.

Sie berichtet weiter, dass sie schon als Kind „immer aus der Reihe getanzt ist."
So ist sie schon als junges Mädchen immer schmal gewesen. In Russland galten damals aber die dicken Frauen als attraktiv. Ihre Mutter, so Monika, sei korpulent und schön – so wollte Monika jedoch nie werden.
Demgegenüber gab es eine schöne und schlanke Tante, die war ihr Vorbild. Schon mit 13 Jahren hat sie dann angefangen, auf ihr Gewicht aufzupassen, um nicht so zu werden wie ihre Mutter.
Sie hat sich damals öfter gefühlt, als wäre sie ein „vertauschtes" Kind, wegen ihrer Beziehung zur Mutter – weil sie selbst so wenig Gefühle für ihre Mutter hatte.

Und sie wiederholt ausdrücklich, dass ihre Mutter und ihre Tante beide bulimiekrank waren.
Ich frage sie, wie sie davon erfahren hat. Sie erzählt, dass sie es miterlebt hat, das ständige Übergeben und das wollte sie für sich selbst auf keinen Fall.
Ganz bewusst hat sie dann einen anderen Weg gewählt, ihr Gewicht im Griff zu behalten – den Weg der Magersucht.

Eine große Rolle hat dabei auch gespielt, dass Monika von klein auf Eiskunstläuferin gewesen ist und die regelmäßige Kontrolle des Gewichtes ihr zunächst ganz normal vorkam. Monika erzählt:

„Viele Eiskunstläufer:innen haben Essstörungen."

Schon mit 13 hat sie dann begonnen Abführmittel zu nehmen, jeden Tag, erst nur eine Tablette und letztendlich bis zu 10 Tabletten am Stück. Damit, so fügt sie hinzu, hat sie sich ihre gesamte Darmflora kaputtgemacht.
Auf meine Frage, wie lange sie das gemacht hat, sagt sie:

„10 Jahre, von 13 bis 23. Als ich meinen jetzigen Mann kennengelernt habe, musste er damit leben. Und auch damit, dass ich jede Nacht eingewickelt in Frischhaltefolie geschlafen habe. Dann noch die Jogginghose darüber, damit ich so richtig ins Schwitzen gekommen bin und am nächsten Morgen hatte ich 2 kg weniger auf der Waage. Und er hat das ausgehalten. Daran habe ich erkannt, dass er der Richtige für mich ist."

Ich bin erschüttert: Von klein auf an Wiegen ... mit Frischhaltefolie und Jogginghose ins Bett ...
Ihr Mann hat sich damals nicht eingemischt und mischt sich auch jetzt nicht ein. Auch nicht, wenn sie in den Spiegel schaut und sich bis heute immer mal wieder zu fett findet.
Heute ist das für sie ein sicheres Zeichen für inneren Stress. Es geschieht, wenn sie sich so aufregt und z. T. 1–2 Wochen braucht, um sich wieder abzuregen. Und wenn sie in der Folge das Gefühl hat, kurz vor einem Rückfall zu stehen, betreibt sie exzessiv Sport. Dann findet man sie z. B. bis zu zwei Stunden auf dem Laufband.
Sie sieht sich selbst durchaus noch als rückfallgefährdet.
Die Kontrolle über ihren Körper ist dann das Einzige und Sicherste, was sie unter Kontrolle haben kann.
Sie kommt noch einmal auf die Stiltypen zu sprechen und erläutert, dass gerade der klassische Stiltyp, zu dem sie sich selbst auch zählt, sehr empfänglich für Essstörungen ist, da er i. d. R. alles perfekt machen will und für ihn deswegen auch Kontrolle über den Körper wichtig ist:

„Das kann dir keiner nehmen. Der Körper ist das Einzige, worüber du immer Kontrolle haben kannst. Wenn du schon im Außen keine Kontrolle hast, dann eben im Innen."

Ich denke an meine eigene Geschichte mit Essstörungen. Es passt auch für mich.

Ich frage sie, ob ihr Kontrolle darüber hinaus wichtig ist.

Sie erinnert noch einmal an die Mutter und die Schläge, die sie bekommen hat, im Unterschied zu ihrem Bruder. Das hat Spuren in ihr hinterlassen.
Bis heute, so sagt sie, hat sie deswegen eher weniger Gefühle für ihre Mutter.

Ich wechsle das Thema und frage, wann und warum die Familie aus Russland ausgewandert ist.
Monika erklärt, dass ihre Eltern schon immer aus Russland weg wollten, aber das ging lange Zeit nicht. Dazu hätten beide Eltern von Monikas Eltern damit einverstanden sein müssen. Die Eltern von Monikas Vater haben jedoch dem nicht zugestimmt. Also war der Auswanderungsplan gestorben.
Sie erzählt weiter, dass sie Juden seien und diese in Russland jedoch abgelehnt wurden.
Als Monika dann 10 Jahre alt ist, wird der Judenhass in Russland stärker. Und auch die Gesetzeslage ändert sich in Russland. Die Familie wandert daraufhin nach Israel aus. Allerdings müssen sie kurze Zeit später aufgrund der Herzkrankheit des Vaters Israel wieder verlassen: Er verträgt das Klima nicht und kann sich auch mit der Mentalität nicht wirklich anfreunden. Sie gehen dann nach Deutschland.

Monika dagegen wäre sehr gern in Israel geblieben.
Immer noch schwingt die Begeisterung für das Land in ihren Worten mit, wenn sie erzählt, wie sich das Leben für sie als Kind angefühlt hat:

„Ich wollte unbedingt in Israel bleiben. Das war ein tolles Land für Kinder. Du musstest keine Angst vor nichts haben. Die Gemeinschaft, das gemeinsame Erleben, die Clique – das stand im Vordergrund. Es gab keinen Neid und keine Missgunst! Wir gingen dann nach Deutschland. Ich wollte nicht nach Deutschland. Das war in der politischen Phase, in der Deutschland sich um Wiedergutmachung an den Juden bemühte und deswegen Juden ins Land eingeladen hat."

Ich erkenne in diesem Moment, was für große Lücken meine Geschichtskenntnisse haben in Bezug auf Deutschland und auf das Verhältnis zu den Juden. Und ich erinnere mich, dass mein Geschichtsunterricht in der Schule zwar im frühen Ägypten anfing, aber dann nur bis zum Dritten Reich ging. Da meine Eltern es immer vermieden hatten, über ihre Erlebnisse unter Hitler und im Krieg zu sprechen, war darüber hinaus mein eigenes Interesse an geschichtlichen Themen als junges Mädchen, junge Frau sehr unterentwickelt. Und ich beschließe, dass ich da einiges nachholen darf.

Monika erzählt weiter, dass sie nie die Absicht gehabt hat, in Deutschland zu bleiben. Sie wollte immer wieder nach Israel zurück, weil das Leben in Israel gerade für die Kinder entspannter war.
Als Beispiel erzählt sie:

„In Deutschland hören die Kinder viel öfter „nein" als in Israel."

Als Mädchen mit 12 Jahren plötzlich in Deutschland, wieder ein fremdes Land, aber mit einer im Vergleich zu Israel ganz anderen Mentalität – mit ihrem Hintergrund als nicht gesehenes Kind ist es nur ein kleiner Schritt mit 13 in die Magersucht zu fallen.

Spätestens mit 23 ist ihr dann klar, dass sie in Deutschland bleiben wird – ihr Mann ist Deutscher.
Ihr Bruder ist demgegenüber an Deutschland gescheitert. Er ist drogenabhängig geworden und als Monika 35 war, an einer Überdosis gestorben.
Ich frage, ob das etwas an dem Verhältnis zu ihrer Mutter geändert hat.
Sie überlegt und sagt dann:

„Ich geh nicht mehr so an die Decke, wenn sie anruft."

Aber das Verhältnis zur Mutter hat sich, so sagt sie, vor allem durch eine Therapie verbessert. Danach kann sie ihre Mutter ein wenig besser verstehen.
Und sie beschreibt ihre Mutter noch einmal als kühleren Typ, der Kälte, Distanz und Strenge ausgestrahlt hat. Ihren Vater beschreibt sie im Unterschied zu ihrer Mutter als Gegenpool, aber selten anwesend.

„Er war warm, aber immer am Arbeiten."

Wir kommen noch einmal auf die Magersucht und auf die Gefahr der Rückfälle zu sprechen. Sie kennt Frauen, die noch mit 45 in die Essstörung gerutscht sind.
Ich frage sie, ob sie deswegen auch einmal in Therapie gewesen ist. Das bejaht sie – sie war damals mit 14 oder 15 in einer Gruppentherapie und fand das ganz doof.
Warum, frage ich? Sie erklärt:

„... weil ich dort immer wieder konfrontiert wurde mit Kochen und Essen. Und das hat bei mir Erinnerungen an meine Kindheit ausgelöst. Damals durfte ich erst aufstehen, wenn das Frühstück aufgegessen war und das dauerte manchmal bis zu 2 Stunden."

Deswegen hat sie bis heute ein krankes Verhältnis zum Essen. Essen ist für sie kein Genuss, sondern eine Notwendigkeit, um zu überleben.

Ich stelle fest, dass das Thema Essstörungen mich mehr mitnimmt, als ich gedacht habe.

Ich frage sie, ob sie ihren Körper mag.
Sie antwortet, dass das mittlerweile der Fall ist, weil sie sehr durchtrainiert ist und auch einiges an ihrem Körper hat machen lassen, z. B. hat ihr ihr Busen nicht mehr gefallen, also hat sie ihn korrigieren lassen.
Ich frage, ob sie mittlerweile merkt, was ihr Körper ihr sagen will.
Monika schweigt zunächst.
Dann sagt sie etwas zögernd:

„Ein gewisses Bauchgefühl ist da."

Heute leben Monikas Mutter und ihre Tante auch in Deutschland. Und sie übergeben sich immer noch, haben ihre Bulimie-Anfälle, obwohl sie schon über 60 sind. Das ist Monika unverständlich.

Ja, diese vier Interviews sind sehr komplex und auch sehr verschieden. Alle 4 haben mich sehr bewegt. Und ich habe einiges gelernt, auch über mich.
Eine der wichtigsten Erkenntnisse ist: Das Thema Essstörung ist noch nicht vorbei für mich. Ich habe eine Reihe von eigenen unterschiedlichsten Verhalten bei mir selbst entdeckt, die mir genau diese Erkenntnis beschert haben.

Ich habe aber auch entdeckt, warum ich diese Interviews gemacht habe und mache, warum ich dieses Buch und seinen Vorgänger geschrieben und veröffentlicht habe.
Du hast diesen Satz schon einmal gelesen, in meiner Widmung. Ich wiederhole ihn hier:

Ich bin nicht hier, um zu gefallen.
Ich bin hier, um zu verändern.

Und deswegen bin ich ein Licht im Dunkeln.
Ich erinnere Frauen, die sich in unserer Welt verlaufen und verirrt haben, die ständig nur im Außen sind, statt in sich hineinzugehen, an einen anderen Weg. Den Weg zu sich selbst, egal, was unsere Mitwelt dazu sagt.

Um auf diesem Weg allerdings ein Stück weiter zu gehen, dürfen wir jetzt noch einmal in die Theorie einsteigen und zwar in Bezug auf die psychisch-emotionalen Langzeitfolgen.

6. Psychisch-emotionale Langzeitfolgen

Unsere Kommunikation im Innen ist sehr komplex, weil schon allein unser Körper, unser gesamter Organismus ständig mit sich selbst kommuniziert.
Wie gesagt: Du kannst nicht nicht kommunizieren. Du bist Kommunikation. In dir geschieht ständig Kommunikation.
Noch einmal in Kürze zu deiner Erinnerung:

- Dein Verstand kontrolliert und ordnet das innere verbale Gespräch bewusst oder unbewusst, ständig aktiv.

- Deine Gefühle bewahren dich bewusst oder unbewusst vor Gefahren im Außen. Sie helfen dir, wenn alles in dir gut funktioniert und zusammenspielt, zu unterscheiden, was wichtig und unwichtig für dich ist. Darüber hinaus unterstützen sie dich im Umgang mit deiner Mitwelt.

- Unser Körper ist das Sprachrohr der Gefühle. Er reagiert vollständig autark und automatisch auf das, was im Innen und auch im Außen passiert. Er reagiert auf z. B. „Stress" mit Verengung der Blutgefäße im Bereich der Organe, um Beine und Arme zur Flucht oder zum Kampf nutzen zu können und verlangsamter Zellteilung. Diese Reaktionen sind höchstwahrscheinlich schon von den Anfängen der Evolution her in uns angelegt. Die menschliche Spezies ist zunächst in einer feindlichen Umwelt entstanden. Die Reaktion „Flucht vor dem Säbelzahntiger" ist – wie schon erwähnt – immer noch in uns aktiv, obwohl wir uns in vielen anderen Dingen ja wirklich weiterentwickelt haben – sollte man jedenfalls meinen ;-).

- Unser Körper ist außerdem von unseren Hormonen gesteuert, wobei erst heute wirklich deutlich wird, dass gerade „Hormone" ein Thema ist, was bei Frauen noch einmal ganz anders zu bewerten ist.

- Dein Selbst oder das, was ich als deinen Persönlichkeitskern betrachte, kann – ob nun bewusst oder unbewusst – im besten Fall mit allen drei Bereichen kommunizieren. Aber genau da liegt ja schon mal der Hase bei uns im Pfeffer, denn wie viel ist uns heute noch bewusst von dieser Art der Kommunikation. Und genau hier entstehen die Herausforderungen, wenn ein Teil der Kommunikation in dir selbst z. B. durch Trauma und Traumatisierung nachhaltig gestört ist.

Wenn das Zusammenspiel und die Kommunikation aller in dir sich befindlichen Instanzen funktioniert, sprechen wir i. d. R. von Gesundheit.
Gesundheit können wir also als funktionierende innere Kommunikation und darüber hinaus als angemessene äußere Kommunikation definieren.
Wir haben es selbst in der Hand. Wir können das Zusammenspiel erhalten und damit dafür sorgen, dass die Kommunikation auf allen Instanzen funktioniert. Und wir können – auch mit Hilfe der Medizin korrigierend eingreifen, wenn nötig.
Alles, was wir dafür brauchen, ist das nötige Wissen.
Aber auch das ist in unserer modernen Welt eine Herausforderung. In einer medial geprägten Gesellschaft werden wir ständig von Informationen überflutet, sodass uns z. T. der Fokus verloren geht. Da setzen dann Bewegungen und Trends wie z.B. Longevity an.

6.1 Kommunikation im Innen, oder: Wie redest du eigentlich mit dir?

Lass uns an dieser Stelle konkret werden und fokussiert auf die verbale Kommunikation im Innen schauen. Denn an dieser Stelle wird besonders schnell deutlich, welche konkreten Folgen Trauma und Traumatisierungen für dich und deine Einstellung zu dir selbst haben. Denn wenn die Verbindung zwischen deinem Verstand, bewusst oder unbewusst, und deinen Gefühlen unterbrochen wird – und genau das ist die Folge von Trauma und Traumatisierung – dann passiert der GAU:

Die Art, wie wir mit uns selbst reden, verändert sich und hat plötzlich unerwartete Untiefen. Vielleicht ist es dir auch schon passiert:

Dir fällt eine Tasse runter und du fängst an, dich zu beschimpfen: Immer musst du so ungeschickt sein! Du nun wieder! Kannst du nicht einmal abwaschen, ohne was kaputt zu machen? Du bist aber auch zu nichts zu gebrauchen!

Du sagst, das kennst du gut – das ist doch noch normal. Alle, die du so kennst, führen diese Art von Selbstgesprächen. Und hinterher lache ich drüber. Das ist doch harmlos. In einem bestimmten Aspekt gebe ich dir Recht. Jede schimpft innerlich mal mit sich selbst. Aber wenn du anfängst, dich die ganze Zeit über herunterzumachen, dir die Schuld an allem und jedem zu geben, gar kein gutes Haar mehr an dir zu lassen, dann passiert etwas in dir.

Und was macht das nun mit dir?

Meinst du nicht, dass diese Art von Umgang mit dir schwerwiegende Ursachen haben kann und ebenso schwerwiegende Auswirkungen? Und zwar nach innen und nach außen?

Woher kommt das? Da sind zum einen natürlich die mitunter einfach so daher gesagten Sätze und Überzeugungen deiner Eltern:

Wer sagt denn
Mädchen die pfeifen
und Hähne die krähen
Den soll man beizeiten
die Hälse umdrehen?
Wenn du 50+ bist
Kennst du den Spruch
Vielleicht noch
Meine Eltern
Haben das zu mir
Gesagt
Lange habe ich
Darüber gelacht
Heute weiß ich
Im Inneren
Hat er was mit mir
Gemacht
Der Satz
Ich lernte
Mich anzupassen
Auf Biegen
Und Brechen

Ich bin
Immer noch
Immer wieder
Entsetzt
Darüber

Welche Sätze
Haben dich blockiert

Denn das ist es, was solche Sätze machen, das ist einer der Gründe, weswegen wir uns bei jedem vermeintlichen Fehler beschimpfen. Die Glaubenssätze und vermeintlich harmlosen

Sprüche unserer Eltern. Sie haben es sicher nicht böse gemeint und schon gar nicht war ihnen bewusst, was sie mit diesen Sätzen in dir anrichten. Ja, und wenn dann noch schwerwiegende Traumata wie sexualisierte oder sexuelle Gewalt hinzukommen, dann zahlt das alles ein auf unser sogenanntes „Mindset".
Und während ich das schreibe, fällt mir ein Lied ein, das meine Mutter immer gesungen hat, wenn ich mal wieder was falsch gemacht hatte.
Hier der Text:

Kleiner Schelm bist du
Weißt du, was ich tu?
Ich steck dich in den Hafersack
Und bind ihn oben zu.

Und wenn du denn noch schreist:
„Ach bitte lass mich raus!"
Dann bind ich ihn noch fester zu
Und setz mich oben drauf.

Sagst du immer noch: Das ist doch harmlos, das hat sie doch nie und nimmer gemeint? Vielleicht hat sie das wirklich nicht so gemeint, aber ich habe es ernst genommen und ich hatte Angst. Und ich verlor Stück für Stück meine Lebendigkeit und meine Lebensfreude. Denn diese Sätze sind ja nicht die einzigen gewesen.
Und jetzt kommst du.
Unser Unbewusstes ist ein riesengroßer Speicher von Geschehen, Erlebnissen und Glaubenssätzen, die uns aus der Tiefe heraus beeinflussen, blockieren, aber auch fördern können. Unser Mindset, das heißt, um es vereinfacht auszudrücken, unsere Art, wie wir im Innersten gestrickt sind, entsteht aus diesem Speicher heraus. Und je nachdem, womit dieser Speicher gefüllt worden ist, entwickeln wir ein Mindset, das für uns förderlich ist und das uns unterstützt, der Mensch, die Frau zu werden, als die wir

gedacht sind, oder eben nicht. Wir erleben uns immer wieder voll blockiert, wir haben tolle Ziele, so viele Ideale, aber wir können sie nicht umsetzen.

In meinem Fall standen lange Zeit eher diese Blockaden im Vordergrund.
Schau dir mal deine eigenen Glaubenssätze an. Wenn du nicht weißt, wie du das machst:

Nimm dir einfach mal 10 Minuten Zeit, ein Stück Papier, einen Stift und einen Ort, an dem du ungestört bist.
Schreib jetzt einmal ungefiltert alles auf, was dir zum Thema „Frau" in den Sinn kommt. Und wenn ich sage ungefiltert, dann meine ich es auch so. Wenn du bei allem, was dir in den Sinn kommt, erstmal denkst: „Das stimmt doch gar nicht", ist das Ganze witz- und sinnlos. Es geht um deinen Zugang zu deinem Unbewussten.
Na? Hast du was bemerkt?

Lass uns jetzt also noch einmal ganz konkret und nicht nur theoretisch in das Thema „Glaubenssätze" eintauchen:

Wie können also z. B. unsere übernommenen, gelernten und aus dem Erleben heraus entstandenen Glaubenssätze unsere Gedanken und Handlungen blockieren?

Glaubenssätze sind ja tief verwurzelte Überzeugungen, die wir über uns selbst, die Welt und unsere Fähigkeiten haben. Sie sind zum großen Teil unbewusst, können sowohl positiv als auch negativ sein und beeinflussen unsere Gedanken, Emotionen und Handlungen, ohne dass wir es merken.
Und genau hier entsteht die Macht unserer Glaubenssätze: Wir kennen sie zum großen Teil nicht, weil wir nie gelernt haben, sie zu entdecken.

Wodurch können nun diese Art der Glaubenssätze uns blockieren:

- Glaubenssätze können zu negativen Selbstgesprächen führen:
  „Ich bin nicht gut genug" oder „Ich schaffe das nicht" z. B. können, wenn wir sie uns unbewusst immer wieder erzählen, zu Selbstzweifeln und Angst führen. Das wiederum hindert uns daran, neue Herausforderungen anzunehmen bzw. bestimmte Verhaltensmuster zu hinterfragen und zu verändern.

- Glaubenssätze können uns in einer Komfortzone halten. Damit entsteht ein „Fels in der Brandung", durch den wir uns sicher fühlen, aber nicht wachsen können. Das ist ein Phänomen, das ich selbst sehr gut kenne. Mein Ehemann war lange Jahre mein Fels in der Brandung. Mit der Entdeckung der bremsenden Wirkung, die er nie beabsichtigt hatte, konnte ich mich davon Stück für Stück befreien und wachsen. Unsere Beziehung hat das überlebt, allerdings bin ich jetzt auch ohne ihn ganz.

- Glaubenssätze können uns dazu bringen, nur Informationen zu suchen, die unsere Überzeugungen bestätigen, und andere Informationen zu ignorieren. Und das geschieht tatsächlich sehr subtil, denn wir glauben fest, dass diese gefilterten Informationen die „Wahrheit" sind.

- Selbstsabotage ist eine der härtesten Auswirkungen von Glaubenssätzen: Denn Glaubenssätze können uns dazu bringen, uns selbst zu sabotieren, indem wir uns selbst behindern oder aber mit dem Allerwertesten wieder umstoßen, was wir uns mühsam aufgebaut haben. Selbstsabotage führt auch dazu, dass wir nach dem kleinsten Misserfolg aufgeben und uns innerlich sagen: „Siehst du, du kannst das nicht, habe ich dir doch gleich gesagt." Wir können uns so nicht genug unterstützen, um angemessenes Durchhaltevermögen in Veränderungsprozessen zu entwickeln.

- Und ganz wichtig: Glaubenssätze können uns allgemein Angst vor Veränderung einflößen, was uns ebenfalls daran hindert, neue Wege zu gehen und unsere Ziele zu erreichen.

Und hier habe ich noch ein paar wunderbare Beispiele für blockierende Glaubenssätze:

- Ich bin nicht kreativ genug, um ein Buch zu schreiben. Das habe ich lange genug selbst gedacht – erst meine Doktorarbeit hat mich eines Besseren gelehrt.
- Ich bin zu alt, um noch etwas Neues zu lernen. Das kenne ich so gut aus meiner Kindheit: Was Hänschen nicht lernt, lernt Hans nimmermehr.
- Ich bin nicht gut genug, um eine Führungsposition zu übernehmen. Oje, welche Art von Führung haben wir in unserem Leben schon erlebt. War sie wirklich so gut? Oder können wir da nicht getrost andere Maßstäbe setzen.
- Ich bin nicht liebenswert, wenn ich Fehler mache. Oja, klasse, und was kommt dabei raus? Perfektionismus, der alles und vor allem einen selbst kaputt macht. Denn umgekehrt wird ein Schuh draus: Wer möchte schon die perfekte Version von mir lieben ... Lass uns lieber perfekt unperfekt sein und bleiben und zu unseren „Fehlern“ stehen.
- Wenn du auf diese Art von dir selbst denkst und mit dir selbst redest, ist eine mögliche Folge die „Scham“.[12]

12 Zu diesem Artikel empfehle ich dir meinen Blogartikel dazu. Du findest ihn auf meiner Homepage oder auch direkt über diesen Link: https://dr-claudia-editha-richter.de/schamgefuehle-wenn-du-beginnst-zu-verstehen-was-dich-klein-haelt/

Du beginnst dich langsam, aber unaufhaltsam immer mehr für dich selbst zu schämen, und auch dein Selbstwertgefühl geht Stück für Stück den Bach herunter.[13]

Natürlich stellt sich jetzt auch noch die Frage: Wie kann ich, wie kannst du blockierende Glaubenssätze überwinden? An dieser Stelle kann ich dir hier nur kleine Anhaltspunkte geben. Wenn du grundsätzlicher vorgehen möchtest, empfehle ich dir ein professionelles Coaching, so wie ich es anbiete und online durchführe. Also last but not least zum Thema Glaubenssätze jetzt einige Impulse, die ich später noch einmal konkretisiere:

- Bewusstsein ist der Gamechanger: Erkenne deine Glaubenssätze und wie sie dich beeinflussen.
- Hinterfrage deine Glaubenssätze: Überprüfe, ob deine Glaubenssätze wirklich wahr sind und ob sie dir helfen oder dich behindern.
- Ändere deine Glaubenssätze (ernsthaft, das geht) und ersetze negative Glaubenssätze durch positive und unterstützende (ich zeig dir gern, wie).
- Praktiziere Selbstmitgefühl: Sei freundlich und geduldig zu dir selbst und akzeptiere deine Fehler (auch hier zeige ich dir gern, wie).
- Suche Unterstützung: Umgebe dich mit Menschen, die dich unterstützen und ermutigen oder buche dir ein sinnvolles, effektives Coaching – das ist mein Job ;-)). Sag ich doch!

Vor allem anderen gilt aber: Glaube fest daran, dass deine Glaubenssätze nicht festgeschrieben sind, sondern dass sie geändert werden können und geändert werden dürfen. Denn du darfst es dir wert sein, deine Blockaden zu durchbrechen und neue Ufer anzustreben.

---

13 Auch zum Thema Selbstwert habe ich einen Blogbeitrag geschrieben und ebenfalls auf meiner Homepage veröffentlicht. Hier kommt der Link: https://dr-claudia-editha-richter.de/selbstwert-warum-du-ihn-suchst-und-warum-er-laengst-in-dir-steckt/

Du allein hast die Macht und die Möglichkeit, deine Glaubenssätze zu ändern. Und du darfst auf jeden Fall dann deine Glaubenssätze ändern, wenn sie dich daran hindern, deine Ziele zu erreichen.

6.2 Beziehungsstörungen

Traumata können Beziehungen stark beeinflussen. Und die Paarbeziehungen bzw. die Beziehungen zu den eigenen Kindern sind davon betroffen. Aus meiner eigenen Erfahrung kann ich sagen, eine der größten Herausforderungen in meiner Beziehung mit dem Vater meiner beiden älteren Kinder war das Vertrauensthema:

Ich hatte schon große Schwierigkeiten zu glauben, dass er mich lieben könnte. Ebenso bereitete mir der Gedanke Schwierigkeiten, dass er mich, wie seine beiden früheren Frauen, verlassen könnte. Ich war mir nie sicher, was er tat und warum er es tat, wenn ich nicht dabei war. So konnte auch der abendliche Besuch bei seinen Eltern, um deren berufliche Zusammenarbeit näher zu bedenken, zu einer großen Vertrauenskrise bei mir führen. Ich fand es damals unzumutbar, dass er immer allein dorthin fuhr. Hatte er etwas zu verbergen?

Ebenso ging es mir, wenn es um das Thema Geld ging. Ich wusste nie, was und wie viel er verdiente. Ich konnte seinen Beteuerungen, das würde schon alles passen, nie so recht vertrauen. Wie recht ich damit hatte, verstand ich, als der Gerichtsvollzieher vor der Tür stand. Für mich brach eine Welt zusammen und mein so und so schon sehr schwieriges Verhältnis zum Vertrauen und ebenso zu Geld wurde danach noch schwieriger. Und ich entwickelte noch mehr Schwierigkeiten, meine eigenen Gefühle und Bedürfnisse auszudrücken.

Von Haus aus war ich es ja gewohnt, dass meine wirklichen Bedürfnisse nicht gesehen wurden oder wenn, dann als nicht so wichtig abgetan wurden. Meine Gefühle hatte ich also insgesamt schon ziemlich erfolgreich verdrängt. Auch in ihn hatte ich mich verliebt, weil er mich begehrenswert fand und es mir schmeichelte, dass sich ein älterer Mann (Mehr dazu unter Systemsprengerinnen, Astrid Lindgren) für mich interessierte. Aber es gelang uns beiden nicht – und auch das ist eine Folge von Traumatisierungen – eine gesunde Beziehung aufzubauen und aufrechtzuerhalten.

Er erzählte mir außerdem wenig von seiner Arbeit in Hamburg, die er für die zwei Kinder aus der vorherigen Ehe, die er mitgebracht und in meine Obhut übergeben hatte, weiterführte. Mein Misstrauen wuchs. Und als ich dann durch Zufall erfuhr, dass er in Hamburg eine Beziehung zu meiner damals noch besten Freundin aufgebaut hatte, während ich – ganz klassisch – mit drei kleinen Kindern zu Hause in Flensburg saß, brach mein Misstrauen ihm gegenüber vollends durch.

Emotional bin ich spätestens dann zu ihm auf Distanz gegangen, um mich, wie es bei Traumatisierungen fast immer vorkommt, vor weiteren Verletzungen zu schützen. Endgültig der Ofen aus war bei mir, als er mit meiner ältesten Tochter, die damals knapp 3 war, mit dem Fahrrad in einen Graben fuhr. Er war betrunken, obwohl er mir immer beteuert hatte, dass er seinen Alkoholkonsum im Griff hätte. Ich wusste mit einem Mal, dass diese Beziehung keine Chance mehr hatte. Aber da ich auch nicht sah, wie es für mich ohne ihn aussehen konnte, dauerte es noch, bevor ich aktiv die Trennung betrieb. Ich bekam noch ein weiteres Kind von ihm, um der Beziehung mit ihm noch eine Chance zu geben. Aber heute weiß ich, dass das immer der falsche Weg ist. Kinder können eine kaputte Beziehung nicht mehr heilen, sie verschärfen eher die Herausforderungen noch.

Kannst du dir vorstellen, was es mit mir machte, als er mich, nachdem ich ihm von meiner Schwangerschaft erzählt hatte, fragte, von wem das Kind sei.

Im Nachhinein ist mir klar: Auch er war schwer traumatisiert und eigentlich beziehungsunfähig. Das hatte ich am Anfang überhaupt nicht bemerkt.
Jahre nach unserer Trennung haben wir uns im Krankenhaus versöhnt. Damals war er schon schwer an Krebs erkrankt. Er hat seine Kinder nicht aufwachsen sehen, ist mit etwas über 60 gestorben.

Eine weitere Reaktion, die ich bei mir selbst entdeckt habe, waren meine unvorhersehbaren Reaktionen auf Trigger.
Heute weiß ich: gerade Menschen mit Traumata können auf bestimmte Situationen oder Reize reagieren, die bei anderen Menschen keine Reaktion auslösen. Ich erinnere mich an viele Situationen in meinem Leben, die seltsame Reaktionen hervorgerufen haben. Damals hatte ich keinen blassen Schimmer davon und ich war immer wieder erschüttert, wenn so etwas passierte.
Ein Beispiel für dich, damit du besser verstehst, was ich meine:
Ich hatte mit einem Kollegen schon etwas länger zusammengewohnt, es hatte sich auch eine Beziehung zwischen uns ergeben und eigentlich war alles gut mit uns, obwohl ich im Nachhinein sagen kann, dass ich mich auf diese Beziehung nicht mit vollem Herzen eingelassen hatte. Das war natürlich noch vor der Zeit mit Kindern.
Eines Sonntagmorgens beim Frühstück – er hatte extra Eier für mich gekocht, weil er wusste, dass Eier zu einem entspannten Frühstück für mich dazugehörten – passierte es, dass ich mein Ei aufpuhlte und es viel als zu weich empfand, weißt du, so richtig mit glibberigem Eiweiß. Und was tat ich? Ich machte deswegen eine Riesenszene, in dessen Folge ich alle Eier kurzerhand an die Wand warf.
Ich erinnere mich, dass ich von mir selbst geschockt war. Mein Partner war es auch, aber zum Glück brach er in Lachen aus, ich dann auch und dann haben wir den Schweinkram gemeinsam weggeputzt.

Auch dazu fällt mir ein Text ein, den ich 2025 geschrieben habe:

Sie klopft nicht an
Sie bricht einfach
Die Tür auf
Mitten in der Nacht
Und liegt da
Wie ein fetter Stein
Schwer und unverdaulich
Kurz vor der Explosion
Deine Wut

Du wachst auf
Aufgelöst
Desorientiert
Fix und fertig

Du versuchst
sie zu ignorieren
Sie auszusperren
Du reparierst
Notdürftig
Die Tür

Versuchst
Wieder einzuschlafen
Klappt nicht
Wecker klingelt
Du wie gerädert
Vergisst den Stein
Mühst dich
Aus dem Bett

Der nächste
Der dir heute querkommt
Lernt dich kennen

Du flippst aus
Wegen Kleinigkeiten
Das ist dir peinlich

Es geht auch anders
Wann änderst du deine Strategie?

Allgemein sagt man heute auch, dass Traumata die Beziehungen innerhalb der Familie beeinträchtigen können. Auch davon kann ich ein Lied singen.
Nur, dass ich mit den Familienproblemen allein gelassen wurde und damit jegliche Missstimmung zwischen meinen Eltern z. B. auf mich selbst bezog. Sowohl mein Vater als auch meine Mutter waren beide schwer kriegstraumatisiert. Das wusste ich aber nicht.
Ich fühlte mich immer schuld an allem, nur weil meine Mutter mir einmal gesagt hatte:
„Wenn Papa und ich streiten, dann immer nur wegen dir."
Das war natürlich nicht das Beste, was sie hätte sagen können. Ich weiß heute, dass sie eigentlich sagen wollte, ich bräuchte mir um sie und Papa keine Sorgen zu machen. Diese Absicht ist allerdings voll in die Hose gegangen.
Offene Kommunikation hat bei uns ganz selten stattgefunden. Und auch dieses Thema habe ich in meine Beziehungen mitgenommen.
Hast du schon einmal von einer Symptomatik bzw. einem Verhalten, das auch aufgrund von Traumata und Traumatisierung entsteht, gehört, das „Triangulierung" heißt? Vereinfacht gesagt geht es dabei um die „dritte Person".
Diese dritte Person (oft ein Kind) oder ein Element wird in eine ursprünglich Zweierbeziehung (z. B. zwischen Eltern) eingefügt,

um emotionale Spannungen abzubauen oder Konflikte zu regulieren.
Eine solche Triangulierung erlebte ich als Kind. Ich war die dritte Person, die half, Spannungen abzubauen und Konflikte zu lösen. Natürlich ohne, dass ich mir meiner Rolle bewusst war. Ich wusste nur, dass ich diejenige sein musste, die die Beziehung meiner Eltern durch ein besonders „liebes" Verhalten abwechselnd zu den Elternteilen bewahren musste. Ich war die, die sich sorgte, meine Mutter könnte meinen Vater verlassen und ich musste das verhindern.
Ich erinnere mich noch gut an Situationen, in denen meine Eltern Meinungsverschiedenheiten hatten, die ich mitbekam und vor allem erinnere ich mich an das bedeutungsschwere Wort meines Vaters: „Meilenweit". Für mich war klar, die Distanz meiner Eltern zueinander war riesig und ich musste alles tun, um sie zu verringern. Krass oder? Jetzt, wo ich es schreibe, kann ich dieses Gefühl der Distanz noch immer fühlen, und natürlich auch das Gefühl von Hilflosigkeit und Verlorenheit von mir als Kind.
Später als erwachsene Frau habe ich mir immer wieder Dreierkonstellationen gebaut. Drei Freundinnen, zwei Frauen, ein Mann usw. und das waren immer toxische Beziehungen, in denen ich mich total hilflos fühlte und nie genau wusste warum. Erst auf einer gemeinsamen Studienfahrt von der Flensburger Volkshochschule, an der ich Kurse gab, in die ehemalige DDR, brachte die Lösung für mich. Ich sprach genau über dieses Thema mit einer Diplompsychologin, die mitfuhr und die ich sehr gerne mochte. Sie erklärte mir dieses Phänomen so schlüssig, dass ich es von da an aus meinem Verhaltensreservoir tilgte. Dafür bin ich heute noch sehr dankbar.

Auch vor diesem Hintergrund kann ich sehen:
Zu sagen, was ich wirklich will, was ich fühle und denke, habe ich erst spät gelernt. Heute weiß ich: Gerade offene und ehrliche Kommunikation kann helfen, Vertrauen aufzubauen. Ganz ehrlich?

So etwas hätte ich gern in der Schule gelernt. Habe ich aber nicht. Das durfte ich mir selbst ganz allein aneignen.

Nach allen diesen Auswirkungen von Traumatisierungen ist es mir wichtig deutlich zu machen, dass auch Menschen mit Traumata und Traumatisierungen sehr wohl in der Lage sind, gesunde Beziehungen aufzubauen und aufrechtzuerhalten, wenn sie die richtige Unterstützung erhalten. Das sagt sich so leicht und in der Literatur wird meist auch noch hinzugefügt:
Wenn sie in Therapie gehen.
Dem kann ich nicht unvoreingenommen zustimmen. Ich selbst habe keine guten Erfahrungen mit Therapien.
Aber sicherlich kann es für dich auch die Therapie geben, die dich optimal unterstützt. Ausprobieren und herausfinden kannst du es allerdings nur selbst.

6.3 Selbstwert

In diesem Abschnitt starte ich erneut mit einem Text, den ich geschrieben habe und der wie kein anderer um das Thema Selbstwert kreist:

Lieber verletzt du dich selbst
als dass du „Nein“ sagst

lieber nimmst du in Kauf
dass deine eigenen Grenzen
überschritten werden
als dass du „Stopp“ sagst

Lieber achtest du
auf den Selbstwert
deines Gegenüber
als deinem Gefühl

zu trauen
dass da was schiefläuft

Ist es dann ein Wunder
dass du dich abends
so ausgelaugt fühlst

dass dich der Tag bis
in die Nacht hinein
verfolgt
und du nicht
abschalten kannst

Wie würde es sich anfühlen
wenn du klar benennst
was nicht gut läuft
weil du die Fachfrau bist
für dich selbst

Wenn du deine Grenzen
klar aussprichst
weil du sie kennst

wenn du deinem Bauchgefühl
vertraust
Das bist du dir selbst wert

Wenn du
ohne Schnappatmung
„Nein" sagst
und es nicht begründest

Nicht von ungefähr stelle ich diesen Text an den Anfang des Kapitels „Selbstwert".

Das Wort allein ist schon sperrig. Und dabei meint Selbstwert nichts anderes, als sich selbst als den größten Wert im eigenen Leben zu verstehen.
So wie du bist, ist niemand anderes. Allein das ist schon so wichtig. Du bist – es sei denn, du hast einen eineiigen Zwilling – ein Unikat.
Da gibt es kein Wenn und Aber. Und du Unikat hast auch deine ganz individuelle Aufgabe in deinem Leben.
An dieser Stelle soll es nicht darum gehen, dass du – wie ich es schon in meinem Vorgängerbuch erläutert habe – keine Option bist, sondern Priorität, sondern dass du mit deiner Einzigartigkeit in deinem Leben auch eine Aufgabe hast, die du und nur du auf deine Weise verwirklichen kannst.
Diese Aufgabe startet mit der Selbstwerdung – soll heißen, für das Erfüllen deiner Aufgabe darfst du dich erst einmal kennenlernen und dich akzeptieren, so wie du bist. Vielleicht reagierst du auf diesen Satz mit:
Das tue ich doch – ich kenne mich schon ganz gut.
Ja wirklich? Und warum reagierst du dann mitunter auf Kleinigkeiten so emotional, dass du dich selbst vor deiner Reaktion erschreckst.

Das hat einen Grund: Du reagierst in dem Moment so, wo etwas in dir angetriggert wird, was du „vergessen" hast, was dir nicht ganz geheuer ist, was dir schlechte Gefühle bringt, die du eigentlich gar nicht fühlen willst, weil, ja weswegen eigentlich?

Du reagierst, weil die Erinnerungen, die dir zunächst „vorbewusst" hochkommen, so unangenehm sind, dass du sie nicht fühlen willst. Du „explodierst" lieber, statt dich zu erinnern.
Warum ist das so?
Das, woran du dich unterschwellig erinnerst, ist möglicherweise so verletzend, dass du Angst hast, dich dem zu stellen. Weil es immer noch so wehtut.

Nimm meine Abneigung gegen Spieluhren. Sie haben mich über lange Jahre getriggert, ohne dass ich wusste, warum. Ich habe so eine Angst vor dem „weswegen" gehabt, dass ich lieber alle Spieluhren aus meiner Nähe verbannt habe, oder mir die Ohren zugehalten hab ... (... meine Kinder hatten tatsächlich keine Spieluhren). Ich wollte nur nicht an das erinnert werden, was mir augenscheinlich passiert ist und was ich mit Spieluhren in Verbindung gebracht habe.

Selbstwert heißt nicht, mich ein Leben lang vor Spieluhren zu schützen – um einmal in diesem Beispiel zu bleiben. Selbstwert heißt, sich selbst innerlich bei der Hand zu nehmen, und liebevoll unterstützend sich an die mit der Spieluhr gemachten Erfahrung anzunähern. In meinem Fall den sexuellen Übergriffigkeiten meines Bruders.
Liebevoll unterstützend heißt in diesem Zusammenhang, dir klarzumachen, dass das kleine Kind in dir, in mir immer noch lebt und jetzt die Unterstützung der großen Claudia braucht. Das kann bedeuten, dass du dich selbst innerlich ganz fest in den Arm nimmst, dich selbst streichelst und Stück für Stück zulässt, zu entdecken, was damals geschah.
Wenn du es entdeckst, heißt es nicht, dass du es gleich wieder versteckst. Am besten ist es, du teilst dieses mit einem vertrauten und/oder professionellen Menschen. Du sprichst es also aus. Damit machst du den ersten Schritt, dich aus dieser Traumatisierung zu lösen. Und wenn du es geschafft hast, zu reden, darfst du hinterher stolz auf dich sein, dich loben für diesen wichtigen Schritt. Du darfst dich wieder in den Arm nehmen und dich noch einmal spüren lassen, du selbst auf deiner eigenen Seite stehst. Das hilft. Ich versprech's.
Und so darfst du mit allen traumatischen Erlebnissen deines Lebens, die dich heute noch belasten, umgehen. Und am besten ist es noch, diese Dinge aufzuschreiben. Vielleicht sogar, das Geschriebene hinterher zu verbrennen. Das kann den Unterschied machen. Wenn du nämlich zu oft über deine trau-

matischen Erlebnisse sprichst, kann es sein, dass genau das Gegenteil passiert, dass du sie damit nicht löst, sondern sie immer wieder neu manifestierst.
Es gibt keinen einen richtigen Umgang mit traumatischen Erinnerungen.
Finde – vielleicht gemeinsam mit einer Coachin – heraus, was zu dir passt. Das Ziel sollte sein, dass du die Erlebnisse hervorholst, also erinnerst und sie dann ablegst. So, wie du einen zu klein gewordenen Mantel ablegen würdest.
Mit jedem Mal steigt dein Selbstwert erheblich.
Mit jedem Mal lernst du dich selbst Stück für Stück besser kennen. Du lernst dich selbst als Kind kennen, mit allen deinen Eigenschaften, mit deiner Spontanität und Kreativität. Du entdeckst, was du als Kind schon gern getan hast, was du gut konntest oder wofür du dich interessiert hast.
Du lernst dich also über deine Traumatisierungen hinaus Stück für Stück selbst besser kennen, lernst deine Begabungen von einer neuen Seite kennen.

Auch wenn du jetzt noch entgegnen möchtest: Ich hab gar keine Begabungen, bin für nichts Besonderes gemacht ... Bleib nicht dabei stehen, sondern schau auch, welche fiktiven Personen oder Tiere dich besonders angesprochen haben und was es war, was dich an ihnen fasziniert hat. Wenn du schon älter als 55 bist, hast du gewiss so viel davon einfach in dir tief begraben, weil in deiner Kindheit deine Individualität nicht wertgeschätzt worden ist. Und das nicht, weil deine Eltern schlechte Menschen waren, sondern weil es damals nicht en vogue war, anders zu sein. Ziel der Erziehung war meist die Anpassung an den Mainstream. Genauso wie es in der Schule wichtig war, den Kanon der Fähigkeiten und Fertigkeiten zu lernen, die nun mal die Lehrpläne ausmachten. Individuelles war in der Regel eher anstrengend und nicht erstrebenswert. Oder war nur im Rahmen dessen erwünscht, was so und so auf dem Lehrplan stand.

Gerade Kinder, die anders waren als die vorherrschende Vorstellung, mussten im Hinblick auf den Lehrplan angepasst, ja er„zogen" werden. Wo wären wir hin gekommen, wenn wir die Kleinen hätten entscheiden lassen, was sie wirklich wollen. Ja, wo wären wir da hin gekommen. Vielleicht wären wir alle zu geraden, klaren Menschen geworden und nicht zu Menschen ohne Rückgrat, die sich erst später zu dem entwickeln, was in ihnen steckt.
Dass dabei so viel Kreativität, so viel Querdenken und so viel Phantasie unterdrückt worden ist, entdecken wir mitunter erst jetzt.
Dass dabei so viel Scham hervorgerufen wurde, ist die andere Seite der Medaille. Eine Scham, die mich z. B. immer abgehalten hat, als erwachsene Frau Englisch zu sprechen. Die beschämenden Korrekturen meines Englischlehrers hatten mir den Spaß an der Sprache vollständig vermiest.
Und wie viele Glaubenssätze sind in der Zeit der Schule entstanden. Ich kenne zum Beispiel noch Redensarten wie:
„Mädchen, die pfeifen und Hähne, die krähn, denen soll man beizeiten die Hälse umdrehn", von der ich schon erzählt habe, oder:
„Sei wie das Veilchen im Moose, bescheiden, sittsam und rein und nicht wie die stolze Rose, die immer bewundert will sein."
Dieser Spruch stand z. B. in meinem Poesiealbum, geschrieben von einer meiner Lehrer*innen.
Oder:
„Wer nicht hören will, muss fühlen",
was zu meiner Schulzeit eine Erlaubnis zum Schlagen war.
Leider sind diese Tendenzen heute immer noch zu finden.
Und das liegt auch nicht am generell schlechten Lehrpersonal, sondern am ganzen Schulsystem.
Schule kann es sich bis heute nicht leisten, die Individualität der Schüler*innen zu entdecken und zu fördern. Auch heute haben wir immer noch Kinder, die an dieser Realität fast zerbrechen, weil sie nicht gesehen werden.
In diesen Zusammenhang gehört der Gedanke, dass Schulen früher bis heute keine Orte der Entdeckung der eigenen Gefühls-

welt waren und sind. Und auch das ist wirklich zutiefst bedauerlich.
Das wirkt bis in die heutige Arbeitswelt nach, die immer noch eher ein Ort ist, an dem Gefühle nichts zu suchen haben.
Also ist es jetzt unsere Aufgabe, uns unsere Gefühlswelt wieder zu erobern, und das kann manchmal sehr schmerzhaft sein. Ebenso dürfen wir uns, wie gesagt, der vielen Glaubenssätze bewusst werden, mit denen wir groß geworden sind, und sie einen nach dem anderen ablegen.
Das ist Selbstwert! Lies dazu auch gerne noch mehr auf meiner Homepage, oder, das wird im Verlauf des Buches bald ein „running gag", lese mit diesem Link direkt weiter.[14]
Dann erst sind wir in der Lage, herauszufinden, was unsere wahre Aufgabe im Leben ist und das zu tun, was wir lieben.
In diesem großen Zusammenhang steht auch das folgende Interview mit Saskia Holz. Aber vorher noch einen kurzen Text von mir zur Einleitung:

Ich lache, also bin ich

Ich lache?
Wie?
Bei all dem Drama hier?
Ich lache gern
Drama habe ich schon gehabt
Jetzt geht's auch nicht mehr
Ums Überleben

Jetzt geht's um Leben
Mit meinen Regeln
Mit dem, was mich erfüllt
Was Sinn für mich macht
Was mich ausfüllt

---

14 https://dr-claudia-editha-richter.de/selbstwert-warum-du-ihn-suchst-und-warum-er-laengst-in-dir-steckt/

Meine Fröhlichkeit
Meine Kreativität
Meine Regeln
Meine Affen
Mein Zoo

Jetzt geht's um mich
Um dich
Um Beziehung
Um Kommunikation

Komm mir nicht mit
„Du kannst doch nicht einfach ..."
Doch ich kann
Und ich werde
Mich selbst im Mittelpunkt
Mein Leben
Meine Liebe
Meine Freiheit
ICH

Ich lache, also bin ich
Und ich zeige dir gern
Wie's geht
Mit dir selbst
Im Mittelpunkt

Interview mit Saskia Holz

Mein Interview mit Saskia beginnt mit einem Hinweis auf die Terrorwarnung auf dem Oktoberfest und speziell mit dem Vorfall ganz in der Nähe ihrer Wohnung, bei dem ein Hausbrand entstanden ist und ein Zusammenhang mit dieser Terrorwarnung vermutet wird. Sie macht sich sichtbar Sorgen um ihre Kinder, die in der Schule sind, sagt aber auch, dass vernünftig betrachtet die Kinder dort sicher sind. Und wenn nicht, würde sie benachrichtigt.
Das führt uns unmittelbar zu der Lebenswelt, in der Kinder heute aufwachsen, und ihrer Arbeit als Kinder- und Jugendcoach.

Ihr Motto für diese Arbeit benennt sie mit: Den Grundstein für morgen legen.

Ich frage sie als Erstes, inwieweit sie direkt in Schulen arbeitet oder ob ihr Schwerpunkt eher außerhalb von Schulen liegt.
Sie erläutert, dass sie eigentlich gern mehr in und mit Schulen zusammenarbeiten würde, aber diese Zusammenarbeit nicht einfach sei.
Sie erklärt, dass sie als Kinder- und Jugendcoach derzeit mit Schulen über Elternbeiräte und Fördervereine zusammenar-

beite, da Schulen keine entgeltlichen Dienstleistungen bewerben dürfen.
Sie kann sich selbst aber eine Arbeit in den Schulen gut vorstellen, z. B. als „Life teacher", also als jemand, der den Kindern und Jugendlichen die Kompetenzen nahebringt, die außerhalb des schulischen Lernstoffes für das Leben notwendig sind. Das wäre auch in einer Konzeption als „Vertretungslehrerin" möglich. In Anlehnung an ein Modell in Form einer ehrenamtlichen Tätigkeit, organisiert durch eine App. Zielsetzung ist hier, die Fehlzeiten durch Lehrkräfte sinnvoll zu nutzen.

Sie ist entschieden der Meinung, Lebenskompetenzen müssten ein wesentlicher Baustein des schulischen Lehrplanes sein. Damit rennt sie bei mir offene Türen ein.
Dieses Gefühl stellt sich auch im weiteren Verlauf des Interviews immer wieder ein und es fällt mir gerade jetzt, im Niederschreiben des Interviews auf, wie schwer es ist, immer klar zwischen Saskias und meiner Meinung zu differenzieren.
Ich frage sie in der Folge nach ihren Gründen für diese Vorstellung von „Lebenskompetenz" als Unterrichtsfach.
Sie erläutert, dass sich viele Erwachsene immer noch mit den Themen auseinandersetzen, die sie seit ihrer Kindheit blockieren.
Die Ursachen dafür sind häufig in der schulischen Ausbildung zu finden, so assoziiere ich sofort. Im Nachgang wird mir klar, dass ich damit in meine eigene, oben benannte Falle gelaufen bin, denn ich setze innerlich meine Deutung mit ihrer gleich.

Saskia jedoch sieht das differenzierter:

„Die Ursachen sehe ich nicht häufig in der schulischen Ausbildung. Ich sehe, dass das Schulsystem Blockaden verstärken und auch hinzufügen kann, aber ich sehe es nicht als den Hauptverursacher ausschließlich. Ich finde aber vor

allem, dass das Schulsystem keinerlei Lebenskompetenz und -fähigkeiten vermittelt, sondern da im Gegenteil agiert."

Als sprechendes Beispiel benennt sie, dass heute Persönlichkeitscoaches von Unternehmen gebucht werden, weil viele Arbeitnehmer*innen mit diesen Blockaden zu kämpfen haben und die Leistung und Kommunikation der Mitarbeiter*innen untereinander darunter leiden.
Der Schmerz ist also gerade bei Erwachsenen immer noch sehr groß und resultiert meistens aus der Kindheit.
Die logische Folge daraus könnte sein, so Saskia, zu fragen, ob es nicht sinnvoller wäre, diese Schmerzen schon in der Kindheit anzugehen.
In diesem Zusammenhang prägt sie den Begriff des „Rucksacks", den es gilt abzulegen.

„Warum müssen wir eigentlich alle mit diesen schweren Rucksäcken ins Erwachsenenleben starten, wenn wir doch die Chance hätten, diese schweren Rucksäcke vorher abzusetzen?
Beziehungsweise, was mir eigentlich noch viel wichtiger ist: Das Leben hat immer wieder neue Rucksäcke parat, die es uns ein Stück weit auf die Schultern legt. Aber ich sehe nicht, wo Kinder oder viele junge Erwachsene lernen: Wie darf ich den Rucksack denn wieder absetzen? Wie kann ich den eigentlich wieder loswerden?
Dass wir Herausforderungen im Leben bekommen, gehört dazu. Das ist so. Und das ist auch überhaupt nichts Schlimmes, das gibt uns ja die Chance, zu wachsen. Schlimm ist nur, wenn ich überhaupt keine Werkzeuge und Möglichkeiten habe, wie ich jetzt mit diesen Herausforderungen umgehe."

Hierbei möchte sie Kinder und Jugendliche gern unterstützen.

Und sie berichtet, dass sie das vor allen Dingen bei ihrer eigenen Tochter gesehen hat: dass sie zum Beispiel schön unbewusst ihre ganzen hinderlichen Glaubenssätze an sie weitergegeben hat.

„Es ist eine besondere Erfahrung, wenn DU plötzlich siehst, wie dein eigenes Kind dich kopiert."

Als es ihrer Tochter eine Zeit lang aus verschiedenen Gründen gar nicht gut ging, ist Saskia – wie viele andere Eltern auch – zunächst zu einer Therapeutin gegangen, weil das der erste „normale" Weg ist, den wir alle kennen. Die Therapeutin hat dann zu ihr gesagt, dass ihr Kind kerngesund sei, alles gut sei. Und dass sie sie nicht behandeln könne, weil es keine Diagnose gäbe.
Und dann, so sagt Saskia, stand sie da mit ihrem Talent und hatte immer noch ein Kind, dem es nicht gut ging.
Ich frage sie, was ihr geholfen hat. Sie erzählt:

„... (Ich) habe mich weiter auf die Suche gemacht und habe Daniel Paasch[15] gefunden. Und habe dann eben gemerkt, wie unglaublich kraftvoll und nachhaltig wirkungsvoll diese Werkzeuge sind, die er zur Verfügung stellt. Und dann habe ich entschieden: Warum müssen wir eigentlich alle erst – also bei mir war es mit 40 – so lange mit diesen Glaubenssätzen rumlaufen, bis wir uns Hilfe holen?"

---

15 Daniel Paasch, IPE-Entwickler und Lehrtrainer, www.ipe-coaching.de, GNIPE – Gesellschaft für angewandte Neurowissenschaften und Integrative Potenzialentfaltung mbH

Weiter stellt sie fest:

„Ich finde, wir (selbst) haben schon nicht genügend Unterstützung gekriegt. Und haben auch nicht in der Schule beigebracht bekommen: Wer bist du? Was ist denn deine innere Stimme? Was ist deine Intuition? Sondern wir haben beigebracht bekommen: Funktioniere nach dem System, dann wirst du belohnt. Sprich: gute Noten, wenn du das so machst, wie der Lehrer sich das vorstellt. Wenn du kreativer denkst, innovativer denkst und es nicht nach dem vorgegebenen Schema erfüllst, dann kann der Lehrer dir keine guten Noten geben. D. h. die Kreativität und Innovation wird ja schon im Keim erstickt und führt auch dazu, dass ein Gefühl von ‚Ich bin nicht richtig' entsteht bei den Kindern."

Saskia weiß somit aus eigener Erfahrung, wie wichtig es ist, dass Kinder immer in Kontakt mit sich selbst bleiben sollen.
Die eigene innere Stimme, die sie als Erwachsene erst wiederfinden durfte, darf bei Kindern von Anfang an nicht verstummen. Aber nicht nur die Eltern sind in diesem Punkt gefragt, auch die Schule.
Sie äußert harsche Kritik an unserem Schulsystem, da hier wenig Raum für die eigene Persönlichkeitsentwicklung, für das Entdecken der eigenen Stärken und Talente gegeben wird.
In der heutigen Zeit – so erläutert Saskia weiter – kommt noch etwas obendrauf. Nämlich das ganze Thema der permanenten Ablenkung durch die Social Media. Und dadurch ist es jetzt noch notwendiger, sich damit auseinanderzusetzen. Sie beschreibt sehr klar, dass Social Media oft genutzt wird, um Gefühle zu vermeiden und dies ist der springende Punkt im Hinblick auf Sucht.
Wenn Menschen, egal welchen Alters, versuchen, etwas über eine Sucht zu kompensieren, dann ist es wichtig, die Ursache zu beheben. Ansonsten bestünde die Gefahr, dass sich einfach eine nächste Sucht anschließt, zum Beispiel Arbeitssucht.

„Und die ist so fatal, denn die wird die ganze Zeit beklatscht. Es heißt: ‚Toll, wie viel du arbeitest!'
Dabei bleiben die Gefühle auf der Strecke. Sie werden unterdrückt, und die Sucht sorgt dafür, dass die Gefühle nicht gefühlt werden müssen.
Mein Ansatz ist, Kinder im Umgang mit diesen Herausforderungen zu stärken. Der Lösungsweg für mich ist, den Kindern den Weg zu sich zurück zu zeigen.
Wenn ich als Kind diese Kraft in mir selbst spüre, weil ich erstens weiß, was mich ausmacht, und zweitens weiß, wie ich mit bestimmten Gefühlen umgehen kann, wie ich mir selbst helfen kann, also unabhängig zu sein von anderen, dann ist damit ein ganz wichtiger Schritt erreicht.
Deswegen ist mir dieser präventive Ansatz so ein wichtiges Anliegen."

Jede Sucht, so erläutert sie weiter, ist letztendlich dafür da, die eigenen Gefühle nicht zu fühlen. Auf dieses Thema werden wir am Ende des Gesprächs noch einmal zurückkommen.
Schon an dieser Stelle merkt sie an, dass sie das System nicht ändern kann. Und allgemeiner gedacht, dass das System zurzeit nicht änderbar ist. Aber sie hat die Hoffnung, dass sich das System irgendwann ändern muss. So lange ist es wichtig, für Kinder da zu sein, die an diesem System scheitern.
Ihr Hauptanliegen dabei ist es, das „Ich" der Kinder zu stärken.
Ich kann erneut nicht anders, als ihr recht zu geben.

Ich frage sie nach den sogenannten „Freien Schulen" und wie sie diese einschätzt.
Sie erzählt, dass sie selbst vier Jahre an einer evangelischen Schule gearbeitet hat. Sie sieht die Herausforderungen in diesem Bereich darin, dass die Konzepte zum großen Teil gut sind, es aber mitunter an der Umsetzung hapert.

So ist von großer Wichtigkeit, dass die Schüler:innen in ihren Lerngruppen von ausreichend Lehrkräften, idealerweise drei unterschiedlicher Professionen – darunter auf jeden Fall Sozialpädagog:innen – begleitet werden.
Und sie bringt zwei Beispiele, anhand derer sie zeigt, dass das die entscheidende Voraussetzung ist.
In ihrem ersten Beispiel haben die Kinder nach vier Grundschuljahren problemlos den Übergang zur weiterführenden Schule geschafft. Im zweiten Beispiel mit einem ebenfalls guten Konzept, aber mit nur einer Lehrer:in in den Lerngruppen und sporadisch einer Sozialpädagogin, zeigt sich, dass es ohne ausreichende personelle Ressourcen nicht funktioniert. So wurde dort zum Beispiel über ein halbes Jahr kein Mathe-Wochenplan gemacht und keine Wege gefunden, das Kind zu motivieren.
Sie unterstreicht dieses Bild mit ihrer Aussage:

„Drei Sozialpädagog*innen (oft in Teilzeit) für eine ganze Schule – das funktioniert einfach nicht."

Saskia kommt wieder auf das staatliche Schulsystem zurück. Hier kritisiert sie vor allem den starren Lehrplan und ein dahinter verborgenes Motto:

„Funktioniere so, wie ich es dir sage und dann ist es gut."

Damit, so macht sie erneut klar, wird die Kreativität und die Eigenverantwortung der Kinder unterdrückt.
Auch die Eltern, so Saskia, machen es den Schulen z. Z. schwer, sich zu verändern, weil sie bei jeder anderen Herangehensweise Angst haben, ihre Kinder könnten zu wenig lernen und so auf der gesellschaftlichen Karriereleiter schon von Anfang an schlechte Karten haben.

Gerade vor diesem Hintergrund – so erläutert sie – habe sie es aufgegeben, staatliche Schule verändern zu wollen, sie setzt eher darauf, die einzelnen Kinder zu stärken.
Sie gibt ein prägnantes Beispiel dafür und erzählt, wie sie reagiert, wenn Eltern sie auf eine ADHS-Diagnose ihrer Kinder ansprechen.

„Freuen Sie sich über die Diagnose. Das sind die Kinder der Zukunft."

Sie bittet die Eltern, das nicht als Problem zu sehen. Diese Kinder sind unsere Zukunftskinder, die wir gesamtgesellschaftlich brauchen. Es sind die, die sich nicht anpassen, die kreativ sind, die innovativ denken, die um die Ecke denken, die Zusammenhänge herstellen können. Statistisch gesehen entwickeln Zukunftskinder viel zu oft Depressionen und Süchte, weil sie von klein auf permanent hören, dass sie nicht richtig sind. Dabei weiß genau Saskia, dass es für Eltern nicht leicht ist, ihre Kinder im bestehenden System gut zu begleiten. Ob die Eltern etwas damit anfangen können? Darauf kommen wir nicht zu sprechen, denn die Kinder liegen bei Saskia klar im Fokus:
Kinder und deren Bedürfnisse.
Kinder, die selbst entscheiden können und dürfen, was für sie Erfolg ist.
„Glücklich sein", werfe ich ein. Saskia meint, dass auch die meisten Eltern wollen, dass ihre Kinder glücklich sind. Aber sie definieren „Glück" anders als möglicherweise ihre Kinder. Für Eltern ist damit häufig die späteren Möglichkeiten zum Geldverdienen verbunden.

„Und Geld verdienen kann man eben nur mit einem guten Schulabschluss, das ist die landläufige Meinung",
ergänze ich für mich.

Ich frage Saskia, was sie für ihre Kinder möchte. Ihre Antwort kommt sofort:

„Dass sie zu jeder Zeit den Zugang zu ihrer inneren Stimme haben, zu jedem Zeitpunkt wissen und fühlen, was für sie selbst wichtig ist."

Das bedeutet für Saskia Selbstfürsorge.

Ich frage nach:

„Was meinst du eigentlich mit innerer Stimme?"

Sie antwortet:

„Die Akzeptanz aller Gefühle, die im Kind entstehen können und das Wissen, dass das Kind immer damit umgehen kann, dass es nicht nötig ist, die eigenen Gefühle zu unterdrücken!"

Wir sprechen über die sogenannten negativen Gefühle. Saskia weist darauf hin, dass gerade Gefühle wie Wut, Angst und Traurigkeit ganz wichtig sind. Sie unterstützen die eigene Weiterentwicklung und dienen als wertvoller Kompass für den eigenen Weg. Allerdings kommt es auf den richtigen Umgang damit an. Gerade in diesem Fall ist eine Anerkennung dieser Gefühle so wichtig, vom Kind selbst, aber eben auch von den Erwachsenen. Das Entscheidende ist dann, dass Kinder lernen dürfen, wie sie mit diesen Gefühlen umgehen.
Automatisch denke ich an meine Kindheit und die Tendenz meiner Eltern, jegliche negativen Gefühle zu negieren. Und irgendwann habe ich dann gelernt, diese zu unterdrücken, was für mein weiteres Leben aber deutlich kontraproduktiv war.

Ich frage danach, wie genau sie mit Kindern arbeitet.

Sie beginnt mit intrinsischer Motivation, die es zu entdecken gilt. Diese Form der Motivation ist die stärkste, die gerade Kinder z. T. noch ganz von allein haben. Saskia erzählt ein Beispiel von ihrer Tochter, die sich mit 5 Jahren im Urlaub in Portugal in den Kopf gesetzt hat, Rad schlagen zu lernen.
Sie hat pro Tag mindestens 200 Räder geschlagen und zirka jedes 50. Mal gefragt:

„Ist es schon gerade?"

Um dann trotz aufgeschnittener Hände weiter zu üben, bis sie es hinbekommen hat.
Mir fällt spontan das Laufenlernen mancher Kinder ein, die zunächst immer wieder hinfallen und wieder aufstehen, bis sie es können.
Saskia erklärt, ihre Tochter habe genau gewusst – was ihre Eltern aber bis zum Ende nicht erfahren haben –, warum sie es lernen wollte.
Und genau diese intrinsische Motivation fördert Saskia bei den Kindern, die sie unterstützt.
Sie arbeitet dazu gern mit einem Visionboard für Kinder, denn wenn sie wissen, wo sie hin wollen, ist der Weg dorthin, auch wenn er anstrengend ist, viel leichter.
Und sie betont die Wichtigkeit, Kindern die Möglichkeit zu geben, ihre eigenen Interessen und Motivationen zu entfalten, anstatt dass sie immer mehr auf externe Anerkennung angewiesen sind.
Meine Assoziation dazu ist natürlich die immer frühere Notengebung in den Schulen als Form von externer Anerkennung.

„Aber so eine Arbeit, die Kinder befähigt, frühzeitig ihre eigenen Wünsche, Begabungen und Fähigkeiten zu entdecken",

so kommt Saskia noch einmal auf die staatlichen Schulen zurück,

„gibt es ja bei uns in den Schulen kaum mehr. Ich sehe das Leid in den Kinderaugen, wenn wir das nicht tun."

Und hier zieht sie ihre große Vision, den Weltfrieden, heran. Sie sagt:

„Wenn jemand schon in jungen Jahren die Chance bekommt, gesehen zu werden, braucht es als erwachsener Mensch keine zwanghafte Anerkennung im Außen mehr."

Und diese zwanghafte Sucht nach Anerkennung, so ergänze ich in mir, ist des Übels Wurzel. Und auch auf die Gefahr, das Thema stark zu vereinfachen, setze ich an dieser Stelle hinzu: Kaum ein Krieg, der nicht diesen Hintergrund hat.

Und schließlich kommen wir noch einmal auf die Entstehung von allen Süchten zu sprechen. Nach Saskia ist es immer eine Art von Kontrollzwang, der entsteht, wenn Kinder eben nicht gesehen werden. Dann versuchen sie, sich anzupassen. Sich selbst und ihre Bedürfnisse und besonders ihre Gefühle nicht mehr spüren zu müssen, nicht mehr wahrnehmen zu müssen, sondern sie zu verdrängen.
Und weil es dann keinen Raum mehr für sich selbst gibt, beginnen Kinder das zwanghaft zu kontrollieren, was sie kontrollieren können, z. B. das Essen.
In unserer Gesellschaft, und das ist ihr Schlusswort, gibt es so viele Süchte, die auf diese Weise entstehen. Aber eine besondere Rolle spielt dabei die Arbeitssucht, weil sie gesellschaftlich anerkannt ist, weil diese Sucht immer und überall positiv gespiegelt wird. Somit sieht Saskia ihre Rolle besonders in der Prävention von Süchten schon im Kindesalter.
Und dafür brennt sie.

Zweiter Teil: Medien als Verstärkung von Traumafolgen

Nachdem wir uns jetzt gemeinsam mit Essstörungen, der Körperbildstörung und den Beziehungsstörungen als Reaktion auf Traumatisierungen auseinandergesetzt haben, stellt sich ganz unvermeidlich die Frage:

Welche Rolle spielen im Hinblick auf Traumatisierungen eigentlich die Medien? Und mit Medien meine ich alle geschriebenen und gesprochenen Worte in unserer westdeutschen Gesellschaft, die von Beginn an unsere Konventionen und damit unsere – deine und meine – Sicht von uns selbst beeinflusst haben.

Und mit diesem Satz wäre ich eigentlich schon fertig, denn er drückt ja aus, dass diese sogenannten Medien uns neben den Traumatisierungsfolgen zu dem haben werden lassen, was wir sind.

Aber das erklärt noch nicht, wie genau es passiert und was damit gemeint ist.

Also dürfen wir in dem folgenden Kapitel einmal darauf schauen. Natürlich habe ich nicht vor, eine allumfassende Abhandlung über den Einfluss der Medien im Allgemeinen und im Speziellen der Social Media auf uns selbst zu schreiben.

Aber an einigen deutlichen Aspekten werden wir genauer draufschauen, wie und warum wir geworden sind, wie wir sind. Und was unsere Traumata bzw. Traumatisierungen damit zu tun haben.

Denn der Verdacht liegt nahe, dass gerade die allgegenwärtigen Medien, die uns umgeben, in engem Zusammenhang mit Traumatisierungen stehen.

Und genau diesen Zusammenhang von Trauma bzw. Traumatisierungen und den Medien gehen wir jetzt gemeinsam an.
Du merkst schon an meiner Wortwahl, dass dies nicht einfach wird, weil wir uns an ein sehr komplexes Thema heranwagen.

Aber wir beide, du, meine Leserin und ich, sind ein cooles Team, deswegen wuppen wir auch diese Herausforderung.

Erinnere dich einmal daran: Wer hat dir als Erstes ein Bild von dir selbst vermittelt?
Das warst nicht du selbst, sondern die erste Sicht von außen, mit der du kommuniziert hast, ohne es als „außen" wahrzunehmen. Und es war ja auch nicht klassisch „außen". Denn die ersten Wahrnehmungen davon hattest du im Leib deiner Mutter, genauer in der Gebärmutter deiner Mutter.

Das hat sich dir so entscheidend eingeprägt, dass du deine Mutter sofort wiedererkennst, wenn du geboren wirst. Idealerweise gibt es da kein Fremdeln, kein „kenn ich nicht". Du kennst den Herzschlag deiner Mutter genau, du kennst ihre Bewegungen, den Geschmack des von ihr produzierten Fruchtwassers und sogar ihre Stimme. Im Übrigen kennst du auch schon die Stimme deines Vaters, wenn er denn während der Schwangerschaft dabei war und auch die Stimmen deiner Geschwister. Das ist wissenschaftlich gesichert.

Als einigermaßen gesichert gilt auch, dass du die verschiedenen Emotionen deiner Mutter während ihrer Schwangerschaft wahrgenommen hast – ja, sogar darauf reagiert hast.
Wie wunderbar, wenn deine Mutter fröhlich und voller Vorfreude auf dich war. Dir schon im Mutterleib gezeigt hat, dass du willkommen bist. Aber leider sieht die Realität meist anders aus.
Wie z. B. bei mir.
Natürlich kann ich mich daran heute nicht mehr aktiv erinnern. Aber ich weiß aus Berichten meiner Mutter, dass sie, nachdem

sie bei der Geburt meines jüngeren meiner beiden Stiefbrüder fast verblutet wäre, Angst hatte, bei einer weiteren Schwangerschaft zu sterben. Es ging wohl schon bei meinem Bruder um Leben und Tod. Deswegen wollte sie kein weiteres Kind.
Mein Vater allerdings, der zweite Mann, den sie heiratete, wollte so gerne auch ein Kind mit meiner Mutter und am liebsten ein kleines Mädchen.
Und so hat meine Mutter nach langem Sich-Verweigern – und wenn ich jetzt schreibe: um des lieben Friedens willen – dann war das in der Erzählung meiner Mutter genau ihre Sicht der Dinge, darauf eingelassen.
Aber sie war voller Angst, denn natürlich wollte sie vor allem eins – leben.

Die Wissenschaft gibt heute keine klaren Hinweise darauf, wie sich Angst auf das ungeborene Kind auswirkt ... was mich nicht wundert.
Die Vermutung liegt aber nahe, dass gerade Angst Auswirkungen auf das Ungeborene hat.
Hört es sich für dich überspitzt an, wenn ich vermute, dass ich schon im Mutterleib dieser Angst ungeschützt ausgesetzt war?
Auch die Geburt wird ihre Auswirkungen gehabt haben, davon hat meine Mutter nie berichtet. Ich weiß nur von den nachgeburtlichen Zuständen und davon habe ich dir ja schon berichtet.
Ich war den festen Überzeugungen der damaligen Zeit ausgeliefert, dass Babys nicht verwöhnt werden dürften, sondern vom ersten Tag an erzogen werden mussten. Also alle vier Stunden Nahrung, sonst liegen lassen, egal ob weinen oder nicht.
Bedenke – wenn du um die 50 oder älter bist, diese Vorstellung bitte immer mit, wenn du dich selbst als Kleinkind siehst. Auch du hast wahrscheinlich diese „Erziehung" hinter dir. Es gab so gut wie keine Ausnahmen.
Außerdem war das Stillen der Babys seltener als das Nicht-Stillen. In der Zeit kam die Fertignahrung für Babys auf und die wollte natürlich verkauft werden. Ein Schuft, der Böses dabei

denkt. Ich habe „Breastfeeding" nie erlebt, auch nicht in den ersten Stunden. Angeblich hatte meine Mutter keine Milch. Von daher erlebte ich auch keinen engen Körperkontakt mit meiner Mutter, der sich ja gerade beim Stillen unweigerlich einstellt.
Meine Mutter war Kind ihrer Zeit, sie konnte noch nicht einmal was dafür, dass sie sich regelkonform verhielt. Sie hatte keine Schuld, zumal sie ihre große Angst auf sich genommen hat. Ich bin ihr heute dafür mega dankbar, denn sie hat mir – trotz aller Einschränkungen – das Leben geschenkt.
Und hier kommen die Medien ins Spiel – nicht die heutigen, aber Bücher z. B. hatten großen Einfluss. „Die deutsche Mutter und ihr erstes Kind" – so der Ratgeber, den ich später im Bücherschrank meiner Mutter fand, sprach eine deutliche Sprache, wie es der Titel schon vermuten lässt.

Ein Gedanke zwischendrin:
Was mache ich gerade:
Ich überlege mit dir gemeinsam, ob sich unsere Startbedingungen nicht in unseren jeweiligen Lebensbedingungen und Herausforderungen spiegeln.

Gleich nach der Geburt kristallisierte sich ein weiterer wichtiger Umstand heraus: Ich war nur eine Tochter.
Der Krieg war zwar schon 11 Jahre vorbei, aber immer noch herrschte Männermangel – das erste „sachliche" Argument für das „nur". Und dann kam noch hinzu, dass in der öffentlichen Meinung immer noch ein Junge mehr wert war als ein Mädchen und nachweislich schon als Baby anders behandelt wurde als das Mädchen.
Auch wenn mein Vater sich über die Geburt seiner kleinen Tochter sehr gefreut hat – so sehr, dass er sich laut Erzählungen von meiner Mutter erstmal so richtig betrunken hat – wurde ihm doch dieses „nur ein Mädchen" immer wieder vorgehalten.

Ich habe keine Ahnung, wann dieser Kommentar „nur ein Mädchen" in unserer Gesellschaft weggefallen ist. Gibt es ihn noch? Ich hoffe nicht.
Aber die geschlechtsspezifische Erziehung, der ich ausgesetzt war, die gibt es bis heute. Vielleicht nicht mehr ganz so krass wie damals, wo „männlich" und „weiblich" grundsätzliche Kriterien waren, die deine spätere Rolle von Anfang an schon klar definierten. Du warst damals immer nur „mitgemeint". Nie ging es wirklich um dich als Mädchen.
Ich bin also ganz klassisch in eine rein männliche Welt hineingeboren, in der die Machtverteilung und die Aufgabenverteilung ganz klar definiert war.
Bis hin zur Sprache war die Gesellschaft rein männlich – rein patriarchal ausgerichtet und das ist sie in vielen Bereichen immer noch.

Ein paar Beispiele im Hinblick auf dein Stirnrunzeln, das mir sagt, dass wir heute doch in einer weit fortschrittlicheren Welt leben:

- Die Care-Arbeit ist heute nach wie vor weiblich, d. h. die hauptverantwortliche Sorge für Kinder und die Eltern und die Schwiegereltern haben bis heute i. d. R. die Frauen.

- Altersarmut ist weiblich – aber darauf werde ich jetzt nicht weiter eingehen, das habe ich in meinem vorherigen Buch: „Das habe ich noch nie gemacht, das wird gut" schon ausgiebig erörtert.

- In Unternehmen werden Frauen über 55 eher altersbedingt gekündigt als Männer. Warum ist das so? Zwei kleine Erklärungsansätze: Frauen sind in den Augen der Männer dann nicht mehr attraktiv und passen nicht mehr ins Firmenbild. Und außerdem erobern sich Frauen in diesem Alter langsam wieder ihre eigene Meinung und halten andere Unternehmensziele für wichtiger, als die von den Männern

präferierten. Und da in den Geschäftsführungsbereichen, Vorständen und Aufsichtsräten Männer bis heute deutlich die Mehrheit haben, greift dann die Gleichung:
Mann über 50 – erfahren und konservativ – passt ins Firmenprofil.
Frau über 50 – selbstbewusst und unangepasst – passt nicht.

Frauen machen heute über die Hälfte der Bevölkerung aus, aber trotzdem gehört ihnen auch heute beileibe nicht die Hälfte des Himmels.

Warum ist das heute immer noch so, fragst du. Das ist eine super gute Frage. Eine wesentliche Rolle dabei haben in Deutschland sicherlich lange Zeit die beiden Kirchen gespielt. Und schon sind wir bei dem zweiten wichtigen Unterpunkt nach unserem Start ins Leben, die Rolle der christlichen Kirchen in unserer Gesellschaft.
Und zwar unter einem besonderen Aspekt: das christliche Frauenbild in der Kirche und sein Einfluss bis heute.
Wenn du in diesem Bereich einmal nachforschst, findest du bis heute in beiden großen Kirchen ein völlig veraltetes Frauenbild und nicht nur das, es findet sich auch ein völlig überholtes Menschenbild, das von nur zwei Geschlechtern ausgeht und das lange Zeit prägend für unsere Gesellschaft war. Zum Glück geht der Einfluss der katholischen und auch der evangelischen Kirche langsam Stück für Stück zurück, aber viele Frauen (und natürlich auch Männer) sind noch mit diesem Menschenbild aufgewachsen. Das macht etwas mit der Gesellschaft. Deswegen macht es Sinn, sich an dieser Stelle ein bisschen tiefer in das christliche Frauenbild einzutauchen. Denn Kirche war lange Jahre das eine prägende soziale Medium, das unsere Kultur geformt hat und bis heute nachwirkt.

1. Christliches Frauenbild und sein Einfluss bis heute

Hast du Lust auf einen provokanten Text zu Beginn?
Hier kommt er:

Solange Gott ein Mann ist

bist du als Frau nicht wichtig
solange
das Männliche
die Norm ist

tanzt du
aus der Reihe

was für eine Befreiung
wenn du
anfängst
dich selbst
zu lieben

Dann kann
Neues
entstehen
in dir

dann kannst
du den Schmerz
loslassen
der dir
den Schlaf raubt

Bin ich
richtig
kann
ich das
darf ich das

Dann kannst du
die Welt
ändern

Graswurzelengagement
der stete Tropfen
höhlt den
Stein
nur du
selbst sein

Komm
wir verändern
die Welt

Das christliche Frauenbild hat eine lange Geschichte und vor allem: Es hat unsere Gesellschaft in vielen Bereichen geprägt.
Im Mittelpunkt des christlichen Frauenbildes steht oft die Rolle der Frau als Mutter, Ehefrau und Hüterin des Haushalts. Dieses Bild ist tief in der christlichen Tradition verwurzelt und wird durch Bibelstellen z. B. in der Schöpfungsgeschichte im Alten Testament und durch die Briefe des Apostels Paulus im Neuen Testament unterstützt.
Das Bild der Frau, die aus der Rippe Adams erschaffen wurde, hat sich bis in die Kunst hinein verselbstständigt und wird bis heute immer noch – manchmal auch unterschwellig – dazu benutzt, Frauen als nachrangig anzusehen.

Und vor allem ist es bis heute das Bild, das für lange Zeiten in Zement gegossen hat, dass es nur zwei Geschlechter gibt und die Frau nachrangig ist, weil sie aus der Rippe des Mannes erschaffen wurde.
Zwar gibt es unter den Theologinnen und Pastorinnen heute auch diejenigen, die die feministische Theologie propagieren und eher scherzhaft meinen:
„Als Gott den Mann schuf, übte er bloß."
Diese Sicht hat sich aber bis heute gerade nicht wirklich durchgesetzt.

Ebenfalls hat sich in der Kunst die Frau als Versuchung für den Mann manifestiert, indem sie ihm in der Geschichte des Sündenfalls den verbotenen Apfel reicht. Dieser Apfel wird ihr von der Schlange angeboten mit der Erklärung, dass sie dadurch wie Gott sein und selbst den Unterschied zwischen „gut" und „böse" erkennen würden. Eva nimmt nach der Bibel diesen Apfel, isst davon und bietet ihn auch Adam an, der ebenfalls isst.
Dieser „Apfel" vom Baum der Erkenntnis hat jedoch weitreichende Folgen:
Beide erkennen, dass sie nackt sind und versuchen, sich zu bedecken und auf die Nachfrage Gottes die Schuld jeweils auf die Schlange bzw. auf die Frau abzuwälzen.
Sie werden jedoch von Gott aus dem Garten Eden verwiesen und erhalten unterschiedliche Aufgaben:

- Die Frau soll unter Schmerzen Kinder gebären. Ihr Verlangen soll dem Mann gelten, er aber wird ihr Herr sein.
- Der Mann wiederum soll im Schweiße seines Angesichts für den Lebensunterhalt sorgen.

Auch dieses Bild ist ikonographisch in der Kunst erhalten und zeugt klar davon, dass es zunächst die Frau war, die den Zorn Gottes auf sich zog.

Schon verrückt: Über weite Strecken unserer Geschichte ist diese Gesellschaftsordnung aufrechterhalten worden.
Und es ist ebenfalls verrückt, dass wir bis heute noch in diesen Bildern gefangen sind, weil wir sie ja auch überall sehen.
Denn wir erinnern uns noch mal daran, dass bis heute die Frau den Großteil der Carearbeit übernimmt.
Und hinzufügen möchte ich an dieser Stelle, dass sich der Glaube an eine unvermeidlich schmerzhafte Geburt bis heute hartnäckig hält. Ich erinnere mich noch gut:
Die Geburt meiner ersten Tochter habe ich als anstrengend empfunden, aber nicht als schmerzhaft. Als ich später über die Geburt berichtete, schlug mir ein solcher Widerstand von den anderen Frauen entgegen, dass ich bald lieber den Mund hielt. Auch die zweite und dritte Geburt erlebte ich jeweils als anstrengend, aber nicht als schmerzhaft. Und glaub mir, durch meinen späteren Bandscheibenvorfall weiß ich genau, was Schmerzen sind.
Die Überlieferung eines heftigen Geburtsschmerzes war stärker als vorsichtige Aufklärungsarbeit und hält bis heute an.

Aber wieder hin zum biblischen Frauenbild.
Das ganze Alte Testament ist durchzogen von Frauenfeindlichkeit und Texten, die deutlich zeigen, dass die Frau in einem patriarchalischen Umfeld wenig bis nichts wert war.
Schlag das gern selbst einmal nach. Gerade das 1. Buch Mose, also die Texte ganz am Anfang des Alten Testamentes, haben es in sich.
Hier liegt auch der alte Brauch begründet, dass nur Männer – wie heute in der katholischen Kirche – Priester sein und den direkten Kontakt mit Gott herstellen können.

Das Neue Testament und in ihm vor allem die drei ersten Evangelien brechen dann mit dieser Sicht und geben Frauen durch die Person Jesu ihre Würde und ihren Wert zurück. Jesus hat mit Maria von Magdala augenscheinlich eine herausragende

Gefährtin gehabt, deren Rolle die nachträgliche Redaktion allerdings massiv heruntergespielt hat.
Von der Gefährtin wurde sie zu einer Prostituierten, die durch Jesus gerettet wurde und ihm als Dienerin und Magd folgte. Trotzdem konnte aus den Evangelien nicht herausgelöscht werden, dass es gerade Maria war, die gemeinsam mit der Mutter Jesu unter dem Kreuz stand und auch diejenige war, der sich Jesus dem Glauben an die Auferstehung Jesu zufolge als Erste zeigte.

Im Bereich des Neuen Testaments hat sich die feministische Theologie lange Jahre sehr um einige bedeutende Korrekturen in der Interpretation des biblischen Frauenbildes gekümmert. Geändert hat es aber in der Realität der beiden großen Kirchen nicht viel. In der katholischen Kirche ist es bis heute Frauen untersagt, Priesterin zu werden. In der Evangelischen Kirche in Deutschland wurde die Frauenordination in den 70er-Jahren in den meisten Landeskirchen erlaubt.

Aber zurück zur Bibel:
Die in den christlichen Gemeinden bis heute mit einem sehr hohen Stellenwert belegten Briefe des Apostels Paulus – jeden einzelnen Sonntag wird bis heute im Gottesdienst daraus gelesen – zeugen dann jedoch wiederum von einer Frauenverachtung ohnegleichen.
„Das Weib schweige in der Gemeinde" ist nur eine Textstelle, an der das christliche Frauenbild festgemacht wurde.
So ist es auch nicht verwunderlich, dass das christliche Frauenbild in der Vergangenheit und stellenweise bis heute oft verwendet wurde, um die Rolle der Frau in der Gesellschaft zu definieren und zu beschränken.
Frauen wurden als untergeordnet gegenüber Männern gesehen und sollten sich auf ihre häuslichen Pflichten konzentrieren. Dieses Bild hat zu einer langen Geschichte der Unterdrückung und Diskriminierung von Frauen geführt.

Frauen, die sich selbstbewusst querstellten, wurden z. T. mit Hilfe von hirnrissigen Anschuldigungen und brutalsten Verhörmethoden als Hexen entlarvt und auf Scheiterhaufen verbrannt. Ich verzichte hier bewusst auf ein näheres Eingehen auf diesen Tiefpunkt des Einflusses der Kirchen auf das gesellschaftliche Frauenbild. Zu sehr bin ich immer noch entsetzt über die damalige gesellschaftliche Praxis, unliebsame und unangepasste Frauen mundtot zu machen. Ja, ich weiß, Männern ist das auch passiert, aber bei Weitem nicht in dem Maße, in dem es Frauen getroffen hat.

Heute jedoch gibt es viele christliche Frauen, die sich gegen dieses traditionelle Frauenbild wehren und eine gleichberechtigte Rolle in der Gesellschaft fordern. Sie argumentieren, dass das christliche Frauenbild nicht statisch ist, sondern sich im Laufe der Geschichte entwickelt hat und dass Frauen heute eine Vielzahl von Rollen in der Gesellschaft einnehmen können.
Wie gnädig von den Herren der Kirche. Wie viel Kampf dahintersteckt, haben allerdings die wenigsten registriert.
Wie sehr die Herren der Schöpfung immer noch die Kirchen beherrschen, habe ich selbst als verdiente und langjährige Pastorin im Schuldienst und in der Aus- und Fortbildung erlebt. Ich war einfach sehr gut in dem, was ich tat. Mein Chef allerdings – auch Pastor – fand, ich sei eine Bedrohung für ihn und ich hätte es auf seinen Posten abgesehen. Er informierte mich deutlich, wie er damit umzugehen gedachte. O-Ton:
„Wenn du meinen Job willst, dann mache ich dich fertig!" Und dabei hatte ich das gar nicht im Sinn ...
Bis heute finde ich dieses Vorgehen so unmöglich. Und ich habe die Welt und die Kirche bemüht, dass es nicht dazu käme – aber ich hatte keine Chance. Es waren halt nur Männer in den entscheidenden Gremien und in dem Moment, als ich das Geschehen kirchenöffentlich machte, hatte ich verloren.
„Das Weib schweige in der Gemeinde" – ich bekam nie wieder eine Stelle in der Kirche.

Heute bin ich froh, dass ich nicht mehr im kirchlichen Dienst bin. Aber damals hat mich das schwer erschüttert.

Ich habe daran gelernt: Das christliche Frauenbild hat immer noch Einfluss auf unsere Gesellschaft. Und das führt zu einer gravierenden Einschränkung der Möglichkeiten und Chancen von Frauen, und das nicht nur in konservativen christlichen Gemeinschaften.
Warum? Wenn wir Frauen uns immer wieder als Erste selbst hinterfragen, ob das, was wir anstreben, nicht vielleicht schon Hybris ist – wie es uns die Kirche in jedem Gottesdienst einzureden vermag – allein schon durch so nette liturgische Worte wie „Dein Wille geschehe" – und es ganz sicher nicht nach unserem Willen gehen wird, dann ist das toxisch.Wenn wir uns immer wieder einreden lassen, dass wir uns doch begnügen sollten mit dem, was wir doch schon haben, dann nehmen wir uns alle Entwicklungsmöglichkeiten, nehmen wir unsere Chancen der Veränderung nicht wahr, unsere eigenen und die der Kirche. Wenn wir uns außerdem gerade durch die Kirche einreden lassen, dass wir in weitgehend männlicher Sprache immer mitgemeint sind – das sei doch gerade der Vorteil des generischen Maskulinums –, dann lassen wir uns glasklar ein X für ein U vormachen. Denn unsere Kirche und unsere Gesellschaft ist nach wie vor männlich geprägt und gerade in den höheren Ebenen, sei es in der Wirtschaft, in der Politik oder in der Kirche. Und darauf dürfen und müssen wir aufmerksam machen. Damit dürfen wir uns nicht abfinden, denn Veränderung geht auch, wenn nicht sogar wesentlich, mit der Sprache einher.
Moment – da sehe ich doch wieder ein Stirnrunzeln bei dir. Du wendest ein, dass gerade die Bischofsämter bei und in der Evangelischen Nordkirche, als die Landeskirche, zu der ich gehöre, fast rein weiblich sind. Guter Einwand. Jedoch haben nicht die Bischöfe die Macht in der Kirche, sondern die Kirchenämter. Und da sieht die Welt gleich wieder anders aus. Dort sind die wichtigen Führungspositionen mit deutlich mehr Männern besetzt.

Unsere Bischöfinnen und Bischöfe sind eher Kirchenrepräsentant*innen. Wohin der Hase in der Kirche läuft, bestimmt der Leiter des Kirchenamtes. Ebenso ist das Dezernat Recht mit einem Mann besetzt, ebenso das wichtige Dezernat für das Personal im Verkündigungsdienst und das Dezernat Kirche und Gesellschaft (Stand August 2025). So ist das kirchliche Leben fast überall gestrickt. Und die Nordkirche gehört noch zu den „liberalsten" Kirchen in Deutschland.

Aber zurück zum eigentlichen Denkansatz.

Das christliche Frauenbild führt auch – speziell in der katholischen Kirche – zu einer Objektifizierung von Frauen, indem sie immer wieder auf ihre Rolle als Mutter und Ehefrau reduziert werden. Und das passiert gerade in der katholischen Kirche.

Darüber hinaus kämpfen die katholischen Frauen seit Jahren um weitergehende Gleichstellung in der Kirche. Allerdings ist bis heute kaum etwas passiert, denn – wie schon gesagt – das Priesteramt ist und bleibt den „Herren der Schöpfung" vorbehalten. Warum ist das so? Weil Jesus ein Mann war? Vielleicht. Vielleicht liegt es aber viel mehr an den Verfassern des Neuen Testaments, die Jesus die Worte, die er zu seinem Jünger Simon Petrus gesagt haben soll, in den Mund gelegt haben. Etwas, das den ausschließlich männlichen(!) Verfassern Wasser auf die Mühlen war: „Du bist Petrus, auf diesen Fels will ich meine Kirche bauen." Praktisch, oder? Wenn das der Chef vom Ganzen mal gesagt haben soll, dürfen wir Frauen doch nicht dagegen sagen, oder? Zumal wir ja auch – wie schon erwähnt – schweigen sollen.

Sorry, Ladies, so ist das nun mal!

Entschuldige bitte meine Ironie, aber bei dieser Argumentation kann ich einfach nicht mehr mit, ist meine Geduld mit der Kirche dahin und für mich entsteht heute das Bild einer Kirche, die sich beharrlich allen möglichen Neuerungen entgegenstellt und sich nicht wundern darf, wenn sie mittlerweile von vielen reflektierten Menschen als rückständig und nicht mehr zeitgemäß empfunden wird. Und das gilt für mich sowohl für die katholische als auch für die evangelische Kirche. Punkt!

Wichtig ist mir allerdings, darauf hinzuweisen, dass das christliche Frauenbild nicht einheitlich ist und dass es viele verschiedene Interpretationen und Auslegungen gibt.
An dieser Stelle möchte ich gern noch einmal auf die christlichen Frauen hinweisen, die sich als Feministinnen sehen und sich unermüdlich für die Rechte von Frauen einsetzen. In meinen Augen ist das jedoch vergebliche Liebesmüh, zumal sich heute ein Trend abzeichnet, nachdem immer mehr ehemalige Christ*innen sich von den Kirchen distanzieren und ich vermute, dass über kurz oder lang die Rolle und der Einfluss der Kirche im Staat immer weiter zurückgehen.

Insgesamt ist es mir mega wichtig, dass wir uns für eine Gesellschaft einsetzen, in der Menschen gleichberechtigt behandelt werden und die ihnen die gleichen Möglichkeiten und Chancen bietet. Ich sage in diesem Zusammenhang bewusst Menschen, weil unser Thema ja nicht nur cis-Männer und cis-Frauen betrifft, sondern alle Menschen, die aus diesem rein geschlechtlich definierten Menschenbild, das von einer Übereinstimmung des biologischen Geschlechts mit der je eigenen Geschlechteridentität ausgeht, herausfallen. Ebenso neigen wir westlichen Menschen auch dazu, einseitig aus „weißer" Perspektive People of Colour zu diskriminieren.
Allerdings wende ich mich in diesem Buch besonders an „klassische" Frauen, weil ich selbst eine bin und nur in diesem Bereich Erfahrungen habe. Wir dürfen jedoch nicht vergessen, dass die Welt am Rande der weißen europäischen Frau nicht aufhört. Und wenn ich mich hier mit unserem Frauenbild auseinandersetze, so ist mir klar, dass ich damit ein Frauenbild fördere, das Menschen in all ihren Facetten und Möglichkeiten zunächst auszuschließen scheint. Das ist aber in keiner Weise meine Absicht. Allerdings – wie gesagt – kenne ich mich gerade in diesem Teil des Menschseins am besten aus und mein Anliegen ist es, dass wir Frauen uns selbst als gleichberechtigte Partnerinnen in der Gesellschaft anerkennen, aber uns auch nicht gleichzeitig

vor dem uns zur Zeit noch eher „Unbekannten" der LGBTQ*-Szene abgrenzen. Von diesem hehren Ansatz sind wir allerdings Lichtjahre entfernt.
Und noch einmal in Bezug auf Kirche habe ich folgenden Text geschrieben und ihn auch bei LinkedIn gepostet.

Den Seinen gibt's der Herr im Schlaf ...

Wie habe ich diesen Spruch meines Vaters gehasst.
Diese Ironie und Abwertung
Aller derjenigen, die nicht dazu gehörten
Allein grammatikalisch z. B. alle Frauen

Ich habe das wörtlich genommen:
Ich gehöre nicht dazu
Ich muss mich abrackern
So wie mein Vater
Dessen Lebensplan vom Krieg
Zerstört war
Und trotzdem werde ich nie dazu gehören
Das war mir klar

Ich habe auch seinen Neid gehört
Auf „die Seinen"
Und diesen Neid habe ich
Immer dann gespürt
Wenn die Anderen erfolgreicher waren
Als ich
Ganz unabhängig vom „Herrn"

Und das war
Gefühlt immer
Ich habe diesen Neid für
Selbstverständlich gehalten

Besser zu sein als andere
wurde mein nervigster Antrieb
Und zugleich mein
Sich nie erfüllender Wunsch

Denn es gab immer jemanden
Der/die besser war als ich
Erfolgreicher, schöner,
intelligenter, angepasster

Trotzdem bin ich Pastorin geworden
Wollte die Zugehörigkeit erzwingen
Es hat lange gedauert,
Bis ich die Zusammenhänge
verstand

Und dann kam sofort
Die Rebellion
Gegen diesen Gott
Der zwischen mir
Und den Seinen
Unterschied

Jeder Gottesdienst
Wurde für mich als Pastorin
Ein Ärgernis
Diese Sprache,
Die mich nicht meinte
Und genau zu wissen
Das stimmt so nicht

Weder der Satz noch die Sprache

Es hat lange gedauert
Bis ich gegangen bin
Aus dem Pastorendienst
Und aus dieser Sprache

Und ich fühle
Dass auch das „Göttliche"
gegangen ist
Und längst nicht mehr nur
In der Kirche zuhause ist

Heute ist Kommunikation
Eines meiner Hauptanliegen
In mir und dir selbst
Zwischen mir und dir
Und in unseren Gefühlen
Die uns verbinden
Auch mit dem Göttlichen

Ich bin frei und gebe diese Freiheit weiter

Du sagst etwas ironisch: Aber Kirche ist doch so ziemlich veraltet. Orientiert sich denn heute wirklich noch eine daran? Du hast Recht mit deinem Einwand. Bewusst sicherlich eher selten, aber unbewusst wirken die Bilder fort. Und sie wirken ja nicht im luftleeren Raum.
Lass uns doch jetzt noch mal aus einem anderen Blickwinkel heraus auf unsere Welt blicken, nämlich aus dem Blickwinkel des Jahrtausende alten Patriarchats, in dem wir heute immer noch leben. Welches Frauenbild ist denn vor dem Hintergrund dieses einseitig entwickelten Menschenbildes in unserer heutigen Gesellschaft immer noch vorhanden und zum Teil vorherrschend?

2. Patriarchat und Frauenbild – die erschöpfte Frau, oder auch die Eier legende Wollmilchsau bzw. - frau

Oha, allein dieser Titel, so schwant dir, lässt nichts Gutes vermuten, aber ganz ehrlich, hast du anderes erwartet?
Zum einen ist unser Menschenbild derart veraltet, dass es nicht wirklich feierlich ist. Immer noch immer wieder stecken wir – siehe oben – in einem Denken fest, das zwei Geschlechter definiert. Warum eigentlich? Wir haben das von klein auf so gelernt und vielen von uns, die heute über 60 sind, so wie ich, fällt es schwer, in Diversität zu denken.
Jedes neue Denken braucht etwas Zeit.
Erinnerst du dich an die aufkommende Debatte um Inklusion? Auch damit hatte unsere bundesdeutsche Gesellschaft lange Zeit ihre liebe Not. Es kann doch nicht sein – so viele Meinungen zunächst –, dass beeinträchtigte Menschen so einfach Teil unserer Gesellschaft sein sollten. Damit ist doch wirklich niemandem gedient. Oje, Nazideutschland und dessen Denken lässt grüßen. Mittlerweile sind wir in diesem Bereich etwas vorangekommen.

Aber auch in Sachen Frauenbild in unserer Gesellschaft außerhalb der christlichen Perspektive dürfen wir zunächst einmal in die Vergangenheit schauen, und zwar in die griechische Mythologie.
Und ich möchte dich an dieser Stelle in ein Experiment mitnehmen, das einerseits unsere „mythologischen" Grundlagen unseres real existierenden Patriarchats verdeutlicht und andererseits zeigt, wie das gegenwärtige Patriarchat sich in den ach so fortschrittlichen Gefilden der KI breitmacht.

Kennst du eigentlich noch den Lorbeerkranz als Zeichen der (männlichen) Sieger? Zunächst galt er als das Symbol der jeweiligen Herrscher im griechisch-römischen Kulturspektrum. Aber auch Kaiser Napoleon Bonaparte ließ sich später auf Bildern gern mit dem Lorbeerkranz verewigen.
Dann wurde diese Tradition im Sport weiterfortgesetzt.

Aber was hat es mit der Tradition auf sich?
Aus der griechischen Mythologie ist eine Geschichte bekannt, in der es um den Gott Apollo und die junge Frau Daphne geht.

Diese Geschichte hat der Dichter Ovid in seinen „Metamorphosen" aufgeschrieben. Ovid lebte von 43 v. Chr. möglicherweise bis 17 n. Chr. Sein Sterbedatum ist etwas umstritten.

Die Metamorphose der Daphne ist eine der bekanntesten Geschichten aus Ovids „Metamorphosen".
Und jetzt kommt die KI ins Spiel:
Ich bitte die KI also, mir die „Ovid Metamorphose der Daphne" zusammenzufassen:
Hier kommt der erste von vier Texten:

Daphne, eine Nymphe, wird von Apollo verfolgt, der sich in sie verliebt hat. Daphne jedoch will nicht mit Apollo zusammen sein und bittet ihren Vater, den Flussgott Peneus, sie zu verwandeln, um Apollo zu entkommen. Peneus verwandelt Daphne in einen Lorbeerbaum, gerade als Apollo sie erreicht. Apollo ist so beeindruckt von Daphnes Schönheit, dass er den Lorbeerbaum zu seinem heiligen Baum erklärt und ihn für immer mit seiner Liebe verbindet.

Die Geschichte der Daphne ist ein klassisches Beispiel für die Verwandlung von Mensch in Pflanze in der antiken Mythologie und zeigt die Macht der Götter und die Unmöglichkeit, der Liebe zu entkommen. Die Metamorphose der Daphne ist auch ein Sym-

bol für die Transformation und die Veränderung, die durch die Liebe und die göttliche Macht ausgelöst werden kann.

Die Geschichte der Daphne hat auch in der Kunst und Literatur eine lange Tradition und wurde von vielen Künstlern und Schriftstellern aufgegriffen und interpretiert. Sie bleibt eine der bekanntesten und faszinierendsten Geschichten der antiken Mythologie.

Das hört sich alles ja recht unverbindlich an, oder? Und ohne großes Nachdenken könnte man diese kleine Geschichte so abhaken.
Ich habe jedoch bei Franziska Schutzbach in ihrem Buch „Die Erschöpfung der Frauen: Wider die weibliche Verfügbarkeit" [16] eine ganz andere Deutung gelesen.

Ich frage also nach: „Das ist die Perspektive von Apollo. Und die Perspektive der Daphne?"
KI antwortet in Sekundenschnelle:

Die Geschichte der Daphne: Eine Flucht vor der Verfolgung

Daphne, eine Nymphe, die in den Wäldern und Flüssen Griechenlands lebte, fühlte sich plötzlich von Apollo verfolgt. Der Gott der Sonne und der Musik war bekannt für seine Macht und seine Fähigkeit, die Herzen der Menschen zu erobern. Doch Daphne wollte nicht Teil von Apollos Welt sein. Sie sehnte sich nach Freiheit und Unabhängigkeit, nach der Möglichkeit, ihre eigenen Entscheidungen zu treffen und ihr eigenes Leben zu leben.

Als Apollo sie zu erreichen drohte, betete Daphne zu ihrem Vater, dem Flussgott Peneus, um Hilfe. Sie bat ihn, sie zu verwandeln, um Apollo zu entkommen. Peneus hörte die Bitte seiner Tochter

---

16 Vgl. Franziska Schutzbach „Die Erschöpfung der Frauen: Wider die weibliche Verfügbarkeit", Drömer TB, 01.07.2024

und verwandelte sie in einen Lorbeerbaum. Daphne fühlte, wie ihre Füße Wurzeln schlugen und ihre Arme sich in Zweige verwandelten. Sie war nun ein Teil der Natur, ein Symbol der Freiheit und der Unabhängigkeit.

Doch die Verwandlung war nicht nur eine physische Veränderung. Daphne fühlte auch eine tiefe emotionale Veränderung. Sie war nun frei von der Verfolgung durch Apollo, frei von der Angst und der Unsicherheit, die sie zuvor gefühlt hatte. Sie war ein Teil der Natur, ein Teil der Welt, die sie liebte.

Als Apollo sie erreichte, war Daphne bereits ein Lorbeerbaum. Apollo war enttäuscht, aber auch beeindruckt von Daphnes Schönheit, selbst in ihrer verwandelten Form. Er erklärte den Lorbeerbaum zu seinem heiligen Baum und versprach, ihn für immer zu ehren. Daphne fühlte eine Mischung aus Erleichterung und Traurigkeit. Sie war froh, dass sie Apollo entkommen war, aber auch traurig, dass sie nie wieder ein Mensch sein würde.

Die Geschichte der Daphne ist eine Geschichte der Flucht und der Transformation. Sie zeigt, wie eine Person ihre Freiheit und Unabhängigkeit bewahren kann, selbst in einer Situation, in der sie von einer mächtigen Person verfolgt wird. Die Verwandlung in einen Lorbeerbaum ist ein Symbol für die Fähigkeit, sich zu verändern und anzupassen, um sich selbst zu schützen und zu bewahren.

Die Bedeutung der Geschichte

Die Geschichte der Daphne hat eine tiefe Bedeutung für die Frage der Selbstbestimmung und der Freiheit. Sie zeigt, dass Frauen die Macht haben, ihre eigenen Entscheidungen zu treffen und ihr eigenes Leben zu leben. Sie zeigt auch, dass die Verwandlung und die Anpassung ein wichtiger Teil des Lebens sind, um sich selbst zu schützen und zu bewahren.

Insgesamt ist die Geschichte der Daphne eine Geschichte der Hoffnung und der Inspiration. Sie zeigt, dass es immer eine Möglichkeit gibt, sich zu verändern und anzupassen, um sich selbst zu schützen und zu bewahren. Sie zeigt auch, dass die Freiheit und die Unabhängigkeit wichtige Werte sind, die es wert sind, verteidigt zu werden.

Nun ja, so hatte ich mir das eigentlich nicht vorgestellt.
Nach der KI liegt aus der Perspektive der Daphne die Bedeutung der Geschichte darin, zu zeigen, dass „Frauen die Macht haben, ihre eigenen Entscheidungen zu treffen und ihr eigenes Leben zu leben. Die Geschichte ist eine Geschichte der Hoffnung und Inspiration.

Ich bitte also KI noch mal direkt: „Und was hat der Lorbeerkranz als Zeichen des Siegers im Patriarchat damit zu tun?"
Und KI antwortet:
„Der Lorbeerkranz: Ein Symbol der Macht und des Sieges"

Der Lorbeerkranz ist ein Symbol, das in der antiken griechischen und römischen Kultur verwendet wurde, um Sieger in sportlichen und militärischen Wettbewerben zu ehren. Der Lorbeerkranz war ein Zeichen der Macht und des Sieges, und er wurde oft von Männern getragen, die sich in verschiedenen Bereichen ausgezeichnet hatten.

Die Verbindung zur Geschichte der Daphne

Die Geschichte der Daphne, die sich in einen Lorbeerbaum verwandelte, um Apollo zu entkommen, hat eine interessante Verbindung zum Lorbeerkranz. Der Lorbeerkranz, der ursprünglich ein Symbol der Macht und des Sieges war, wird nun auch mit der Geschichte einer Frau verbunden, die sich gegen die Verfolgung durch einen mächtigen Mann wehrte.

Die Ironie des Lorbeerkranzes

Es ist interessant zu beachten, dass der Lorbeerkranz, der als Symbol des Sieges und der Macht verwendet wird, ursprünglich mit einer Geschichte verbunden ist, in der eine Frau sich gegen die Verfolgung durch einen mächtigen Mann wehrte. Dies kann als eine Art Ironie gesehen werden, dass ein Symbol, das ursprünglich für männliche Siege verwendet wurde, nun auch mit einer Geschichte verbunden ist, in der eine Frau ihre Freiheit und Unabhängigkeit bewahrt.

Die Bedeutung des Lorbeerkranzes in der patriarchalen Gesellschaft

In einer patriarchalen Gesellschaft, in der Männer oft die Macht und die Kontrolle hatten, kann der Lorbeerkranz auch als ein Symbol der männlichen Dominanz gesehen werden. Die Tatsache, dass der Lorbeerkranz als Symbol des Sieges und der Macht verwendet wurde, kann auch als eine Art der Bestätigung der männlichen Überlegenheit gesehen werden.

Fazit

Der Lorbeerkranz ist ein komplexes Symbol, das sowohl mit der Geschichte der Daphne als auch mit der patriarchalen Gesellschaft verbunden ist. Er kann als ein Symbol der Macht und des Sieges gesehen werden, aber auch als ein Symbol der männlichen Dominanz. Die Geschichte der Daphne und die Bedeutung des Lorbeerkranzes können uns helfen, die Komplexität der patriarchalen Gesellschaft und die Rolle der Frauen in dieser Gesellschaft besser zu verstehen."

Hier zeigt sich KI doch etwas verwirrt und widerspricht sich. Und unwillkürlich entsteht die Frage: „Wer war eher da, der Lorbeerkranz oder die Geschichte?"

Tatsächlich ist der Lorbeerkranz schon früher bekannt als die von Ovid aufgeschriebene Geschichte. Aber – und diese Wichtigkeit entgeht der KI, stattdessen konstruiert sie einen Widerspruch bzw. nennt es Ironie des Lorbeerkranzes – in der Mythologie wird die Geschichte schon lange vorher tradiert und weitererzählt. Ovid hat sie nicht erfunden, sondern aufgeschrieben. Deswegen hat der Lorbeerkranz auch seine Bedeutung als Zeichen von männlicher Macht und Herrschaft, eben als Zeichen des Siegers erhalten. Und Daphne heißt in Altgriechisch „Lorbeer", das nur so nebenbei.

Ich bin also jetzt zu allem bereit und frage die KI: „Und in der feministischen Deutung?"

Hier die Antwort der KI

„Die feministische Deutung der Geschichte der Daphne"

In der feministischen Deutung wird die Geschichte der Daphne oft als ein Symbol für die weibliche Selbstbestimmung und die Notwendigkeit, sich gegen patriarchale Strukturen und Machtansprüche zu wehren, interpretiert. Daphnes Entscheidung, sich in einen Lorbeerbaum zu verwandeln, um Apollo zu entkommen, wird als ein Akt der Selbstverteidigung und der Selbstbestimmung gesehen.

Die Bedeutung der Verwandlung

Die Verwandlung in einen Lorbeerbaum kann auch als ein Symbol für die weibliche Fähigkeit, sich zu verändern und anzupassen, um sich selbst zu schützen und zu bewahren, gesehen werden. Dies kann als eine Art der weiblichen Selbstermächtigung interpretiert werden, indem Daphne ihre eigene Identität und ihre eigene Form der Existenz wählt.

Die Kritik an patriarchalen Strukturen

Die Geschichte der Daphne kann auch als eine Kritik an patriarchalen Strukturen und der Art und Weise, wie Frauen in diesen Strukturen behandelt werden, gesehen werden. Apollo, als Gott der Sonne und der Musik, repräsentiert die patriarchale Macht und die männliche Dominanz, während Daphne als Nymphe die weibliche Unterdrückung und die Notwendigkeit, sich gegen diese Unterdrückung zu wehren, symbolisiert.

Die Bedeutung des Lorbeerkranzes in der feministischen Deutung

In der feministischen Deutung kann der Lorbeerkranz, der ursprünglich als Symbol des Sieges und der Macht verwendet wurde, auch als ein Symbol für die weibliche Selbstbestimmung und die Notwendigkeit, sich gegen patriarchale Strukturen zu wehren, gesehen werden. Der Lorbeerkranz kann als ein Symbol für die weibliche Fähigkeit, sich zu verändern und anzupassen, um sich selbst zu schützen und zu bewahren, interpretiert werden.

Fazit

Die Geschichte der Daphne und die Bedeutung des Lorbeerkranzes können in der feministischen Deutung als ein Symbol für die weibliche Selbstbestimmung und die Notwendigkeit, sich gegen patriarchale Strukturen zu wehren, gesehen werden. Die Geschichte kann als eine Kritik an patriarchalen Strukturen und der Art und Weise, wie Frauen in diesen Strukturen behandelt werden, interpretiert werden."

Na also, geht doch! Jedenfalls zum Teil. Überraschend ist jedoch, dass Daphne nach der KI ihre eigene Identität und Form der Existenz als Zeichen der Selbstermächtigung wählt.
Hallo, was haben wir denn hier?

Das ist doch nichts anderes als in „Sie war ein Teil der Natur, ein Teil der Welt, die sie liebte." Und das ist mehr als nur ein bisschen patriarchal.
Das ist eher der Duktus aus dem 16. Jahrhundert, in dem in einer anonymen Schrift tatsächlich diskutiert wurde: „Ob die Weiber Menschen seyn, oder nicht"
Dieser Gedanke hielt sich über lange Zeit.
Noch in der Französischen Revolution zur Zeit der Aufklärung wurde die Gleichheit der Männer propagiert, aber nicht die Gleichheit der Frauen. Frauen waren Teil der Natur, es war zu der Zeit immer noch nicht klar, ob Frauen überhaupt Menschen seien und die Frauen waren ganz sicher nicht bei der Forderung um Freiheit, Gleichheit und Brüderlichkeit mitgemeint.
Und nicht nur in Frankreich wurde die Frage diskutiert.
Im 19. Jahrhundert hat der bis heute hoch angesehene Arzt Rudolf Ludwig Karl Virchow vehement die Meinung verteidigt, Frauen seien eben nicht analytisch und rational, sondern emotional und somit Teil der Natur. Aus diesem Grunde war sie für die medizinische Forschung völlig unerheblich und das sind sie z. T. bis heute. Zwar wird heute mit der komplexen hormonellen Situation der Frau argumentiert, wenn es um die Frage geht, weswegen z. B. Arzneimittelforschung an den Männern orientiert. Frauen sind aber auch bis heute in manchen Bereichen einfach nur mitgemeint, wie z. B. beim generischen Maskulinum.
Auch der Begründer der Psychoanalyse, Sigmund Freud, hat die Frauen immer eher in ihrer Rolle als Teil der Natur gesehen und war somit ein glühender Verteidiger der angestammten Rollenbeschreibungen. Die Frau war für ihn von ihrer Entwicklung her im Kindstatus stecken geblieben und deswegen macht es auch Sinn, dass die Frau für Kinder, Haus und Herd zuständig ist, der Mann für alles andere. Und es macht auch im Sinne von Freud Sinn, dass der Mann für die Frau zu entscheiden hat.

Warum habe ich dich mit diesem Experiment mit KI konfrontiert? Damit du deutlich vor Augen hast, welch Geistes Kind die KI immer noch ist. Weitgehend von Männern erschaffen, die das traditionelle und restriktive Frauenbild „Kinder, Küche, Herd“ bis heute nicht ausreichend reflektiert haben. Für mich schon nicht mehr nur ein kleiner, sondern ein großer Skandal. Wo ist die Frau, die die erste KI mit einem nicht patriarchalen Weltbild füttert?

Egal, wohin wir schauen, wir stoßen immer wieder auf dieses selbe Bild. Kein Wunder, dass wir Frauen über die Jahrhunderte traumatisiert und erschöpft sind. Aber niemand wird kommen, um uns zu retten. Das dürfen wir schon selbst tun.

Jedoch auch wir selbst hängen z. T. noch so im klassischen Frauenbild fest und mitunter merken wir das nicht. Aus diesem Grund habe ich folgenden Text geschrieben:

Wir „gefälligen“ Mädels
Nun wieder ...

Kannst du grad mal
Sei so gut und mach
Hilfst du mir mal schnell
Leihst du mir

Ach ja, wenn du grad
Schon dabei bist
Kannst du mir
Bitte ...

Und dann
Immer wieder gern
Genommen
Grad vor
Weihnachten

Mit nur 1 €
Hilfst du ...
(wahlweise einsetzen
da sind
Wenig Grenzen
Gesetzt)

Gefühlt alle
wollen
Was von mir
Und ich
Hab
Die Erwartungen erfüllt

Und immer öfter
Gedacht:
Wie jetzt -
kannst du das
nicht allein

Keine Zeit -
Ach komm
Nur ne Minute

Keine Lust
Geht gar nicht

Machst du
Für mich
Doch auch nicht
Das absolute
No-Go

Brauch ich selbst
Nun sei doch

Nicht so
Egoistisch

Boing
Blattschuss
Kalt erwischt
Wer will schon
Egoistisch sein
Schon gar nicht
Wir
Gefälligen Mädels

Und meine
Lieblingsreaktion
Auf meine Antwort:
Keine Zeit
Waaaaaas
Du bist doch
Gar nicht mehr
Berufstätig
Hä????

Heute gibts
Eine andere Antwort
NEIN
Einfach so
Ohne Begründung

Ist anfangs
Schwer
Ich weiß
Aber es hilft
Den eigenen
Wert
Zu verstehen

Für diese Art von Texten habe ich noch nie KI gebraucht und werde sie auch in Zukunft nicht brauchen, gerade nicht vor dem Hintergrund von „Frauenbild". Da mache ich dann ja wieder den Bock zum Gärtner – und hier passt die ausschließlich männliche Formulierung wunderbar!

Wann immer ich noch einmal KI bemühe, ich werde es dir kenntlich machen.
Aber keine Sorge. Wenn du keinen Hinweis findest, gilt, wie immer: Mein Buch für dich schreibe ich selbst.
Bevor wir weitergehen allerdings jetzt noch, weil so schön war mit den „gefälligen" Mädels, noch ein weiterer Text:

Liebst du dich?

Bist du mit dir selbst im Reinen
Kannst du dich als wunderbare Frau sehen
Fühlst du dich ganz und gar richtig
Bist du dir selbst etwas wert

Wenn du jetzt etwas betreten
aus dem Fenster guckst,
weil, ja weil das grad so gar keine guten Fragen sind
für dich

Wenn du anfängst dich zu rechtfertigen
Kann das überhaupt jemand sagen
von sich selbst
ist das nicht total überzogen, unrealistisch und überheblich?

Dann bist du die Richtige
für mein Weihnachtsgeschenk
an dich
Es sind diese Fragen

Die wichtigste Frage
dabei
Liebe ich mich
Wer wenn nicht du

Wenn du das nicht fühlst
nicht glaubst
dann suchst du die Liebe
immer am falschen Ort

Im Außen
Bei deiner/m Partner/in
deinen Kindern
deinen Freund/innen

Liebe entsteht im Innen
dann kannst du sie
auch nach außen
weitergeben

Und Liebe
gibt dir einen Wert
Selbstwert
Den dir kein/r nehmen kann

Ich wünsche dir von Herzen
dass du deine Liebe zu dir
deinen Selbstwert entdeckst
und Liebe verschenkst

Denn dafür sind wir hier

Schauen wir jetzt noch mal in die Bedeutung der Medien, die heute en vogue sind, die sogenannten Social Media.

3. Der ambivalente Einfluss der sozialen Medien

Über den Einfluss der sozialen Medien sind schon so manche Dinge geschrieben worden, Stereotype wie: „Soziale Medien sind eine Gefahr für unsere Kinder", oder „Wir werden alle durch soziale Medien manipuliert", oder „Der schöne Schein in sozialen Medien trügt", „Die älteren Menschen werden zunehmend abgehängt". Ja, und all das wird zu Recht angemerkt. Ich stimme dem weitgehend zu. Und doch bewege ich mich gern auf sozialen Medien. Bei Wikipedia zum Beispiel werden soziale Medien wie folgt definiert:

*„**Soziale Medien** oder englisch **Social Media** sind digitale Medien bzw. Plattformen (Social Software), die es Nutzern ermöglichen, sich im Internet zu vernetzen, sich also untereinander auszutauschen und mediale Inhalte einzeln, in einer definierten Gemeinschaft oder offen in der Gesellschaft zu erstellen, zu diskutieren und weiterzugeben.*
Soziale Medien können das schnelle Verbreiten von Wissen, Meinungen und anderen Informationen unterstützen. Sie sind einer der meistgenutzten Onlinedienste. Von den 5,4 Milliarden Internetnutzern Anfang 2024 benutzten mehr als 5 Milliarden soziale Medien.[1] Der verbreitetste und bekannteste Typ von sozialen Medien sind die sozialen Netzwerke."[17]

Damit trifft Wikipedia für mich den Grund, weshalb ich sie nutze. Wo anders kann ich solche Texte veröffentlichen, wie den folgenden Post, den du schon einmal oben gelesen hast. Aber auch hier passt er wunderbar hinein. Und Wiederholung verankert Wichtiges bei uns im Gehirn.

---

17 Siehe: https://de.wikipedia.org/wiki/Soziale_Medien, letzter Zugriff 21.08.2025.

Liebst du dich?

Bist du mit dir selbst im Reinen
Kannst du dich als wunderbare Frau sehen
Fühlst du dich ganz und gar richtig
Bist du dir selbst etwas wert

Wenn du jetzt etwas betreten
aus dem Fenster guckst,
weil, ja weil das grad so gar keine guten Fragen sind
für dich

Wenn du anfängst dich zu rechtfertigen
Kann das überhaupt jemand sagen
von sich selbst
ist das nicht total überzogen, unrealistisch und überheblich?

Dann bist du die Richtige
für mein Weihnachtsgeschenk
an dich
Es sind diese Fragen

Die wichtigste Frage
dabei
Liebe ich mich
Wer wenn nicht du

Wenn du das nicht fühlst
nicht glaubst
dann suchst du die Liebe
immer am falschen Ort

Im Außen
Bei deiner/m Partner/in
deinen Kindern
deinen Freund/innen

Liebe entsteht im Innen
dann kannst du sie
auch nach außen
weitergeben

Und Liebe
gibt dir einen Wert
Selbstwert
Den dir kein/r nehmen kann

Ich wünsche dir von Herzen
dass du deine Liebe zu dir
deinen Selbstwert entdeckst
und Liebe verschenkst

Denn dafür sind wir hier

Wo anders liken solche Posts gerade Frauen, die merken, dass etwas nicht stimmt in ihrem Leben und das näher anschauen wollen. Seit Corona, das sage ich ganz offen, sind soziale Medien das Tool, mit dem ich Kundinnen für mein Coaching gewinne.
Es ist mir wichtig, in diesem Zusammenhang anzumerken, dass ich diese Coachings nicht gebe, um mich zu bereichern, mir ein dickes Auto oder eine Villa in der Schweiz zu gönnen, sondern weil ich zum einen Frauen unterstützen möchte, sichtbar zu werden mit dem, wofür sie stehen und was sie lieben. Ich unterstütze sie, herauszufinden, was sie blockiert, die zu sein, die sie sind und ermögliche ihnen in der Folge, ihren ureigenen Zweck der Existenz herauszufinden.
Zum anderen werde ich noch 2025 (das ist der Plan ...) eine Stiftung „Glücksmutmuskeltraining" aufbauen. Worum es dabei geht, das kannst du unter dem Kapitel „Vision" genauer lesen.

Zurück zu den sozialen Medien:
Die sozialen Medien bieten mir daneben die Möglichkeit, meine Kreativität im Schreiben immer wieder zu trainieren. Ich schreibe 2–3-mal einen Post in der Woche mit relativ festen Strukturen: montags inhaltlich, so wie der Post: Wunderst du dich manchmal, den ich dir unten angehängt habe. Mittwochs reposte ich bemerkenswerte Posts von anderen tollen Frauen und samstags ist meine Rubrik „Wer sagt eigentlich, das ..." dran. Auch hierzu biete ich dir ein Beispiel:

Wer sagt denn
Mädchen die pfeifen
und Hähne die krähen
Den soll man beizeiten
die Hälse umdrehen?
Wenn du 50+ bist
Kennst du den Spruch
Vielleicht noch
Meine Eltern
Haben das zu mir
Gesagt
Lange habe ich
Darüber gelacht
Heute weiß ich
Im Inneren
Hat er was mit mir
Gemacht
Der Satz
Ich lernte
Mich anzupassen
Auf Biegen
Und Brechen

Ich bin
Immer noch
Immer wieder
Entsetzt
Darüber

Welche Sätze
Haben dich blockiert

Mitunter sind die „Wer sagt denn"-Posts auch viel kürzer:

Wer sagt denn, dass Gefühle

nur stören würden in deinem Arbeitsalltag.
Ohne sie gehst du langsam aber sicher in eine Zukunft ohne Sinn.
Schreib gern in den Kommentar, wie du das siehst.

Das Wichtigste für mich dabei ist: Ich darf nebenbei Geduld trainieren, denn die Posts erhalten unterschiedlich viele Likes und Kommentare. Ich darf ohne Erwartungen ans Schreiben gehen, denn wenn ich denke: „Was für ein toller Post", heißt das noch lange nicht, dass meine Followerinnen das auch so sehen. Und ich darf in eine Routine kommen, also zum von mir festgesetzten Zeitpunkt einfach raushauen und schauen, was passiert.
Was mir dabei wichtig ist: Ich antworte auf jeden Kommentar, der am Thema bleibt. Bisher habe ich noch sehr wenig Erfahrungen mit negativen Kommentaren, darüber bin ich von Herzen dankbar.
Und ich schicke den Frauen dann eine Vernetzungsanfrage.
Und nicht nur das, wenn eine Vernetzung angenommen wird, schreibe ich auch eine individualisierte Begrüßung. Ich habe dafür einige Muster, die ich mit zwei, drei Klicks anpassen kann.

Ich schlage darin immer einen Zoom zum Kennenlernen vor und dabei meine ich auch wirklich Kennenlernen.
Ich versuche nie, im ersten Gespräch egal was zu verkaufen. Das ist für mich ein absolutes No-Go. Und ich erlaube mir auch, einen Zoom nach 15 Minuten zu beenden, wenn die „Chemie" nicht stimmt.
Auch hier gilt für mich: Einfach machen, sympathisch und freundlich sein und erst wenn die Chemie stimmt und beidseitiges Interesse besteht, einen Folgezoom zu verabreden mit einem klaren Ziel, entweder einer Vertiefung der Vernetzung, Bereitschaft zum Interview für mein neues Buch, also dieses, an dem ich gerade schreibe, oder die Bereitschaft, sich mein Coachingkonzept einmal vorstellen zu lassen.

Natürlich beeinflussen soziale Medien auch das heutige Frauenbild und nicht nur das.
Wenn wir einmal beim Frauenbild bleiben: Gerade TikTok und Instagram sind Medien, die jungen Frauen und Mädchen zeigen, wie sie in unserer Welt sein müssen, um gut anzukommen. Dünn, geschminkt, bauchfrei, toll gestylte Haare, die Liste ließe sich beliebig fortsetzen. Und natürlich zeigen sogenannte „Influencerinnen" sich immer nur von ihrer perfekten, erfolgreichen Seite und dann in Situationen, die Begehren wecken, auch so zu sein.
Natürlich wächst daraus ein Anspruch an sich selbst, auch so toll auszusehen, so viel Geld zu verdienen, so tolle Reisen zu machen. Da darf gerade an Schulen einiges an Arbeit geleistet werden, um die Realität dahinter zu zeigen und den schönen Schein ein Stück weit zu entzaubern. Und die Generation 50*+ kann dabei schon ganz schön „alt" aussehen:

Es ist mehr als nur Farbe ...

Es geht um uns
Um uns Frauen 50+
Die so gerne

Abgeschrieben werden,
Je älter wir werden
Desto farbloser
Dürfen wir sein
Unsichtbar fast
Sie haben ihr Ziel
Erreicht
Von nun an
Geht's bergab

Wo kämen wir da hin
Wenn wir BestAgerinnen
plötzlich
Einen Aufstand
Anzetteln
Das ginge doch wirklich zu weit

Aber wir sind
Bunt
Im Innen
Und im Außen
Wir sind kein altes Eisen
Wir lassen uns nicht
Klein machen

Wir mischen mit
In unserer bunten Vielfalt
Mit all den Ecken und Kanten
Mit all unserer Erfahrung
Und unserem Standing
Wir sind nicht zu stoppen

#zeigdichbunt
Ich bin dabei
Da geht noch so viel mehr

Umso wichtiger, dass gerade für 50+ so tolle Aktionen wie „Zeig dich bunt" ins Leben gerufen werden.

Natürlich beobachte ich auch bei meinen Enkelinnen, dass es heute schon mit 13 üblich ist, sich zu schminken. Und natürlich wächst der Frust über das eigene Aussehen gerade bei jungen Mädchen, aber auch bei erwachsenen Frauen.
Auch auf seriöseren Businesskanälen wie LinkedIn, das ist mein persönlicher Favorit, findest du durchgestylte Bilder, die in keiner Weise der Realität entsprechen.
Ich habe dank meiner tollen Fotografin Maike Hilbert tolle Fotos, die ich gern poste. Aber sie entsprechen meiner Realität. Natürlich rücke ich meine „bildertauglichen" Seiten gern in den Vordergrund.
Aber ich möchte kein „böses Erwachen", wenn ich dir dann im Zoom plötzlich mit völlig anderem Gesicht gegenübersitze. Und glaube mir, ich kann es gar nicht mehr zählen, wie oft ich schon beim ersten Zoom gedacht habe: „Das ist doch nie und nimmer dieselbe Frau, die mir da gegenüber sitzt."
Mein Tipp, wenn du selbst in den sozialen Medien unterwegs bist:
Achte darauf, dass du noch aussiehst wie auf deinem Profilbild, sonst leidet deine Glaubwürdigkeit.
Meine Bilder sind nicht geschönt und immer aktuell.
Klar bin ich geschminkt und schminke mich auch vor jedem Zoom. Das hat für mich mit Höflichkeit dem Gegenüber zu tun. Ich selbst sitze viel lieber einer dezent geschminkten Frau gegenüber, die ausgeschlafen aussieht und ihre eigene Ausstrahlung unterstreicht.
Und ich weiß auch, dass an manchen Tagen die ungeschminkte Wahrheit etwas müde aussieht. Aber ich bin und bleibe dabei ich selbst.
Und das darf ich auch, darauf darf ich achten, wenn ich solche Texte schreibe wie den folgenden.

Wunderst du dich manchmal ...

Über deinen Umgang mit dir selbst ...
Mit deiner Gesundheit ...
Mit deiner Arbeit ...?

Du darfst keine Fehler machen
Du musst funktionieren
Du musst ein Vorbild sein
Du musst belastbar sein
Du musst für deine Mitarbeitenden da sein
Du musst erreichbar sein
Und nahbar
Du musst gesund sein

Diese Liste darfst du gern
Fortsetzen

An keine deiner Mitarbeiter*innen
Hast du diese Erwartungen
Nur an dich
Selbstliebe sieht anders aus

Was ist der Preis?
Du schläfst schlecht
Hast Kopfschmerzen
Verdauungsbeschwerden
Herz-Kreislauf-Probleme
Fühlst dich abgeschlagen ...

Auch diese Liste darfst du
fortsetzen

Was ist der Grund dafür?

Dein Körper kennt
Die Antwort
Denn er ist derjenige,
Der zuerst leidet

Erlebte Traumata
Zeigen sich immer
Im Umgang mit dir selbst
Und manifestieren sich
In deinem Körper

Du bemerkst das spät,
Meist erst in den Wechseljahren
Wenn deine Rolle als Frau
Sich verändert

Spätestens dann
Ist es Zeit
Sich der
Traumata
Bewusst zu werden

Rollenspezifische Erziehung zur Frau
Strukturelle Gewalt
Benachteiligung
Reduzierung auf Äußerlichkeiten
Doppelbelastung Beruf und Familie
Sexuelle oder sexualisierte Gewalt

Auch diese Liste
Darfst du fortsetzen

Wenn du das alles kennst,
Ist es Zeit für ein
Gespräch
Schick mir eine Nachricht

Oder lerne mich besser kennen
Durch mein Buch

Denn in diesem Text benenne ich den Schwerpunkt meiner Arbeit als Coachin: den Umgang mit Frauen, die als Kind, Mädchen, Jugendliche, Frau Traumata erlebt haben. Und die in ihrem jetzigen Lebensabschnitt traumatisiert sind und dadurch ausgebremst werden. Dabei muss es nicht um (sexuelle und sexualisierte) Gewalt gehen. Traumata können auch Erfahrungen sein, die zunächst gar nichts mit uns selbst zu tun haben, z. B. Alkoholismus der Eltern, plötzlicher Tod eines Elternteils oder von Geschwistern, Geldmangel, Arbeitslosigkeit in der Familie oder andere gesellschaftliche Tabuthemen.Ich sage hier bewusst nicht „muss", sondern „kann", denn wie du schon aus dem ersten Teil weißt, Traumata passieren, Traumatisierungen entstehen.
Wenn z. B. über ein Trauma nicht geredet werden darf, wenn es nicht ernst genommen wird, wenn Eltern vor ihren Kindern Dinge verbergen, die diese nicht einordnen können oder aber über Familiensituationen vor den Kindern geschwiegen wird. Aus Schutz für die Kinder.
Und wie immer gilt auch hier: Gut gemeint ist nicht immer gleich gut.

Aber lass uns wieder zurück zu den sozialen Medien kommen. Neue Entwicklungen (obwohl, Social Media sind heute nun wirklich nicht mehr neu) haben immer gute und auch eher negative Seiten.
Ich hatte gestern einen Zoom mit einer Frau, die bisher noch keine Erfahrung mit Zoom gehabt hat. Auch sie hatte ich auf LinkedIn kennengelernt und sie war zunächst sehr skeptisch in Bezug auf mein Interesse an ihr.
Und am Ende war es für beide Seiten eine großartige Erfahrung und ein tolles Gespräch.

Und ich habe noch einen weiteren Grund, weshalb ich die sozialen Medien mag. Traumatisierte Menschen und damit auch Frauen tragen i. d. R. eine Kommunikation nach außen, die lebensverneinend ist und die ihr geringes Selbstwertgefühl zeigt. Das findet sich auch wieder in den sozialen Medien – z. B. in wenig wertschätzenden Äußerungen und Kommentaren zu Posts und ganz im Allgemeinen in ihrer Sprache.
Dafür Bewusstsein zu schaffen, ist mir ein großes Anliegen. Wie meine ich das?
Dazu einiges Konkretes im nächsten Kapitel. Und ebenfalls gibt es gerade in den sozialen Medien so viele Frauen und natürlich auch Männer, die rein passiv an der Community teilnehmen. Und das ist ok. Weiß ich, ob gerade für diese Frauen nicht manchmal meine Posts eine große Unterstützung sind? Ich hoffe es, aber erfahren werde ich es erst, wenn plötzlich, wie aus dem Nichts, eine Frau bei mir ein Coaching bucht, die vorher für mich überhaupt nicht sichtbar ist. In diesem Sinne darf ich mich durchaus als Rolemodel bezeichnen lassen.

4. Kommunikation im Außen: Ich hab zu wenig und davon ganz viel

Da schüttelst du mal wieder den Kopf – endlich ... Diese Überschrift, was soll das bedeuten: Zu wenig und davon ganz viel?

Erinnere dich an das innere Gespräch aus dem Kapitel 3.1. Dieses Gespräch basiert auf den 5 inneren Instanzen, die ich mit Körper, Emotionen, reaktiver Verstand, Unbewusstes und Selbst benenne.

Wir können nicht nicht kommunizieren – auch das hast du schon in Kapitel 3.1. gelesen – und das gilt im Innen:

Im Idealzustand sieht das innere Gespräch so aus (und nun zitiere ich mich selbst):

„Alle fünf Instanzen kommunizieren bei dir als erwachsener Frau gleichberechtigt miteinander und ergeben ein harmonisches Gespräch, aus dem heraus du erleben, wachsen und handeln kannst und gleichzeitig mit deiner Mitwelt wertschätzend und klar agieren kannst. In diesem Zustand bist du verbunden mit deinem Selbst, kannst weiter wachsen, bist dir deiner Stärken und Fähigkeiten bewusst. Dein Unbewusstes ist dabei der Speicher für nicht (mehr) benutztes Wissen und nicht mehr benötigte Erinnerungen. Denn was du am 23.11.1998 genau gemacht, gegessen oder getrunken hast, ist für dein „Tagesgeschäft" vollkommen irrelevant."

Wir haben uns auf dein Stirnrunzeln hin darauf geeinigt, dass dieser Idealzustand nur auf die wenigsten Menschen zutrifft.

Das gilt aber auch im Außen. Stell dir Menschen wie oben beschrieben vor

und stell dir ihre Kommunikation nach außen vor. Da ist kein Platz für beleidigte Leberwürste, aufgekratzte Gockel, Alphamännchen,

herrische Mütter, strenge und unsympathische Zeitgenoss*innen, die die Weltgeschicke beeinflussen (nein, ich spreche nicht von alten weißen Männern ...) usw.
Erwachsene Menschen im Zustand eines harmonischen Miteinanders im inneren Gespräch haben es nicht nötig, ihre vermeintliche eigene Wertschätzung aus der Herabwürdigung anderer zu ziehen, haben es nicht nötig, andere klein zu machen. Und haben es nicht nötig, Unfrieden, Hass und Streit zu säen.
Aber nun besteht unsere Welt ja leider nicht aus Menschen, die mit sich selbst vollständig im Reinen sind.
Wie präsentieren sich jetzt vor allem Frauen, die über längere Zeit schon traumatisiert sind?
Die im Mangel leben, weil sie sich selbst nicht wertschätzen, weil ihr Selbstwert im Laufe der Zeit kaputt gegangen ist. Und die das selbst z. T. gar nicht so genau mitbekommen.
Wie agiert eine Frau nach außen, deren reaktiver Verstand ihr immer die gleichen Glaubenssätze präsentiert:
Du kannst nichts, du bist nichts, niemand kümmert es, was du machst, du bist nicht wichtig, deine Meinung interessiert niemanden ...
Soll ich noch weiter machen? Ich glaube, du verstehst, was ich sagen will.

Eine Frau, die im Mangel lebt, wird die Erfüllung ihrer Bedürfnisse immer im Außen suchen und versuchen, sie durch Vorwürfe „einzuklagen".
Du liebst mich nicht, nie hast du Zeit für mich, ich kann dir gar nichts recht machen, du nimmst mich nicht ernst.
Wenn du mich ernst nehmen würdest, würdest du mehr Zeit mit mir verbringen. Wenn du mich wirklich lieben würdest, würdest du mich auf Händen tragen. Wenn du dich nicht so lieblos zu mir verhalten würdest, würde ich nicht immer so traurig sein.
Das Muster dahinter ist: Gib mir mehr und davon ganz viel.
Aber egal wie viel ihr Gegenüber investiert, es ist nie genug.

Das Gleiche passiert auch im Hinblick auf den Körper. Eine Frau, die im Mangel lebt, wird ihren Körper immer kritisch betrachten. Solange sie noch jung ist, wird sie sich möglicherweise über einen schönen Körper und ein schönes Gesicht definieren. Heute bin ich manchmal entsetzt, wie groß der Optimierungswahn ist, der dadurch entstehen kann. Wenn sie von Natur aus gemäß den gängigen Schönheitsidealen gut aussieht, kompensiert sie ihre Minderwertigkeit im Innen durch ihr Außen. Aber sie hat meistens nicht gelernt, auf ihre körperlichen Bedürfnisse im Innen zu hören. Im Gegenteil, der Körper hat zu funktionieren, und wenn er nicht funktioniert, wenn es mit der Schönheit nicht wie gewünscht funktioniert, dann, ja dann, werden exzessive Maßnahmen ergriffen.

Das fängt bei exzessivem Sport an und hört bei Schönheitsoperationen noch lange nicht auf. Solange sie noch jung ist, ist das Alter auf ihrer Seite.

Wenn sie älter wird, stellt sie fest, dass es immer schwerer wird, der gängigen Sicht von Schönheit zu entsprechen, und das ist bitter. Und auch die weiteren Ansprüche an Frauen werden ja mit dem Älterwerden nicht weniger.

Frauen über 30 müssen heute nicht nur perfekte Mütter sein, sondern auch perfekte Ehefrauen und Gastgeberinnen, erfolgreich im Beruf und natürlich trotzdem immer noch attraktiv und schön. Und die mögliche Care-Arbeit für ihre Eltern steht auch noch an.

Das kann auf die Dauer nicht gutgehen und führt zu massiver Überlastung von Frauen, die zusätzlich zu ihrem eigenen Gefühl der Minderwertigkeit aufgrund von Traumatisierung nun auch noch erkennen, dass ihr Körper den Beanspruchungen langsam nicht mehr standhält, dass sie ihre Rollen nicht mehr reibungslos spielen können, dass sie überlastet sind und trotzdem weitermachen. Show must go on – das war z. B. auch meine Devise. Und den Stress, den ich damit meinem Körper zumutete, habe ich mit Kotzen kompensiert.

Wenn wir Frauen diesen Teufelskreis nicht unterbrechen, sind wir plötzlich alt und resigniert und stellen fest, dass wir doch irgendwann so viele Träume gehabt haben und wo die denn bitteschön alle geblieben seien. Und wieder bestätigt sich das, was wir schon immer gewusst haben: dass wir nichts wert sind.
Wie gehen wir dann mit unserer Kommunikation nach außen um? Dreimal darfst du raten.
Unsere Beziehungen zerbrechen, weil wir mit unserer Mitwelt genauso wenig wertschätzend umgehen wie mit uns selbst. Und wir bemerken diese Situationen genau bei anderen, können uns aufregen, wie die mit uns umgehen, mit uns reden, aber wir merken nicht, dass wir genau dasselbe machen.
Ist dir das vielleicht auch schon einmal passiert, dass du den Fehler beim Gegenüber genau gesehen hast und auch genüsslich darauf herumgeritten bist, ohne deine eigene Beteiligung daran zu erkennen. Ein beliebteres „Spiel" unter Partner*innen gibt es nicht. Und nur in seltenen Fällen finden sie den Ausweg aus einer solchen wenig wertschätzenden Kommunikation, finden die Möglichkeit, miteinander zu reflektieren, was da zwischen ihnen läuft. Ist ja auch kein Wunder – in der heutigen Zeit hat ja kaum einer noch Zeit für wirklich tiefgehende und manchmal auch unangenehme Gespräche. Da ist es viel einfacher und zeitsparender, einfach zu denken: „Er/Sie schon wieder..." und dann zur Tagesordnung zu gehen.

Und damit ist schon die Grundlage für dauerhaften familiären Unfrieden und Streit sowie Neid, Missgunst, übler Nachrede und so weiter im Außen gelegt.
Wieder ein Teufelskreis. Nicht schön, oder?
So manche Partnerschaft überlebt nur, solange man sich gemeinsam über die blöden Nachbarn aufregen kann. Das lenkt so schön ab von der eigenen Misere.
Du weißt, worauf ich hinaus will.
So wie wir im Innen über uns denken und in unserer Partnerschaft handeln, so verhalten wir uns gegenüber unserer Mitwelt.

Und das noch mit der Forderung verknüpft, dass die anderen doch bitte auf uns zugehen müssten, ihr Verhalten ändern müssten, dann, ja dann könnten wir uns auch wieder auf die anderen zu bewegen.

Aber genau das ist der Denkfehler.
Wir können unser Leben nicht verbessern, wenn wir von anderen erwarten, es für uns zu tun.
Wir können es nur für uns selbst tun, indem wir uns mit unseren Traumatisierungen auseinandersetzen, uns unsere Gefühle wieder zurückerobern, Trauer, Angst, Wut zulassen.
Wir dürfen erkennen, warum unser Körper uns die ganze Zeit versucht mitzuteilen, was los ist, indem wir krank werden z. B. Wir dürfen zulassen, dass wir selbst es wert sind, dass wir uns zuerst mit uns selbst auseinandersetzen. Und erkennen, dass wir keine Schuld hatten an den Traumen, die uns passiert sind. Das wird an dem Geschehen nichts, aber auch gar nichts ändern können. Aber dass wir, du und ich, in der Lage sind, uns mit uns selbst zusammenzusetzen und Stück für Stück zu lösen, was anliegt.
Das ist der einzige Weg aus dieser Situation. Einen anderen gibt es nicht.
Je länger du verdrängst, was dich traumatisiert hat, desto tiefer zieht es dich runter. Spätestens wenn du nachvollziehen kannst, was ich in folgendem Text beschrieben habe, darfst du dringend etwas ändern.

Is so ...

der Wecker klingelt
und du gerädert
dein Rücken schmerzt
dein Kopf auch

du fühlst dich wie 90
Verwelkt
Ausgetrocknet
dabei bist du erst um die 50

hast du überhaupt ein Auge zubekommen
in der Nacht

Du schaust auf die Uhr
Schon wieder viel zu spät
Raus aus den Federn
Blick in den Spiegel
Katastrophe
Wartungs- und Instandsetzungsarbeiten ...
dafür MUSS noch Zeit sein

Dann schnell einen Kaffee
Schmerztablette – oder besser zwei
und los

Du musst pünktlich sein, ein Vorbild
drei wichtige Meetings ...
Du musst fit sein
Leistung bringen
Kreativität
Dein Team braucht dich

Und natürlich
funktionierst du
dem Kaffee sei Dank
und weiteren Schmerztabletten
es läuft
aber ...
du kommst nach Hause
Spät
und bist platt

Wenn dein*e Partner*in
dir jetzt noch krumm kommt
na dann prost

Glas Wein
Pizza aus dem Kühlschrank
Fernseher an

Gedanken
tanzen Tango
Du grübelst und grübelst
Findest Fehler
Ärgerst dich über dich selbst
Is so

Früher warst du besser
Und legst dir schon mal die Schlaftablette raus
Schlafen, das wäre cool

Hast du dir das so vorgestellt?
Deine Karriere?
Deine Beziehung
Wenn du sie noch hast
Alter ist nichts für Feiglinge, denkst du

Dein Ernst?

Hör auf deinen Körper
Raus aus dem Hamsterrad

Damit du nicht mit 60 sagst
Hätte ich doch bloß ...

Es gibt einen Weg aus den Blockaden und Traumatisierungen, aus den vielen Hamsterrädern und den unrealistischen Anforderungen, die du an dich selbst stellst. Das verspreche ich dir. Deine Mitwelt zeigt dir, wenn es so nicht mehr weitergeht, denn deine Kommunikation im Außen wird auch für dich immer unerträglicher, bis der Knoten platzt.
Du verlierst deinen Job möglicherweise, fängst neu an und es passiert wieder das gleiche Spiel. Und die sozialen Medien zeigen dir weiter Hochglanzbilder, die deinen eigenen Frust über dich selbst nur noch steigern.
Die Botschaft?
Alle anderen schaffen es, nur du nicht. In diesem Moment sind soziale Medien alles andere als hilfreich. Da hilft nur noch Abstand und sich eine Auszeit nehmen. Und Unterstützung. Denn dann steht es an, dein inneres Kind zu entdecken, das in dir tobt und jammert und das gesehen werden will.
Das ist dann der Weg, den du gehen musst und kannst. Nur du selbst hast die Möglichkeit, mit dir selbst in Frieden zu kommen. Das kann dir keine:r abnehmen. Unterstützen ja, aber nicht abnehmen.
Du selbst darfst deine kleine Version von dir selbst liebevoll in den Arm nehmen und ihr sagen: „Du hattest und hast keine Schuld an dem, was passiert ist und passiert. Ich liebe dich von ganzem Herzen." Und schon sind wir beim abschließenden Teil: Raus aus Trauma und Traumatisierungen.

Dritter Teil: Raus aus Trauma und Traumatisierungen

1. Aber wie?

Den Anfang haben wir im vorangegangenen Kapitel ja schon gelegt.
Jedoch:
Du sagst, es geht dir immer noch nicht gut.
Du hast schon so viel gelesen zu Trauma und Traumatisierung, du weißt, dass viele Beschreibungen, ob Symptome, spezielle Verhalten oder besondere Reaktionen, auch auf dich zutreffen.
Du hast schon so viel versucht zu ändern. Aber auch deine Therapie hat dich nicht wirklich weitergebracht.
Du weißt genau, da ist noch was, du steckst vielleicht nicht mehr mittendrin, aber vor allem hast du keine Ahnung, wie du da rankommst!
Was soll ich dazu sagen? Ich kenne das genau!

Als Erstes und Wichtigstes:
Damit bist du nicht allein. Nicht jede Therapie passt für jede. Das gilt für alle Tipps und auch für jedes Coaching. Aber das heißt nicht, dass du selbst mit dir nicht ein großes Stück weiterkommen kannst. Das ersetzt auf keinen Fall eine vernünftige Therapie, aber es kann viele Dinge in dir im Vorwege schon etwas erträglicher machen. Denn die richtige Therapie fällt ja nicht einfach so vom Himmel und es kann heute lange dauern, bis du eine entsprechende, zu dir passende Therapeutin findest.

Was ist dann aber wichtig, was ist jetzt wichtig?
Schreib's auf! Alles das, was dir wichtig erscheint. Deine Erinnerungen z. B. an deine Kindheit. Auch wenn du das Gefühl hast, das ist zu banal, schreib's auf.
Deine Schulzeit. Auch daran darfst du dich erinnern und es aufschreiben. Aufschreiben ist wichtiger als darüber reden. Aufschreiben hat den Vorteil, dass dir beim Schreiben mehr einfällt als beim Reden. Beim Schreiben kommen Bilder und Farben – schreib sie auch auf. Vielleicht auch Gefühle – auch das gehört niedergeschrieben. Und dann, wenn nichts mehr kommt, packe das Geschriebene weg. Geh da nicht mehr ran.
Erst wenn du das sichere Gefühl hast, da kommt noch mehr, schreib weiter. Und wenn du mit Schreiben fertig bist, lies es dir nicht mehr durch, sondern verbrenne das Geschriebene.
Warum empfehle ich dir das? Weil es effektiv bezeugt, dass etwas zu Ende ist. Deswegen ist Schreiben auch besser als Reden. Du setzt mit dem Schreiben einen Schlusspunkt.
Das gilt auch und vor allem für deine traumatischen Erlebnisse, die dir vielleicht beim Schreiben über deine Kindheit und Schulzeit einfallen. Wenn das passiert, hast du den ersten Zipfel deiner blockierenden Erinnerungen erwischt.
Schreiben hat aber noch einen Vorteil:
Wenn du diese traumatischen Erlebnisse das erste Mal erzählen würdest, riskierst du Reaktionen und Nachfragen. Die sind jedoch nicht immer wirklich produktiv in einer solchen Situation. Es kann dir passieren, dass dir nicht geglaubt wird. Oder aber, dass deine Erlebnisse heruntergespielt werden:
„Das ist doch nun wirklich nicht schlimm gewesen, das hat doch jeder erlebt. Du übertreibst jetzt aber. Du nimmst dich da viel zu wichtig."

Solche Reaktionen machen was mit dir. Und in allererster Linie verhindern sie, dass du weiterredest und deinen Erlebnissen weiter nachgehst.

Selbst wenn dein Gegenüber nichts sagt oder kommentiert, nimmst du in dieser konkreten Situation in der Regel auch die Zwischentöne wahr, weil du extrem offen und damit auch höchst sensibel und verletzlich bist.
Und das kann dich wieder blockieren beziehungsweise kann veranlassen, dass du dich selbst infrage stellst:
„War es wirklich so?" – „Übertreibe ich damit nicht?" – „Habe ich in das Geschehen zu viel hineininterpretiert?"
Und das ist, wie du dir vorstellen kannst, zutiefst kontraproduktiv. Vielleicht hast du so eine Situation auch schon einmal erlebt.

Ja, es stimmt, ich habe die Erinnerungen aus meiner Kindheit jemandem erzählt, meinem Supervisor. Allerdings war ich mir völlig klar darüber, dass ich reden musste und dass er nicht kommentieren würde, auch nicht in Gedanken, mit Gesichtsausdrücken oder Gesten.
Diese Art von Zuhören hat es bei mir geschafft, dass ich das Gesagte sofort wieder vergaß, es damit jedoch auch los war und zwar für immer. Diese Art von Zuhören, die viel mit Hinhören, Annahme und Wertschätzung zu tun hat, ist allerdings auch bei Therapeuten und Supervisoren ausgesprochen selten.

Die Erfahrung damals hat es für mich möglich gemacht, späterhin meine weiteren sexuellen Traumatisierungen aufzuschreiben, nicht um sie zu vernichten, sondern um daraus ein Buch zu machen.
Das heißt, ich habe vollständig abschließen können.
Dass ich abgeschlossen habe, habe ich daran gemerkt, dass ich in einer öffentlichen Lesung aus meinem Buch das Erlebte auch lesen konnte, ohne es anzuzweifeln. Eventuelle Zweifel aus der Hörerschaft hätten mich nicht aus der Ruhe gebracht, ich kenne meine klare Reaktion darauf:

Ich weiß und fühle genau: Es sind meine Erlebnisse und meine Interpretation und ich gebe niemandem heute mehr das Recht, über wahr oder unwahr zu entscheiden, außer mir. Punkt.
Bis dahin war es jedoch auch für mich ein langer Weg.

Wenn du aber am Anfang dieses Weges stehst mit deiner systematischen Erinnerung, ist Schreiben und Vernichten die beste Lösung.

Schreiben ist auch eine gute Lösung, wenn es nicht um das Aufschreiben der Geschehnisse geht, sondern um Gefühle und um „negative", dich selbst herabwürdigende Gedanken und Glaubenssätze.
Dabei hast du immer deinen Verstand als Hilfe. Er unterstützt dich beim Aufschreiben deiner Gedanken und deiner Gefühle.
Ich rate meinen Coachees und auch dir grundsätzlich zu einem optisch schönen Notizbuch, in das du täglich deine Eintragungen machst.
Was schreibst du in dieses Buch? Das kommt auf dich an!
Und gerade hier kommt dein Verstand ins Spiel: Vielleicht stellst du fest, dass du diese blöden negativen Gedanken über dich selbst hast und/oder diese negativen Glaubenssätze und dich von ihnen lösen möchtest.
Beschließe, ab sofort drei gute Erlebnisse mit dir selbst pro Tag aufzuschreiben. Das macht einen Unterschied und verdrängt Stück für Stück deine negative Ausrichtung. Sei geduldig mit dir, es geht nicht alles ratzfatz, manches braucht eben seine Zeit, bis du eine wirkliche Veränderung merkst.
Parallel dazu kannst du wunderbar auf die linke Seite eines extra Zettels deine negativen Glaubenssätze aufschreiben und sie auf der anderen Seite ins Gegenteil umkehren. Wenn du das mit jedem deiner erinnerten Glaubenssätze über dich machst, dann schneide den linken Teil ab und verbrenne ihn. Den rechten Teil hängst du dir dahin, wo du ihn jeden Tag gut sehen kannst.
Auch hierfür ein Beispiel?

Einer meiner negativen Glaubenssätze, der mich regelmäßig in die Krise führte, vor allem, wenn er sich mir nachts um 3 Uhr geradezu aufdrängte, hieß
„Ich schaff das alles nicht!"
Die Umkehrung, die ich dann daraus gemacht habe, hieß:
„Ich schaffe alles, was ich will und was in der jeweiligen Situation sinnvoll ist."
Die linke Seite habe ich abgeschnitten und verbrannt, die rechte hängt jetzt an meiner „Pokalwand" (Was das ist? Dazu später mehr!).

Vielleicht stellst du aber auch fest, dass du kaum Zugang zu deinen Gefühlen hast. Dann konzentrier dich darauf, dir täglich drei Situationen aufzuschreiben, die du mit Gefühlen in Verbindung bringst und versuch daneben, herauszufinden, wo genau du diese Gefühle spürst.

Und wenn du den Eindruck bekommst, dass ein bestimmtes Gefühl, z. B. Wut, das bestimmende Gefühl ist, dann spüre dieser Wut einmal in aller Ruhe nach. Wann tritt sie auf, wie reagierst du, wodurch geht sie wieder weg. Schreib alles auf, was dir dazu einfällt.
Und versuche einmal, wirklich gefühlte Gefühle nicht zu verwechseln mit erdachten Gefühlen, die zu fühlen du dich verpflichtet fühlst. Auch hier gilt: Sei geduldig mit dir selbst.
Es ist noch keine Meisterin vom Himmel gefallen.
Und denk daran: Das Gras wächst auch nicht schneller, wenn du daran ziehst.
Und wenn dir dazu überhaupt nichts einfällt, du zwar weißt, dass du blockiert bist, aber nicht genau weißt, warum, dann kannst du, wie oben schon erwähnt, auch schreibend deine Vergangenheit noch detaillierter erforschen.

Zeichne und schreibe dazu deinen Lebenslauf auf einem großen Stück Papier, und das mit einem Graphen, auf dem eine

Längsachse und eine Querachse zu finden ist. Die Längsachse ist die Achse, auf der du die Geschehnisse bewertest auf einer Skala von -10 bis +10 und die Querachse ist die Abfolge der Erlebnisse von dem Moment, an den du dich zuerst erinnern kannst bis hin zum heutigen Zeitpunkt. Trage die Erlebnisse ein und bewerte sie. Denke daran, dass nur du diese Zeittafel siehst, es ist dein subjektiver Eindruck und der ist jetzt wichtig. Es ist eine Momentaufnahme, die sich auch wieder ändern kann.
Dieses Vorgehen ist ein wenig komplexer, es kann hilfreich sein, es zusammen mit einer/einem Coach:in zu machen, der/die dir die richtigen Fragen stellt. Aber wenn du erst mal drin bist in dieser Arbeit, wirst du feststellen, dass sich doch so einiges aus deinem Leben plötzlich ganz anders darstellt. Es werden sich eine ganze Reihe von Aha-Momenten einstellen.
Was dich auch noch unterstützen kann, ist traumasensible Sprache mit dir selbst. Das ist eine Fortsetzung des sensiblen Umgehens mit dir selbst und deinem inneren Kind. Über traumasensible Sprache kannst du vertiefen, was du schon angefangen hast in Sachen Mindset.
Und natürlich macht diese Form von Sprache auch im Außen Sinn.
Bedenke:
Wir sind nicht hier, um zu gefallen, sondern um zu verändern. Und das lässt sich sehr gut auf deine Sprache übertragen.

1.1 Traumasensible Sprache

Ja, auch traumasensible Sprache kann ein entscheidender Punkt sein, dich herauszuwagen aus deinen Traumatisierungen.
Aber du weißt ja, dass ich durchaus für Merkwürdigkeiten und Widersprüchliches zu haben bin. Und außerdem bin ich Kommunikationsexpertin, auch was die Kommunikation in und mit dem Körper, aber auch untereinander angeht. Denn wie du mit deinem

Körper kommunizierst, hat auch Auswirkungen auf die Art, wie du mit deiner Außenwelt kommunizierst.
Und da hat traumasensible Sprache einen wichtigen Platz. Wenn du mit dir und deinen Traumatisierungen sensibel umgehst, wirst du es auch für wichtig halten, im Außen traumasensibel zu kommunizieren. Und außerdem, vergiss nicht, dein Körper reagiert auf deine eigene Sprache. Immer.
Traumasensible Sprache ist eine Kommunikationsform, die darauf abzielt, Menschen, die ein Trauma erlebt haben, nicht zu retraumatisieren oder zu triggern. Wobei ich denke, dass Retraumatisierungen durch unsere normale Alltagssprache eher weniger stattfinden.
Stattdessen dürfen wir in diesem Bereich eher auf das Verfestigen von alten Glaubenssätzen zu sprechen kommen, die durch unsere Alltagssprache immer noch immer wieder wiederholt werden. Aber darüber haben wir ja auch schon gesprochen.

Hier sind zunächst einige Prinzipien der traumasensiblen Sprache:

1. Vermeidung von Triggern:
   Vermeidung von Wörtern oder Ausdrücken, die bei Menschen mit Traumata negative Reaktionen auslösen könnten.

2. Respekt und Empathie:
   Verwendung von respektvoller und empathischer Sprache, um Menschen mit Traumata das Gefühl von Sicherheit und Verständnis zu geben.

3. Vermeidung von Vorwürfen:
   Vermeidung von Sprache, die Menschen mit Traumatisierungen Vorwürfe macht oder sie für ihre Erfahrungen verantwortlich macht.

4. Fokus auf die Person:
   Fokus auf die Person und ihre Erfahrungen, anstatt auf das Trauma selbst.

Traumasensible Sprache kann helfen, dass Menschen mit Traumatisierungen, aber auch alle anderen Menschen:

- ... sich sicher und verstanden fühlen
- ... ihre Erfahrungen teilen und verarbeiten können
- ... Vertrauen in sich und andere Menschen aufbauen

Einige Beispiele für traumasensible Sprache, die sich direkt auf die Ansprache von Menschen beziehen, die z. B. einen sexuellen Übergriff erlebt haben, sind:

- Anstatt „Opfer" zu sagen, kann man „Überlebende:r" oder „Betroffene:r" sagen.
- Anstatt „Was ist passiert?" zu fragen, kann man „Wie geht es dir?" oder „Was brauchst du jetzt?" fragen.

Wie wunderbar wäre es, wenn wir immer registrieren, was dahinter steckt, wenn uns z. B. eine Frau erzählt, wie es ihr als Kind – ich nehme jetzt mal wieder mein Beispiel – mit den sexualisierten Grenzverletzungen durch den Bruder gegangen ist.
Wir dürfen dann sensibel sein. Wir können uns bremsen, selbst wenn uns das, was die Frau, Freundin etc. erzählt, so unrealistisch oder banal vorkommt. Wir können vermeiden, dass es aus uns herausplatzt: „Das ist doch nicht dein Ernst..." oder „Das bildest du dir doch nur ein ..." oder „Jetzt dramatisierst du aber..."
Wir haben kein Recht darauf, in Frage zu stellen, was unser Gegenüber empfindet oder empfunden hat. Wir dürfen entscheiden, ob wir uns auf ein solches Gespräch einlassen. Aber wenn wir uns darauf einlassen, dann bitte traumasensibel!

Über traumasensible Sprache könnte ich jetzt noch viel mehr schreiben, aber das würde den Rahmen hier sprengen. Und außerdem hat das Isabell Garcia schon getan. Deswegen möchte ich an dieser Stelle auf ihr Buch „Ich rede – traumasensibel" verweisen. Schau einfach mal im Netz nach, du findest es bestimmt.

Wenn du mit Menschen arbeitest oder sprichst, die ein Trauma erlebt haben, ist es auf jeden Fall nützlich und wichtig, traumasensible Sprache zu verwenden.
Denn damit schaffst du immer eine sichere und unterstützende Umgebung.

Und außerdem vergiss nicht: Du hast noch einen guten Freund an deiner Seite, deinen Körper.
Du darfst parallel schauen, was dir dein Körper sagt.
Manchmal kann es auch – so wie es bei mir war – Sinn machen, zuerst auf den Körper zu schauen.

2. Dein Körper, dein Freund

Es kann gut sein, dass sich bei der oben genannten Arbeit dein Körper deutlich meldet und dir zeigt, ob du dich mit diesem oder jenem Ereignis tatsächlich gut gefühlt hast.
Oder ob das eine Story gewesen ist, die du dir immer weiter erzählt hast, weil sie dir so erzählt worden ist.
Oder ob es sich tatsächlich um deine ureigene Erinnerung handelt.
Dein Körper ist dabei dein bester Freund, denn dein Körper kann nicht lügen. Zwar kann er trotz gelöster Thematik immer noch in seiner Reaktion darauf feststecken bleiben. Das kann z. B. passieren, wenn zwischen dem ersten Geschehen dessen, worauf dein Körper reagiert und der Lösung eine lange Zeit entsteht. Also speziell bei langfristigen Traumatisierungen. Dann hilft die Auflösung nicht immer, die Situation in deinem Körper zu verbessern.
Auch wenn dein Körper eine handfeste Erkrankung entwickelt hat, braucht es natürlich den Arzt, aber am besten eine:n Ärzt:in, der, die sich mit Zusammenhängen von Körper, deinem Selbst und Traumatisierungen ein wenig auskennt. Und manchmal braucht es auch handfeste Methoden. Deswegen sprechen wir hier auch in der Folge über Longevity, Hormesis und Biohacking. Aber auch dann darfst du den ursächlichen Hintergrund erforschen.

Wie gesagt, erwarte aber dann nicht, dass sich deine körperlichen Symptome sofort bessern.

Auf jeden Fall darfst du z. B. mit Hilfe von Bodyscans einmal herausfinden, welcher Teil deines Körpers heute immer noch dein Trauma spiegelt. Ist es die Haut? Ist es dein Bauch? Ist es dein Magen? Oder etwa deine Lunge? Spielt dein Zyklus verrückt oder hast du große Wechseljahresbeschwerden? Jedes deiner

Organe kann unterdrückte Emotionen spiegeln. Jede deiner Beschwerden kann für bestimmte Erlebnisse stehen.

Ein Beispiel?
Deine Haut kann dir sagen, dass deine Grenzen im Außen häufig verletzt worden sind. Wenn du immer wieder Herausforderungen in diesem Bereich hast, sei es Pickel, Juckreiz, offene Risse, dann frage dich, wo du in letzter Zeit zu oft „Ja" gesagt hast, wenn du eigentlich „Nein" hättest sagen wollen.
Lass deinen Körper mitsprechen, wenn du den Geschehnissen der Vergangenheit nachspürst.

Warum ist das so? Warum kann dein Körper da gut mitreden? Das haben wir schon einmal angesprochen: weil dein Körper dabei war und auf jede Traumatisierung in seiner Art reagiert und sie auf Zellebene gespeichert hat. Dieser Gedanke wird heute in der Medizin noch häufig sträflich vernachlässigt.
Psychosomatik ist für mich einer der spannendsten Bereiche der Medizin. Allerdings vermute und erlebe ich, dass er nicht immer ernst genommen wird.
Psychosomatik wird manchmal zu einem Synonym für:

„Das bildet sie sich bloß ein."

Bullshit. Wenn du ernsthaft deinen Körper zu bestimmten Dingen befragst und sensibel auf seine Antwort achtest, bringt dich das selbst ein großes Stück weiter. Aber auch diesen Umgang mit dem eigenen Körper darf man in aller Ruhe lernen.
Ich hatte das große Glück, einen solchen Umgang fast „nebenbei" zu lernen. Ich entdeckte vor etwas über 8 Jahren die physikalische Gefäßtherapie BEMER, ein Therapiesystem, das die Mikrozirkulation in deinem Körper unterstützt. Die Mikrozirkulation ist der Teil unseres Blutkreislaufs, in dem unser Blut bedarfsgerecht im Organismus verteilt wird, ohne dass unser Verstand darauf Einfluss nehmen kann. Eine gut funktionierende Mikro-

zirkulation wiederum ist unerlässlich für die perfekte Versorgung jeder einzelnen Körperzelle mit Sauerstoff und Nährstoffen, damit die Zelle ihren Job tun kann, nämlich Energie zu produzieren, damit das dazugehörende Organ funktionieren kann.
Die eigenständige Kommunikation unserer verschiedenen Organe, Gefäße, Muskeln, Sehnen etc. untereinander ist das A und O für unsere Gesundheit.
Dass für alle Tätigkeiten, die wir ausführen, für jeden Herzschlag, für jeden Atemzug, für jeden Verdauungsvorgang, jede Reaktion unserer Nervenzellen genügend Energie zur Verfügung steht, das ist ein so komplexer Vorgang, der nur mit einer intakten Mikrozirkulation geschehen kann. Wenn diese nicht funktioniert, und/oder z. B. durch Traumatisierungen nachhaltig gestört wird, führt das zu Schädigungen, die wir, wenn sie denn länger anhalten, Krankheiten nennen.
Die zweimal tägliche Nutzung der physikalischen Gefäßtherapie hat bei mir genau dieses feingesteuerte Gefüge wieder in Ordnung gebracht.
Und in der Folge hat mein Organismus sich „dafür revanchiert", indem er mir Zugang zu den Bereichen, in denen meine traumatischen Erfahrungen gespeichert wurden, gewährt hat.

Hört sich das verrückt für dich an? Ist aber kein Spökenkiekerkram, sondern pure Physik und Biochemie. Lass uns auf jeden Fall darüber reden, wenn du mehr wissen möchtest. Du weißt ja, auch im Rahmen dieses Buches bin ich immer nur einen Telefonanruf von dir entfernt.
Ein gut funktionierendes körperliches System – so habe ich es erlebt – ist eine perfekte Unterstützung zur Traumaverarbeitung.
Und trotzdem, auch das braucht Zeit, denn:
Manchmal steht Glücklichsein eben noch nicht zur Wahl
Das Leben kann wunderschön, aber eben auch Angst einflößend und schwierig sein.

Und manchmal kann man sein Leben einfach nicht lieben. Hören wir, du und ich, also auf, uns damit zu quälen und erlauben uns doch, uns so zu fühlen, wie wir uns gerade fühlen.
Setz dich vor allem nicht unter den Druck der inspirierenden Sprüche, die durch das Netz geistern. Du musst gar nichts, auch Traumaheilung braucht angemessene Zeit, aber sie ist möglich. Dafür bin ich das beste Beispiel.
Dazu ein Text aus diesem Jahr.

Meine erste Krise im Berufsleben

Ich konnte mich nicht abgrenzen
Nicht „Nein" sagen
Nicht abschalten

Die Folge
Burnout
Sechs Monate krankgeschrieben
Dann langsamer Wiedereinstieg
Hamburger Modell

Gelernt
Nichts
aber ich habe
gemalt

Meiner verborgenen
Gefühlswelt
Bilder gegeben
und einen Titel
„Still alive"

Heute habe ich dieses Selbstbild
wiedergefunden
Und es berührt mich

So viel Trauer
so viel Angst
so viel Wut und Frustration

Und nichts davon
durfte nach außen
Ich war mein größter Zensor
Kompensation
Gebraucht werden

Heute kann ich es sehen
in diesem Bild
damals nicht

Du siehst es

Deswegen ist mir heute
meine (und deine) Gefühlswelt
so wichtig
meine Me-time ...

Es war ein langer Weg
Deiner darf kürzer sein

Und daran anschließend ergänze ich heute:
Nicht nur meine Gefühlswelt ist mir sehr wichtig geworden, sondern auch mein Körper und meine Gesundheit.

Hier sind die Ursachen für meine Begeisterung für Longevity und Biohacking zu finden. Und hier habe ich erkannt, dass mein Körper mehr ist als ein Mittel zum Zweck, sondern ein lebendiger, selbstständiger, selbstdenkender und immens wichtiger Teil meiner selbst, den es zu schützen und zu bewahren gilt.
Wie das gehen kann, wie wir hin und wieder unseren Körper ein wenig austricksen können und wie wir unseren Handlungsspiel-

raum vergrößern können, indem wir etwas ausprobieren, das eigentlich unsere eigene körperliche Wohlfühlzone – wenn es denn so etwas für dich gibt – übersteigt, das zeigen uns die drei folgenden Ansätze.
Und was sich genau unter Longevity, und auch unter Hormesis und Biohacking verbirgt, das verrate ich dir in den nächsten Unterkapiteln.

2.1 Longevity

Longevity, was eigentlich nicht mehr und nicht weniger als „Langlebigkeit" meint, ist ein uralter Menschheitstraum.
Der „Jungbrunnen" ist noch heute ein gebräuchliches Symbol dafür.

Der Jungbrunnen an sich wiederum ist ein uraltes mythologisches Motiv und benennt einen Mythos der Verjüngung, der in vielen Kulturen vorkommt. Es beschreibt einen Brunnen oder eine Quelle, die die Fähigkeit besitzt, Menschen zu verjüngen und ihnen ewige Jugend zu schenken.

„Natürlich" stammt die schriftlich überlieferte Idee des Jungbrunnens im Westen aus der Antike. Wie sollte es auch anders sein. Bereits im 3. Jahrhundert v. Chr. beschrieb der griechische Historiker Herodot einen vorgeblich real existierenden Brunnen in Äthiopien, der die Menschen verjüngen sollte. Weitere Geschichten mit ähnlicher Thematik finden sich in der chinesischen, indischen und mehrfach in der europäischen Mythologie.

Populär war im 16. Jahrhundert in Deutschland ein Gedicht des Meistersingers Hans Sachs (1494–1576), einem Zeitgenossen Martin Luthers und ein glühender Anhänger der Reformation (... da ist sie wieder, die Pastorin ...). Er beschreibt einen Jungbrunnen, der in einem wunderschönen Garten lag. Die Menschen, die in den Brunnen stiegen, wurden verjüngt und erlangten ewige Jugend.

Hier ein kleines Zitat:

„Eins nachts traumt mir gar wol besunnen,
wie ich köm zu eim großen brunnen
von merbelstein polieret klar,
darein das waßer rinnen war,
warm und kalt, aus zwelf gulden rören,
gleich eim wiltbad; tunt wunder hören:
Dis waßer het so edle kraft,
welch mensch mit alter war behaft,
ob er schon achzigjerig was,
wen er ein stunt darinnen saß,
so teten sich verjüngen wider
sein gmüt, herz und alle gelider.
Um den brunnen war ein gedreng,
wan dahin kam ein große meng,
allerlei nation und gschlechte,
münich, pfaffen, ritter und knechte,
burger, bauer und hantwerker,
der kam on zal zum brunnen her
und wolten sich verjüngen laßen,
vol zug es zu auf allen straßen ...[18]

Unter anderem dieses kleine Gedicht um den Jungbrunnenmythos belebte dann erneut die in der Antike entstandene Badekultur, die sich bis heute in den alten Kurbädern, wie z. B. Wildbad Kreuth, Bad Pyrmont oder Bad Wildungen, fortsetzt.

---

18 Siehe http://www.zeno.org/Literatur/M/Sachs,+Hans/Gedichte/Geistliche+und+weltliche+Lieder/Der+junkbrunn. Letzter Zugriff 30.01.2026.

Heute sind die Kuren in diesen Heilbädern allerdings nicht auf einen Jungbrunnen ausgerichtet, sondern dienen in der Regel der Wiedererlangung von Gesundheit und Fitness, aber eben durch z. T. uraltes Wissen.
So wird z. B. bis heute in einigen Kurorten, wie Bad Brückenau, das Wissen des alten Pfarrers Sebastian Kneipp angewendet. Von ihm stammen die sogenannten Kneippkuren, d. h. die Praxis, Blut dorthin zu bringen, wo Heilung gewünscht ist. Genau dieses Prinzip ist im Grunde das Prinzip des BEMER. Kneipp benutzte damals dafür kaltes Wasser. Die heilende Wirkung von kaltem Wasser setzt sich heute in der Biohacking-Szene wieder durch. Die physikalische Gefäßtherapie BEMER kombiniert mit Eisbaden ist eine meiner präferierten Methoden zur Erhaltung meiner Gesundheit.
Mehr dazu später.

Aber zurück zum Jungbrunnen.
Er ist auch ein häufiges Motiv in der Kunst. So schuf der niederländische Maler Lucas Cranach der Ältere im 16. Jahrhundert ein berühmtes Gemälde, das einen Jungbrunnen zeigt.
Und, wen wundert es: Das Bild zeigt alte Frauen, die in den Brunnen steigen und auf der anderen Seite als junge Mädchen herauskommen.
Und Lucas Cranach ist nicht der einzige Maler dieses Motivs. Gerade die bildliche Darstellung des Jungbrunnens unterstützte mit großer Wahrscheinlichkeit die Tatsache, dass dieser Mythos immer noch bekannt ist.

Der Jungbrunnen symbolisiert nach wie vor die Sehnsucht nach ewiger Jugend und Unsterblichkeit. Er repräsentiert die Hoffnung, dass es möglich ist, die Zeit zu besiegen und ein langes, gesundes Leben zu führen.
Noch heute ist es durchaus üblich, davon zu sprechen, dass jemand in einen Jungbrunnen gefallen sei, weil sie plötzlich wieder so erholt und frisch aussähe.

Bilder bewirken da viel: Schau mal in die heutige Online-Werbung:
So manches Hautöl verspricht bis heute, wie ein „Jungbrunnen" zu wirken, und gerade älter gewordener Haut wieder die jugendliche Lebendigkeit zurückzuholen. Und um das Ganze zu illustrieren, kursieren Mengen von Vorher-Nachher-Bildern. Diese Bilder werden bis heute nicht nur von der älteren Generation sofort verstanden.

Natürlich ist und bleibt der Jungbrunnen ein Mythos. Doch die Suche nach dem Geheimnis der ewigen Jugend bleibt ein faszinierendes Thema, das die Menschen seit Jahrhunderten beschäftigt.
Longevity zahlt darauf ein, weil es ein Konzept ist, das darauf abzielt, die Anzahl gesunder Lebensjahre zu maximieren und die Lebensqualität bis ins hohe Alter zu erhalten. Es geht also nicht nur darum, länger zu leben, sondern auch darum, gesund und vital zu bleiben.

Wir benennen wissenschaftlich fundiert heute vier wichtige Säulen von Longevity:

- **Ernährung als Fundament für ein langes Leben**

  Wir wissen heute, dass gerade eine ausgewogene Ernährung entscheidend ist für die Gesundheit und Langlebigkeit. Wir wissen aber auch, dass nicht für jeden Menschen die selben Ernährungsformen verträglich sind. Die Vorstellung, es gäbe eine Ernährung für alle, ist mittlerweile überholt.
  Es gibt allerdings Bausteine, die unbedingt dazu gehören: Das sind vor allem pflanzenbasierte Lebensmittel wie Gemüse, Obst, Nüsse, Samen und Vollkornprodukte, weil sie Antioxidantien enthalten, die Zellen vor freien Radikalen schützen. Allerdings gibt es in diesem Bereich heute so viele Unverträglichkeiten und individuelle Vorlieben.

Gesunde Fette wie Omega-3-Fettsäuren aus Fisch und Pflanzenölen reduzieren Entzündungen und fördern die Herzgesundheit.

Und, wenn du die 50 schon überschritten hast, auf jeden Fall essenzielle Aminosäuren aus Eiweißprodukten, um dem Muskelabbau entgegenzuwirken. Ich bevorzuge dazu einen täglichen Eiweißshake, der streng vegan und schadstoffkontrolliert ist. Das schmeckt mir das morgens auf nüchternen Magen ausgesprochen gut.

Kalorienrestriktion ist nicht für jeden geeignet. Aber ab und an kann bei vielen eine moderate Kalorienreduktion oder auch mehrtägiges Fasten die Lebensdauer verlängern, da dadurch der Stoffwechsel optimiert, die Autophagie angekurbelt und so die Zellreparaturprozesse unterstützt werden. Eine weitere Möglichkeit ist das Intervallfasten. Das bedeutet regelmäßige Fastenperioden, wie die 16:8-Methode – also 16 Stunden Fasten und innerhalb von 8 Stunden zwei gesunde Mahlzeiten – unterstützen ebenso die Zellreparatur und können das Risiko für Alterungsprozesse verringern.

- **Bewegung ist der Schlüssel zu körperlicher Fitness**

Regelmäßige Bewegung ist entscheidend für die Gesundheit und Langlebigkeit und zwar in drei unterschiedlichen Arten.
Dazu gehören:
Krafttraining: Krafttraining unterstützt dich dabei, Muskelmasse zu erhalten und Osteoporose vorzubeugen. Bereits zweimal pro Woche 20 Minuten reichen aus.
Ausdauertraining: Gerade Ausdauertraining wie Walken oder moderates Joggen verbessert nachweislich die Herz-Kreislauf-Gesundheit und reduziert das Risiko für chronische Erkrankungen.

Beweglichkeitstraining: Regelmäßige Dehnübungen oder Aktivitäten wie Yoga können die Flexibilität der Muskeln und der Faszien aufbauen und erhalten.

- **Die mentale Gesundheit**

Eine positive Grundeinstellung zum Leben ist ebenfalls Grundvoraussetzung für die Langlebigkeit.
Daneben gehören zu mentaler Gesundheit:
Auf jeden Fall die Reduktion von Stress durch Techniken wie Meditation, Yoga und tiefe Atmung. Die Wirkung dieser Methoden und gerade der Atmung wird immer noch, immer wieder stark unterschätzt. Und gerade auch für den Reiz-Reaktionsmechanismus ist die tiefe und bewusste Atmung sehr wichtig. Bedenke: Zwischen jedem Reiz und deiner Reaktion darauf darfst du eine Pause setzen, in der du bewusst atmest. Das verhindert, dass du in bestimmten Situationen eben nicht wie das sprichwörtliche HB-Männchen in die Luft gehst, sondern ruhig und entspannt bleibst. Damit unterdrückst du nicht den Ärger, den du in der Situation empfindest, aber du nimmst dir die Zeit, eine angemessene Reaktion zu finden.

Soziale Verbindungen: Starke soziale Bindungen können die Lebenserwartung erhöhen und die Gesundheit verbessern. Ebenso das Gefühl der Sinnhaftigkeit und des Gebrauchtwerdens über das Rentenalter hinaus.

Lernen und Entwicklung: Lebenslanges Lernen und die Entwicklung neuer Fähigkeiten können die kognitive Funktion erhalten und die mentale Gesundheit fördern.

- **Ausreichend Schlaf**

  Und natürlich ist der Schlaf als Regeneration für Körper und Geist nicht zu unterschätzen.

  Ein gesunder Schlaf ist entscheidend für die Regeneration und die Gesundheit. Dazu gehören:
  7–9 Stunden Schlaf pro Nacht, denn ausreichend Schlaf ist wichtig für die Regeneration und die Gesundheit und stellt sicher, dass du die verschiedenen Schlafperioden durchläufst. Das ist für einen gesunden Schlaf sehr wichtig.Eine gewisse „Schlafhygiene" kann das gut unterstützen. So können eine ruhige und dunkle Schlafumgebung, ein regelmäßiger Schlafrhythmus und das Vermeiden von Bildschirmzeit vor dem Schlafengehen die Schlafqualität verbessern.

Warum erzähle ich dir so detailliert über Longevity?

Weil zur Gesundheit mehr gehört als deinen Körper mit ausreichend Essen zu versorgen und sich hin und wieder mal zu bewegen. Dabei holst du deinen Körper nicht aus seiner eigenen Blase heraus.

Zunächst darf bei dir angesagt sein, herauszufinden, was für Gefühle du deinem Körper gegenüber hast. Magst du deinen Körper, um es kurz und knackig zu formulieren.

Sei ehrlich zu dir, mach am besten mal eine Bestandsaufnahme. Und lass dir von einer Person deines Vertrauens auch gern Rückmeldung über ihre Sicht deines Körpers geben.
Versorgst du deinen Körper tatsächlich so gut, dass deine „Seele" – ich nenne es lieber dein höheres Selbst – darin wohnen mag? Wenn du hierzu nicht spontan und aus vollem Herzen „ja" sagen kannst, dann ist es dringend notwendig, etwas zu ändern. Und

dann kannst du auch über die vier Säulen von Longevity erkennen, wo es vielleicht hapert. Und dann heißt es einfach ausprobieren.
Was würdest du wie gerne ändern. Betrachte diese drei Unterkapitel einfach als Anregung. Allein das Thema Longevity erschöpfend zu behandeln, würde den Rahmen dieses Buches sprengen. Und Longevity ist ja noch verhältnismäßig einfach ...

2.2 Das Hormesis-Prinzip

Ja, Longevity hört sich ganz gut an, oder? Hormesis ist demgegenüber schon ein anderer Schuh, eine andere Hausnummer. Hier wird davon ausgegangen, dass starke Reize unseren Körper stärker und gesünder machen.

Du sagst schon zum Thema Longevity:
Ernährung, hm, das ist so eine Sache, ich denke schon, dass ich mich gesund ernähre, und außerdem steht ja nun mal fest, dass gesunde Ernährung für jeden anders aussieht.
Da hast du wohl recht, wenn du so denkst. Jedoch kommst du bei aller Individualität nicht darum herum, dass dein Organismus bestimmte Bausteine braucht, die heute vielfach nicht mehr in unserer Nahrung ausreichend vorhanden sind.

Bewegung – naja, moderate Bewegung bekomm ich hin, denkst du vielleicht auch das noch?
Und das reicht doch sicher aus. Falsch gedacht, wenn Bewegung 2-mal in der Woche eine halbe Stunde Training im Fitnessstudio meint. Besser ist es da schon, jeden Morgen Bewegung in deine ganz normale Tagesroutine einzuplanen.

Schlaf – auch da ist bei mir alles ok, sagst du. Mehr als 5 Stunden Schlaf brauche ich nicht. Ok, wenn du das sagst – aber dass 5 Stunden Schlaf regelmäßig ausreichen, trifft tatsächlich nicht zu.

Soziale Kontakte, Kommunikation – wir haben schon darüber gesprochen, das läuft, du hast Freunde und Bekannte, alles gut. Aber hast du auch ausreichend Kontakt zu dir? Das ist und bleibt eine Frage an dich.

Aber z. B. eine eiskalte Dusche regelmäßig morgens, schweißtreibender Sport, mehrtägiges Fasten, das ist sicherlich nun wirklich übertrieben, oder?
Und genau hier setzt das Hormesis-Prinzip an.
Körperlicher Stress ist danach für eine robuste Gesundheit förderlich.
Und trotzdem würde dich das zu große Überwindung kosten, dies regelmäßig in deinen Alltag zu integrieren? Na klar, das ist doch ganz einfach so, weil du sie als unangenehm empfindest.

Das gilt auch für gesunde Nahrung, wie z. B. Brokkoli, mein eigener „Hassgegner" in Sachen Ernährung.

Es hat lange gedauert, ich musste erst über 60 werden, bis ich entdeckt habe:
Ich mag Brokkoli und er tut mir gut. Das Gleiche gilt für eiskalte Duschen, Eis- oder Schneebäder, die ja auch in der Biohackingszene sehr „en vogue" sind.

Hast du alle diese extremen Methoden schon mal ausprobiert? Nein? Weil dir der Gedanke an das Extreme schon Unbehagen verursacht.
Ja, genau, wir sind es schließlich gewohnt, gemütlich und warm zu sitzen, das nennt sich Lebensqualität. Das ist so komfortabel. Aber wenn dem nicht so ist. Wenn das deiner Gesundheit nicht wirklich dient? Das ist die Frage, die du dir selbst stellen darfst.

Warum ist vieles, was gesund ist, für uns unangenehm? Tatsächlich geht das auf einen Effekt zurück, der schon den antiken Griechen bekannt war: die Hormesis.

Hier kommt jetzt ein bekanntes und zugleich extremes Beispiel der Hormesis in unserem Körper, das aber medizinisch gut belegt ist.
Besonders eindrücklich zeigt sich der Hormesis-Effekt bei Shaolin-Mönchen, die im Training immer wieder mit ihren Füßen, Beinen, Armen und Händen auf harte Oberflächen schlagen.
Aua, das muss ja wehtun, denkst du vielleicht. Ja, tut es auch.
Und es kommt dabei auch noch zu Mikrobrüchen im Knochen.
Aber es gilt auch als erwiesen:
Während der Erholungsphase heilen diese Mikrobrüche mit härterer Knochenmasse aus. Durch die ständigen Wiederholungen härten somit die Mönche ihre Knochen, bis sie eben stapelweise Ziegelsteine zerschlagen können, ohne sich dabei zu verletzen.
Die Abhärtung der Knochenmasse auf diese Art und Weise funktioniert tatsächlich.
Ähnlich funktioniert doch auch der Muskelaufbau durch intensives Krafttraining.
Wenn du Muskelgruppen bis zur Erschöpfung einem Stressreiz wie z. B. einem Gewicht aussetzt, kommt es zu Mikroverletzungen in den Muskelfasern. Den Schmerz dieser Mikroverletzungen spüren wir sogar und zwar als Muskelkater. In der Erholungsphase jedoch heilen die Fasern und das Muskelwachstum wird angeregt, um sich an diese Anforderung anzupassen.

Das soll jetzt jedoch nicht davon ablenken, dass alle diese Vorgehen dem Körper zunächst Schaden hinzufügen. Das ist richtig. Aber aus diesem Schaden erwächst die Fähigkeit unseres Organismus, sich schneller und nachhaltiger zu regenerieren.
Das möchte ich dir noch am Beispiel des Fastens genauer erläutern.

Die bekanntesten gesundheitlichen Effekte des Fastens sind die Verjüngung der Zellen und die intensive Fettverbrennung.

„Beides geht direkt auf Hungerstress zurück, da der Körper keine Energie mehr von außen bekommt. Damit ist er dazu gezwungen, auf eigene Reserven zurückzugreifen. Kann der Körper nicht mehr Kohlenhydrate als Energiequelle verwenden, beginnt er Ketone zu bilden. Diese Enzyme wandeln ***Fettreserven in nutzbare Energie*** *um. Dabei wird intensiv Fett abgebaut. Bekommt der Körper außerdem auch keine Proteine durch Nahrung zugeführt, wechseln die Zellen in die Autophagie. Auf diese Weise gewinnt die Zelle die fehlenden Proteine aus den molekularen Abfallstoffen. Dadurch werden die Zellen jünger und stressresistenter.“*[19]

Das hört sich doch ganz gut an, oder? Allerdings, wenn du eher zu den „Hungerhaken“ gehörst, so wie ich manchmal, kann Fasten auch kontraproduktiv sein. Für mich ist jedoch gerade die Autophagie das beste Argument, sich öfter einem Nahrungsverzicht auszusetzen. Das müssen ja nicht 10 Tage sein. Aber drei, vier Tage zweimal im Jahr erscheint mir doch machbar.

Gegenüber den Extremen des Hormesisprinzips geht Biohacking noch ein Stück weiter.

2.3 Biohacking

Biohacking habe ich beim Biohackingkongress in Bad Dürrheim letztes Jahr kennengelernt und war begeistert von der Community. Ich war gemeinsam mit einem BEMER-Partner Ausstellerin, sprich, wir haben die physikalische Gefäßtherapie BEMER vorgestellt.

19 Siehe https://prolonfasten.com/blogs/magazin/hormesis?utm_source=google&campaign_id=21550169173&ad_id=&utm_medium=cpc&utm_campaign=DE%20I%20Performance%20Max%20-%20Sales&utm_content=&utm_term=&gclid=CjwKCAiA64LLBhBhEiwA-Pxgu5ncpPwjJEgZ2TqobMK4_EibkQ9yF9ney2qFI6oMp4P7TJW3dYtkDBoCCU4QAvD_BwE&gad_source=1&gad_campaignid=21546368390&gbraid=0AAAACoVuMV8hePHIZFIVhWtNUkn4tIGz, letzter Zugriff 09.01.2026.

Und wenn ich von begeistert spreche, dann denke ich an die Menschen dort und an, du wirst dich nicht darüber wundern, das Eisbaden, das ich dort zum ersten Mal kennengelernt habe bzw. ausprobieren durfte. Das war für mich eine mega coole – im wahrsten Sinne des Wortes – Erfahrung und ein Eisbad steht mittlerweile auf meiner Wunschliste.
Wenn du Biohacking im Netz einmal eingibst, oder KI fragst, kommt etwas heraus, was z. T. einem angewandten Prinzip von

Longevity gemixt mit Hormesis entspricht, aber zum Teil noch weit darüber hinausgeht.

Vielleicht ist die Theorie dahinter etwas anders, denn Biohacking bezeichnet die Praxis, die eigene Biologie und Physiologie durch verschiedene biologische und technologische Methoden zu optimieren und zu verbessern. Es geht darum, die Grenzen des menschlichen Körpers zu erweitern und die eigene Gesundheit und vor allem die Leistungsfähigkeit zu steigern.
Ein gutes Beispiel hat Wim Hof als „Erfinder" des Eisbadens gegeben. Er verbindet diese Praxis mit speziellen Atemtechniken, die es ihm ermöglichen, viel länger im Eisbad auszuharren, als man so denkt. Sein Weltrekord steht bei 1 Stunde, 52 Minuten und 42 Sekunden! Er ist auch bekannt dafür, dass er einen Halbmarathon barfuß auf dem Eis gelaufen ist und den Kilimandscharo in Shorts und Bergschuhen in 28 Stunden bestiegen hat.
Also ehrlich, das geht auch mir zu weit.
Seine Atemtechnik, die viel mit Hyperventilieren zu tun hat, fand ich anfangs sehr spannend. Ich habe sie bestimmt ein halbes Jahr lang praktiziert und dann wieder aufgehört, weil ich das als für mich zu starken Stress erlebt habe. Vor allem das Anhalten des Atems fand ich irgendwann nicht mehr so lustig. Aber Wim Hof ist auch nicht das Maß aller Dinge.

Biohacker generell scheinen mir mitunter insgesamt etwas verrückt. Sie verwenden nicht nur verschiedene „natürliche" Techniken, wie zum Beispiel:

- Ernährung und Diäten, um die Körperchemie zu optimieren, kombiniert mit Nahrungsergänzungsmitteln und Supplementen, um bestimmte Effekte zu erzielen
- Meditation und Mindfulness, um die mentale Leistungsfähigkeit zu steigern
- Und eben Eisbaden und Atemtechniken,

Sondern eben auch:

- Körpermodifikationen, wie zum Beispiel Implantate oder Tattoos, um die Körperfunktionen zu verbessern
- Technologische Hilfsmittel, wie zum Beispiel Wearables oder Apps, um die Körperfunktionen zu überwachen und zu steuern

Einige Biohacker zielen außerdem darauf ab, bestimmte Krankheiten oder Alterserscheinungen zu bekämpfen.

Das Ziel ist alles in allem Selbstoptimierung und Selbsttransformation. Damit passiert aber etwas, was mir persönlich nicht so sympathisch ist. Gerade diese fast schon zwanghafte Selbstoptimierung stört mich persönlich sehr. Damit wird unser Organismus so in den Vordergrund gerückt, dass alles andere wiederum eingeschränkt in seiner Bedeutung ist. Und darum kann es meiner Meinung nach nicht gehen. Wir dürfen immer ein gesundes Gleichgewicht zwischen Körper, Gefühlen und dem Verstand anstreben. Aber das ist nur meine Meinung.
Besonders deutlich wird dieser Drang zur Selbstoptimierung im Punkt Tattoos und Implantate.

So werden zum Beispiel Cochlea-Implantate, die ursprünglich für hörgeschädigte Menschen gedacht sind, verwendet und damit bestimmte elektrische Impulse genutzt, um die Nerven zu stimulieren und unterschiedliche Körperfunktionen zu verbessern.

Es gibt neben Implantaten auch Tattoos, die ebenfalls bioelektrische Signale verwenden, um die Körperfunktion zu steuern oder zu überwachen. Zum Beispiel können Tattoos mit integrierten Sensoren die Herzfrequenz oder den Blutdruck messen.

Darüber hinaus gibt es Mikrochip-Implantate, die von einigen Hardcore-Biohackern benutzt werden und die bestimmte Funktionen ermöglichen, wie zum Beispiel das Öffnen von Türschlössern oder das Speichern von medizinischen Daten.
Einige Menschen lassen sich auch rein magnetische Implantate einsetzen, um Magnetfelder fühlen und für sich nutzen zu können.

Du fragst, was der Sinn hinter diesen Implantaten ist? Das ist eine gute Frage.
Die Vorstellung dahinter ist, dass Implantate oder Tattoos durch die Kombination von Biologie und Technologie die menschliche Biologie verbessern. Daher hat die Szene auch ihren Namen.
Das macht diese Sache an sich für mich nicht besser.
Denn ich denke auch die Risiken mit, wie zum Beispiel:

Ist Sicherheit und die Langzeitwirkung von Implantaten oder Tattoos eigentlich ausreichend erforscht und damit garantiert?

Wie hoch ist das Risiko von Infektionen oder anderen Komplikationen?

Möglicherweise gehört diesen Technologien die Zukunft.

Möglicherweise sind solche Implantate für Querschnittsgelähmte von immensem Vorteil. Aber noch sehe ich auch viel menschliche Hybris dahinter. Denn die körperliche Optimierung führt nicht zwingend zu mehr Mitmenschlichkeit und Empathie. Und sicher führt sie nicht zu einem besseren Miteinander der Menschen weltweit. Denn es wird noch lange eine Technologie sein, die den reichen Ländern vorbehalten sein wird. Und es ist eine Technologie, die leicht in den Verdacht gerät, eine Zwei-Klassen-Gesellschaft aufzubauen. Und das entspricht ganz und gar nicht meinen Vorstellungen von stimmigem Zusammenleben aller Menschen.

Also, wenn du deinen Organismus, deinen Körper als deinen besten Freund verstehst, der dich unterstützen kann, deine Traumatisierungen aufzuspüren und zu lösen, ist das das eine. Das ist wunderbar, sinnvoll und da gibt es, wie du jetzt gesehen hast, wenn du bis hierhin gelesen hast, viele sinnvolle Möglichkeiten. Das andere ist, wenn dann dein Körper zum Selbstzweck wird und der Versuch der Optimierung des Körpers und seiner Funktionen immer mehr in den Mittelpunkt gerückt wird. Das ist doch noch eine andere Hausnummer als Fasten oder mein geliebtes Eisbaden. Und führt das nicht auch wieder zu einem Zurückdrängen der Gefühle zugunsten einer fragwürdigen Ideologie? Du entscheidest, was für dich das Richtige ist, immer. Und niemand anders.

So, genug über uns, unser Mindset, unsere Gefühle, unseren Körper nachgedacht, reflektiert und geschrieben.
Jetzt sollen Frauen zu Wort kommen, die ich als „Systemsprengerinnen" bezeichne.

3. Systemsprengerinnen

Was meine ich mit Systemsprengerinnen?

Frauen, die sich z. T. trotz starker Traumatisierungen nicht davon haben abhalten lassen, zu sich selbst zu stehen und ihre je eigenen Rahmen zu sprengen, oder, wie Dr. Birte Göschl es so prägnant nennt, aus ihrem Schuhkarton herauszukommen.

Frauen, die ein Vorbild für dich sein dürfen oder eine Blaupause, mit dessen Hilfe du dein Leben und deine Herausforderungen besser verstehst.

Bühne frei jetzt also für Astrid Lindgren, Frida Kahlo, Dr. Birte Göschl und Coco Thamm.

3.1 Astrid Lindgren

„Was der Sinn des Lebens nicht ist, das weiß ich. Geld und anderes Zeug zusammenzukratzen, ein Promileben zu führen, auf den entsprechenden Seiten der Frauenzeitschriften zu posieren und solch eine Angst vor Einsamkeit und Stille zu haben, dass man nie in Ruhe über die Frage nachdenken kann: Was mache ich mit meiner kurzen Zeit auf Erden?"

Astrid Lindgren, 1983[20]

Um mich in das Leben von Astrid Lindgren, einer Schriftstellerin, die ich wegen ihrer Bücher wie z. B. Pippi Langstrumpf sehr schätze, einzudenken, gebe ich zunächst einmal ihren Namen bei AI für Meta ein. Ich hatte dir ja versprochen, wenn ich wieder

20 Zitiert nach Jens Andersen, Astrid Lindgren.

einen Versuch mit KI machen würde, wärest du die Erste, die das erfährt. Ok, also ich war sehr gespannt, was sich zeigen würde. In der Folge liest du erneut den Originaltext der KI:

„Astrid Lindgren, die berühmte schwedische Kinderbuchautorin, wurde am 14. November 1907 auf dem Hof Näs in Vimmerby, Schweden, geboren. Ihre Kindheit war geprägt von einer glücklichen und behüteten Zeit auf dem Bauernhof ihrer Eltern, Samuel August und Hanna Ericsson.

Astrid war das zweite Kind von vier Geschwistern und wuchs in einer Familie auf, die die Liebe zum Lesen und Erzählen förderte. Sie begann frühzeitig, Geschichten zu schreiben, und ihre Aufsätze wurden sogar in der Lokalzeitung „Vimmerby Tidning" veröffentlicht.

Nach dem Schulabschluss 1923 begann Astrid ein Volontariat bei der „Vimmerby Tidning" und lernte das Journalistenhandwerk. 1926 wurde sie schwanger und zog nach Stockholm, wo sie eine Ausbildung zur Sekretärin absolvierte.

1928 lernte Astrid ihren zukünftigen Ehemann, Sture Lindgren, kennen, und die beiden heirateten 1931. Sie hatten zwei Kinder, Lars und Karin. Astrid arbeitete als Sekretärin und Stenografin, bevor sie 1945 ihr erstes Buch „Pippi Langstrumpf" veröffentlichte."

Na dann ... Wenn das die Kurzbiografie von Astrid Lindgren sein soll, dann darf KI mal wieder einiges lernen, aber nicht von mir.
Was fällt mir auf? Vor allem alles das, was im Text nicht steht.
Mit 16 ging Astrid also ins Volontariat bei „Vimmerby Tidning", also bei der örtlichen Zeitung, um das Journalistenhandwerk zu lernen, und wurde mit 19 schwanger. Darauf ging sie nach Stockholm und lernte Sekretärin.
Aha. Wieso, weshalb, warum?

Da braucht es dann doch genauere Recherche, um zu erfahren, dass Astrid von ihrem Chefredakteur bei der Zeitung, Reinhold Blomberg, schwanger wurde. Ich beschließe, mich tiefer auf die Biographie von Jens Andersen einzulassen.
Beim Lesen wird mir klar:
Astrid und ich, wir haben eine Menge gemeinsam.
Und so nenne ich den folgenden Text einmal probeweise:

Astrid und ich

Ich habe nicht vor, die ganze Biographie von Astrid wiederzugeben, nur die entscheidende Phase der ungewollten Schwangerschaft, denn diese Phase zeigt so viel über die Astrid, die Rollenklischees sprengte und die so wunderbare literarische Figuren wie Pippilotta Pfefferminza Rollgardina Ephraimstochter Langstrumpf entstehen lassen konnte. Allein für den vollständigen Namen habe ich sie schon als Kind geliebt.
Und ich beginne mit dem entscheidenden Winter:

Es war Winter in Vimmerby, ein Winter, der Dunkelheit mit sich brachte, die auch am Tag nicht ganz wich, als Astrid Ericsson verstehen durfte, dass ihr Leben einen neuen, unerwarteten Weg eingeschlagen hatte. Das Mädchen, das über die Felder ihrer Kindheit mit dem Wind um die Wette gelaufen war, entdeckte: Sie war schwanger. Das musste zunächst ein Geheimnis bleiben – eines, das in Schweden der 1920er-Jahre für eine junge, unverheiratete Frau kaum zu tragen war.
Ledige Mutterschaft war damals nicht nur ein Makel: Sie konnte ein Leben zerbrechen. Astrid war in einer für sie völlig neuen Situation und sie hatte zunächst keinen, mit dem oder der sie darüber sprechen konnte.
Die Astrid, die mutig und wild war als Kind, die sich nicht anpasste und sich eher wie ein damaliger Junge verhielt, hatte erlebt, dass sich ein Mann in sie verliebte, der um vieles älter war als sie.
Und das machte was mit ihr, das imponierte ihr.

Sie, die so klug war, die aber keine Ahnung von Verhütung hatte, und er, der billigend in Kauf nahm, was dann passierte.

Möglicherweise war sie in ihrer eigenen Vorstellung auch verliebt in ihn, aber in ihrer Reaktion auf die Schwangerschaft zeigt sich für mich deutlich, dass ihr sehr früh klar war, dass sie sich dadurch nicht an den Mann binden wollte oder konnte, der selbst in einer Ehe steckte, aus der er sich befreien wollte. Die Frage nach dem „Mittel zum Zweck" stand wohl an und Astrid sah sich nicht als die Mutter, die im Falle einer Scheidung fortan auch für die Kinder von Blomberg zu sorgen hatte.
Und hier finden sich Parallelen zu meinem Leben:

Es war der Sommer 1981, als ich selbst – damals 24 – begriff, dass ich schwanger war.
Schwanger von einem verheirateten Mann, der mit der damaligen Frau schon zwei noch kleine Kinder hatte. Und das, obwohl ich die frauenärztliche Bestätigung hatte, dass ich gar nicht schwanger werden konnte. Zwar war das zu meiner Zeit nicht mehr so anstößig wie in den späten 20er-Jahren, aber trotzdem: Gemischte Gefühle bei mir, wie auch bei Astrid. Und dann ein Partner, der das nicht sehen wollte, sondern stolz war auf seine Potenz und versprach, mich zu heiraten, wenn er dann geschieden sei.
Für Astrid allerdings war Schwangerschaft ein viel existenzielleres Thema als für mich:

Frauen verloren damals in Schweden ihre Arbeitsstellen, wurden aus ihren Gemeinden gedrängt, mussten ihre Kinder abgeben – oder sie unter entwürdigenden Bedingungen großziehen. Der moralische Zeigefinger war allgegenwärtig, und das soziale Netz war dünn wie Eis. Und nicht zu vergessen, die gesellschaftliche Schande, die sie damit über ihre Eltern brachte.

Für mich war es keine „Schande" mehr, sondern mehr eine fast zu große Herausforderung an meine Belastbarkeit. Denn ich hatte kurz vorher in der Gastronomie selbstständig gemacht und war damit erfolgreich.
Als ich schwanger wurde, änderte sich alles für mich.
Der Vater meines entstehenden Kindes, 17 Jahre älter als ich, hatte zuerst den älteren, dann den jüngeren Sohn aus der Wohnung seiner Ehefrau in völlig verwahrlostem Zustand „befreit" und sie mir übergeben. Mir – die ich von Kindern so gar keine Ahnung hatte. Dann fuhr er mit uns allen nach Süddeutschland zu meinem ältesten Bruder, seiner Frau und den dazugehörigen drei Kindern, damit wir eine Zeitlang aus der Gefahrenzone waren, während er sich dann wieder in Hamburg der Polizei wegen Kindesentführung stellte.
Und ich? Ich hatte die Grundlagen meiner eigenen Existenz, meine berufliche Selbstständigkeit und meine eigene Wohnung aufgegeben zugunsten von diesen zwei kleinen Kindern, knapp zwei und vier Jahre.
Kurz vorher war auch ich Opfer der damaligen Ehefrau meines Partners geworden, die durch Zufall unser Verhältnis mitbekommen hatte und von ihrem Ehemann hören musste, dass er sich wegen mir scheiden lassen wollte. Sie versuchte, mich in ihrem geballten Hass mit Holzkleiderbügeln zu verprügeln. Nachdem ich ins Auto ihres Ehemannes geflüchtet war, ging sie mit den Bügeln auf das Autodach los.

Bei Astrid lag der Fall in einer Hinsicht recht ähnlich:
Sie war gerade erst 18, Volontärin in einer kleinen Zeitung. Der Vater des Kindes war Reinhold Blomberg, ihr Chefredakteur – ein Mann, der so viel älter war, dass er fast einer anderen Epoche anzugehören schien. Er war verheiratet, hatte schon sieben Kinder und war in einer komplizierten Scheidung verstrickt. Er bot zwar die Ehe an, nachdem er von der Schwangerschaft erfuhr, vielleicht weil er sie tatsächlich liebte. Doch Astrid spürte,

wie schon gesagt, dass eine Heirat in dieser Situation eine Art Gefängnis gewesen wäre.
Zwar war sie beeindruckt gewesen von den Gefühlen, die Blomberg wohl ihr gegenüber entwickelt hatte – wer sollte es ihr verdenken –, aber sie war sich nicht sicher, ob sie sie irgendwann erwidern könnte.
In einem ihrer Briefe schrieb sie sinngemäß, sie könne keine Zukunft bauen auf etwas, das sich für sie nicht richtig anfühle. Sie wolle ihrem Kind nicht eine Welt geben, die sie selbst nicht tragen könne.

Auch mein Partner war schon länger in eine dreckige Scheidung verstrickt, nur hatte ich damals so gar keine Vorstellung, wie dreckig das alles werden würde. Aber auch er, der so viel ältere Mann, bot mir die Hochzeit an.
Zu der Zeit wusste ich noch nicht, dass es dazu niemals kommen würde. Ich sprang – anders als Astrid – bereitwillig in die zu meiner Zeit noch vorherrschenden Rollenklischees, indem ich in der Folge die Verantwortung für bald drei Kinder übernahm. Noch wusste ich nicht, dass ich mich damit maßlos übernommen hatte. Für meine Eltern war das ein Graus, etwas, was sich nicht „schickte" und das sie nur schwer aushalten konnten, aber sie hatten kein Mitspracherecht.

Mitspracherecht hatten auch Astrids Eltern nicht. Und mehr noch: Für Astrid begann eine Reise, die gleichzeitig Flucht und Mutprobe war. Sie verließ ihren Heimatort still, fast heimlich, um ihre Eltern nicht der öffentlichen Schande auszusetzen. Stockholm, die Stadt, in die sie zunächst floh, hatte den Vorteil, eine Stadt zu sein, in der sie zunächst nicht wirklich bemerkt wurde, und vielleicht war es gerade das, was sie brauchte: Unsichtbarkeit. Doch selbst dort war ihre Situation schwierig. In Schweden mussten zu der Zeit, also in den späteren 20er-Jahren, ledige Mütter ihre Identität preisgeben – und es gab kaum Unterstützung. Also reiste sie weiter nach Kopenhagen, wo die Gesetze

anders waren, wo Frauen ihre Kinder „vertraulicher" zur Welt bringen konnten.
So brachte sie im Dezember 1926 ihren Sohn Lars zur Welt, allein, in einem fremden Land, in einem Zimmer, das eher nach Übergang aussah als nach Zukunft.
In einem später nach außen gelangten Brief beschrieb sie sinngemäß diese Zeit als einen stillen Kampf, als eine Zeit, in der sie jeden Tag entscheiden musste, ob sie an sich glaubte. Und obwohl sie ihr Kind liebte, wird im Zusammenhang deutlich, das sich diese Zeit für sie anfühlte, als würde die Welt ihr zwar alles abverlangen, ihr jedoch nichts zurückgeben.

Und auch hier wieder eine Parallele zwischen Astrid und mir: Als ich zurück aus Süddeutschland kam, hatte mein Partner meine Wohnung aufgelöst und eine Wohnung gemietet, in der ich nicht wirklich zu Hause war. Schwanger und dazu noch mit zwei kleinen Kindern, geriet auch mein Leben zu einem „stillen Kampf" und wirklich in Ordnung war die Welt für mich nicht, denn mein Partner war mehr in Hamburg als in Flensburg. Den Alltag durfte ich allein regeln. Als dann meine Tochter zur Welt kam, musste er zwangsläufig „nach Hause" kommen, er war auch bei der Geburt dabei, aber ich hatte nur Augen für die Kleine. Dass es diese Form von spontaner Mutterliebe für mich gäbe, hätte ich nie geglaubt.

Astrid musste kurz nach der Geburt nach Stockholm zurück, um zu arbeiten. Ihr Sohn blieb bei einer Pflegemutter, Marie Stevensen, einer warmherzigen Frau. Für mich wäre genau das ein absolutes gefühlsmäßiges No-Go gewesen, so gleich nach der Geburt gehen zu müssen und das Kind im Stich zu lassen.
Astrid hatte keine andere Wahl und ich kann mir sehr gut vorstellen, wie es ihr dabei gegangen ist. Denn mit meiner Tochter war eine Liebe in mein Leben getreten, die ich zuvor so nie gekannt hatte und die ich für nichts in der Welt mehr missen wollte. Später lernte ich Astrid noch besser zu verstehen, als ich

selbst in einer absoluten Extremsituation meine dann schon zwei Kinder bei ihrem Vater lassen musste, weil ich weit über meine Kräfte hinaus belastet war und es nur noch einen kleinen Schritt zum absoluten Aus bedurfte.
Astrid besuchte ihren Sohn Lasse, sooft sie das Geld dafür aufbringen konnte – Fahrten, die sie bis an die Grenzen ihrer finanziellen, aber auch emotionalen Mittel brachten.
Die Briefe dieser Jahre sind voll von einem leisen, durchdringenden Schmerz. Und ich weiß genau, wie sich das angefühlt haben muss. Sinngemäß äußerte sie darin, wie ihr Herz jedes Mal schwer wurde, wenn sie „sein kleines Gesicht auf dem Arm einer anderen sah". Zugleich sprach daraus eine tiefe, unerschütterliche Liebe: Sie hielt durch, weil sie wusste, dass sie es für ihn tat – für ein späteres gemeinsames Leben, das aus freien, eigenen Entscheidungen erwachsen würde.

Auch hier eine Parallele, auch ich hielt die Zeit der Trennung von meinen Kindern durch, allerdings, weil der Vater der Kinder mir keinen Kontakt zu ihnen ermöglichte. Und im Stillen hatte ich die Hoffnung, dass die Liebe zu meinen Kindern auch uns wieder zusammenführen würde.

Der Vater von Astrids Kind, Blomberg, war zwar nicht abwesend, aber er stand am Rand dieses Dramas, unfähig oder unwillig, der Fels zu sein, den die Situation erfordert hätte. Astrid erkannte rasch, dass seine Fürsorge nicht zu der Art von Hingabe werden würde, die sie sich für ihren Sohn wünschte. Sie schrieb sinngemäß, dass es Wege gibt, die zwei Menschen nicht gemeinsam gehen können, selbst wenn ein Kind aus ihnen hervorgegangen ist.

Genauso erlebte ich das. Der Vater meiner Kinder war völlig überfordert mit der Situation, holte sich eine neue Frau ins Haus, meine bis dahin beste Freundin.

Die Wege zwischen dem Vater meiner Kinder und mir trennten sich allein dadurch unwiderruflich, auch nachdem die Kinder endlich wieder bei mir sein durften.

Erst 1931, als die Pflegemutter krank wurde, holte Astrid Lasse ganz zu sich nach Stockholm. Da war sie 24 Jahre alt – immer noch jung, aber nun mit einem ganz anderen Selbstbewusstsein. Sie hatte eine feste Anstellung, einen eigenen kleinen Haushalt und eine ganz neue Würde.
In ihren späteren Erinnerungen klang es wie ein Aufatmen, wenn sie beschrieb, wie Lasse nun **„sein Kinderlachen in ihrer Küche verstreute"**, wie sie plötzlich etwas hatte, das sie nie hatte aufgeben wollen: den Alltag und Nähe mit ihrem Kind.

Astrid Lindgren sprach später selten öffentlich über die schweren Jahre als ledige Mutter. Doch wer ihre Bücher liest, spürt die Spuren dieser Zeit:

- Ihre Heldinnen sind Kinder, die sich selbst behaupten müssen wie Pippi, deren Mutter **„ein Engel im Himmel"** war und deren Vater sie als nicht anwesend beschrieb. Pippi selbst ist ein außergewöhnliches Kind, das sich seine eigene Welt jenseits von gängigen Konventionen schafft. In dem Mädchen Pippi spiegelt sich viel von der ersten Zeit ihrer Kindheit wider.

- Es sind auch die einsamen Kinder, die sie beschreibt und die sich ihr eigenes Zuhause schaffen, wie Ronja, deren Mutter gar nicht erwähnt wird und deren Vater „Räuberhauptmann" war und sich demgemäß nicht wirklich um sie kümmerte.

- Und natürlich ihre kaum verborgene zentrale Botschaft, dass Liebe oft stärker ist als Konvention – und dass Freiheit ein menschliches Grundrecht ist, gerade für die Kleinsten.

Und genau das ist auch der Grund, warum ich gerade Astrid an dieser Stelle als die Frau beschreibe, die Rollenklischees brach und mit ihren Büchern bis heute Mut macht, es auch zu tun.
Und genau deswegen fühle ich mich bis heute Pippi Langstrumpf so verbunden, die das hat, was ich nie hatte – eine Kindheit voller Abenteuer, obwohl oder gerade weil sie ohne Vater und Mutter aufwuchs. Und die den Mut hat, Grenzen und Konventionen zu überwinden, einen Mut, den ich erst schmerzlich lernen durfte.
Astrid Lindgren selbst war ebenfalls keine Rebellin mit Fahnen und lauten Parolen. Ihr Widerstand bestand aus Entscheidungen im Stillen, aus dem Mut, eine ungewollte Schwangerschaft nicht als Lebensende zu begreifen, sondern als Beginn einer Geschichte, die sie selbst schreiben wollte.
Und vielleicht lag gerade in diesem leisen, unnachgiebigen Mut jene Kraft, die später Millionen Kinderherzen erreichte.

3.2 Frida Kahlo

Nachdem ich einmal ein Bild von Frida Kahlo gesehen hatte, war ich ihr ein für alle Mal verfallen. Diese Farben, die vielfältigen Botschaften, aber auch die Provokationen, die in ihren Bildern steckten.
Und so war es für mich schon von Anfang an und ohne dass ich viel über ihr Leben wusste, völlig klar, dass sie eine Systemsprengerin gewesen sein musste. Deswegen fing ich an zu recherchieren. Und ja, ich entdeckte eine Systemsprengerin mit so vielen unterschiedlichen Facetten, dass ich das Kapitel über sie in diesem Buch ganz an das Ende meiner Arbeit stellte. Es musste erst in aller Ruhe sacken und ich durfte zunächst einen fiktiven Roman lesen, der mir die Person Frida auch emotional näher brachte.[21]

21 Wenn du magst, schau mal in diesen Roman: Florencia Etcheves: Fridas Köchin. Wien 2023.

Was ich besonders beeindruckend fand und finde, war, dass sie eine mexikanische Malerin war, die sowohl mit ihrer Kunst als auch ihrem Leben die Grenzen des traditionellen Frauenbildes und der gesellschaftlichen Normen gesprengt hat, und dennoch in diesem Frauenbild verhaftet war.

Als Tochter des deutschen Fotografen Carl Wilhelm Kahlo und der mexikanischen Malerin Matilde Calderón de Kahlo wurde sie am 6. Juli 1907 in Coyoacán, Mexiko-Stadt, geboren.
Im Alter von sechs Jahren erkrankte sie schwer an Polio, also an Kinderlähmung, und das hatte ihr Leben lang Auswirkungen auf ihre Gesundheit.
Ihre Eltern sorgten dafür, dass sie eine gute Schulbildung bekam, damit sie später Medizin studieren könnte.
Das war zu den damaligen Zeiten schon mehr als ungewöhnlich.
Ob es ihr Wunsch war oder der ihrer Eltern, weiß nur Frida allein.
Frida konnte tatsächlich im Jahr 1922 an der Escuela Nacional de Medicina anfangen, Chirurgie und Anatomie zu studieren.
Aufgrund eines schweren Busunfalls 1925 musste sie allerdings das Studium abbrechen und konnte es auch nie wieder aufnehmen, da ihre Verletzungen so schwer waren, dass sie sich nie vollständig davon erholt hat. In dieser Zeit begann sie mit dem Malen. Es spricht sehr viel dafür, dass es ihr eigener Wunsch gewesen war, Medizin zu studieren, denn in ihren Bildern finden sich einige Darstellungen medizinischer Details und ebenso medizinische Themen.
Dabei spielte auch das Korsett eine große Rolle, das sie tragen musste, um ihre Wirbelsäule zu stützen und ihre Schmerzen zu lindern.

Das Korsett wurde für sie ein Symbol der Unterdrückung und der Einschränkung, die sie in ihrem Leben erlebte.
Zeitlebens empfand sie das Korsett als ein Instrument der Kontrolle und der Disziplinierung des weiblichen Körpers. Trotzdem konnte sie nicht ohne leben.

Frida Kahlo hat das Korsett in vielen ihrer Kunstwerke dargestellt. In ihrem Bild „Selbstporträt mit Dornenhalsband und Kolibri" von 1940 z. B. trägt sie ein Korsett mit Dornen, das ihre Schmerzen und ihre Qualen symbolisiert.
In ihrem Bild „Die gebrochene Säule" von 1944 trägt sie ebenfalls ein Korsett, das ihre Wirbelsäule stützt, aber auch ihre Bewegungsfreiheit deutlich sichtbar einschränkt.

Frida Kahlos künstlerische Darstellung des Korsetts ist allerdings ambivalent. Es greift zu kurz, es nur als einen Ausdruck von Schmerz und Widerstand gegen die gesellschaftlichen Normen und Erwartungen, die an Frauen gestellt wurden, zu sehen.
Denn es gibt Hinweise, dass sie das Korsett auch als ein Instrument der Selbstbehauptung und des Widerstands sah. Wenn dich das interessiert, vertiefe dich gern mal in ihre Werke.
Es lässt sich durchaus sagen, dass sie durch ihre Kunstwerke und vor allem durch ihre Selbstporträts die Menschen auf die Probleme und die Schmerzen aufmerksam machen wollte, die Frauen in einer patriarchalischen Gesellschaft erlebten. Sie hat somit in ihren Kunstwerken die Grenzen des traditionellen Frauenbildes und der gesellschaftlichen Normen gesprengt.
Deswegen kann man Frida Kahlo mit Fug und Recht als „Systemsprengerin" bezeichnen, die sich auch im Privaten nicht an die üblichen Normen und Konventionen hielt:
Am 21.08.1929 heiratete sie den mexikanischen Maler Diego Rivera, der 20 Jahre älter war als sie. Die Ehe war von Beginn an von Spannungen und Rivalitäten geprägt, zum einen durch die Kunst und zum anderen, weil sowohl Rivera als auch Frida beide zahlreiche Affären hatten. Die Ehe wurde nach 10 Jahren geschieden, aber beide konnten nicht ohne einander. So heirateten sie am 8. Dezember 1940 erneut.
Daneben war Frida lange Jahre Mitglied der Kommunistischen Partei Mexikos und unterstützte die revolutionäre Bewegung in Mexiko. Sie hat sich somit nicht nur als Künstlerin und Partnerin,

sondern auch als Frau und als politische Aktivistin definiert und damit ein neues Bild von Weiblichkeit und Kunst geschaffen.
Und doch blieb einer ihrer größten Wünsche unerfüllt, der Wunsch nach einem Kind.
Frida Kahlos unerfüllter Kinderwunsch war ein tiefes und schmerzhaftes Thema in ihrem Leben. Sie hatte mehrere Fehlgeburten und war aufgrund ihrer gesundheitlichen Probleme nicht in der Lage, ein Kind auszutragen.
So wurde Frida Kahlo im Jahr 1930 schwanger, aber sie erlitt im dritten Monat eine Fehlgeburt.
Im Jahr 1932 wurde sie erneut schwanger, aber sie erlitt im siebten Monat eine Fehlgeburt.

Das ist ein Aspekt in Fridas Leben, den ich höchstens an der Oberfläche nachempfinden kann, da ich drei Kinder habe und auch die Geburten als total beglückend erlebt habe.
Aber mir ist rein vom Verstand her klar, welche schmerzhaften Emotionen damit für Frida verbunden waren.
Frida jedoch verstand die Fehlgeburten nicht nur als äußerst schmerzhafte Ereignisse in ihrem Leben, sondern vor allem als ein persönliches Versagen.
In diesem Aspekt ihres Lebens zeigt sich, wie sehr sie auch in ihrer Zeit gefangen war, denn sie sah die Mutterschaft als eine wichtige Rolle für eine Frau an und fühlte sich aufgrund ihrer Unfähigkeit, ein Kind zu bekommen, unvollständig und unglücklich.
Frida Kahlo entwickelte jedoch eine Kraft, diese erneuten traumatischen Erfahrungen zu transformieren.
Sie verarbeitete das Thema sehr drastisch in vielen ihrer Kunstwerke, z. B. in dem Bild „Henry Ford Hospital" aus dem Jahr 1932, das ihre zweite Fehlgeburt darstellt.
Vielleicht hat gerade deswegen Frida Kahlos Leben und ihre Kunst eine Generation von Künstlern, Feministinnen und Aktivisten inspiriert.

Sie ist ein Symbol für die Stärke und die Widerstandskraft von Frauen und ein Beispiel dafür, dass Kunst und Politik Hand in Hand gehen können, um die Welt zu verändern.

Frida Kahlo starb am 13. Juli 1954 im Alter von 47 Jahren an einer Lungenembolie.

An diesem Punkt zeigt sich für mich deutlich, wie wichtig es ist – auch für dich und für mich – für unsere Traumatisierungen eine jeweils geeignete Ausdrucksform zu finden, um sie letztendlich zu überwinden.

Für Astrid Lindgren war es das Schreiben, für Frida Kahlo waren es ihre Bilder.

Beide Frauen waren einerseits Kinder ihrer Zeit und andererseits ihrer Zeit deutlich voraus.
Jede für sich hat in ihrer je eigenen Art Kunst geschaffen, mit der sie ihre eigenen Traumatisierungen transzendiert haben.
Diese Kunst bleibt und zeigt uns heute, wie Frauen aus Mut und aus Widerstand gegen das herrschende System zu Systemsprengerinnen werden.
Ich verstehe beide als wunderbare Frauen, die uns ermutigen können, zu uns selbst zu stehen.
Und es gibt viel mehr Frauen, die zu ihrer Zeit Systemsprengerinnen waren, als wir ahnen. Denn in unserer Gesellschaft, die seit Jahrtausenden vom Patriarchat geprägt ist, sind viele dieser Frauen der Zensur einer Männergesellschaft zum Opfer gefallen. Mach dir einfach mal die Mühe und suche z. B. über Wikipedia oder aber KI weitere tolle Frauen. Du wirst staunen! Und jede von ihnen kann uns mit ihrem Mut zeigen, dass es auch anders gehen könnte und irgendwann auch gehen wird in unserer Welt. Und die uns ermutigen, dass wir auch heute mit dem, was uns im Innersten ausmacht, mit dem, was jede Einzelne von uns so besonders macht, hinausgehen dürfen und uns nicht von Kon-

ventionen oder Ähnlichem aufhalten lassen. Wenn wir denn endlich sichtbar werden. Dazu habe ich einen Blogartikel veröffentlicht, den du auf meiner Homepage nachlesen kannst, oder aber – wie immer – hier.[22]

Es gibt auch zeitgenössische Systemsprengerinnen, die sich nicht an Konventionen, die auch bei uns noch gelten, halten. Sondern die mutig ihren eigenen Weg gehen und sich sichtbar machen.
Mein nächstes Beispiel, meine nächste Systemsprengerin, habe ich auf LinkedIn gefunden. Es gibt viele von ihnen dort, auch du darfst sie finden und du wirst sie finden, wenn du aufmerksam Posts von Frauen liest.
Genau das habe ich getan und tue es immer wieder.
Und damit kommen wir gemeinsam zu Coco Thamm.
Wie habe ich sie gefunden?
Der LinkedIn-Algorithmus hat sie mir eingespielt. Ich poste selbst einiges zu sexualisierter und sexueller Gewalt, und auch zu Trauma und Traumatisierungen. Deshalb werden mir vermehrt Frauen angezeigt, die ähnliche Themen haben. Coco Thamm war eine von ihnen. Ich wünsche dir viel Spaß an unserem durchaus systemsprengenden, auf alle Fälle an vielen Punkten das System übersteigenden Gespräch.

---

22 https://dr-claudia-editha-richter.de/sichtbarkeit-50-wenn-du-endlich-aufhoerst-dich-klein-zu-machen/

3.3. Gespräch mit Coco Thamm

Auf Coco werde ich durch ihre Posts aufmerksam, die sich um ihre Erfahrungen mit sexuellen Übergriffen, die sie z. T. schon als Kind erlebt hat, drehen.
Ich schreibe sie an und sie erklärt sich sofort bereit, mir ein Interview zu geben.
Dieses Interview entwickelt sehr schnell eine Eigendynamik, die uns dazu führt, über „Gott und die Welt" zu sprechen.
Ausgehend von ihren Erfahrungen und ihrem Umgang mit den daraus entstehenden Traumatisierungen, formuliert sie gegen Ende klar, worauf es ihr heute ankommt:
Liebe in die Welt zu bringen.
Deswegen steht dieses Interview, aus dem letztendlich ein Gespräch wird, unter der Überschrift: Systemsprengerinnen.

Ich starte mit der Frage nach ihren ungefähr zehn Geschichten zum Thema sexualisierter und sexueller Gewalt. Und erfahre von ihrer Absicht, im Laufe der Zeit alle Erfahrungen auf LinkedIn zu posten.

Auf meine Frage, wie alt sie ungefähr beim letzten Mal gewesen sei, antwortet sie unmissverständlich: 29!

Und setzt hinzu:

„Viel Spaß demjenigen, der heute noch mal irgendwas machen wollen würde. Es reicht!"

Dann fährt sie fort:

„Genau deswegen sprechen wir darüber, genau deswegen veröffentlichen wir es.
... ich habe immer gedacht, dass ich vorbereitet bin.
Der erste Exhibitionist war ... mit sieben, acht vielleicht, der letzte, ... da war ich Anfang 20. In dem Moment war ich wieder

so perplex und gelähmt, dass ich erst reagierte, als er aus meiner Reichweite war. Ich rief ihm etwas nach, und falls er mir folgen sollte, könnte ich noch wegrennen. Da ist immer dieser Sicherheitsgedanke.
Das ist Wahnsinn, wie perplex man ist, obwohl man sich etwas zurechtgelegt hatte, ein Toolset, was man dann nutzen könnte. Doch diese Überforderung und Schockstarre, das ist der absolute Wahnsinn.
Das sage ich als sehr, sehr starke, sehr resiliente Frau ... ich bin mit zwei Brüdern aufgewachsen ..., ich stehe auf Bühnen, wenn ich eine starke Frau definieren müsste, würde ich eine Menge von Frauen nennen und mich dazu zählen. Also wenn ich da schon so gehemmt bin, was sagt das über die Situation aus? Du bist faktisch gesehen in einer körperlichen Unterlegenheit."

Ich frage sie nach den Folgen dieser Erlebnisses und warum sie erst heute darüber spricht.

Coco berichtet, dass sie das Trauma bzw. die Traumata erst jetzt merke, weil sie vorher funktioniert hat und jetzt, durch das Teilen auf Social Media, die Wunden aufgerissen werden. Jetzt erst, so sagt sie, werden ihr die Dimensionen bewusst:

„Wir haben so etwas wie eine Landkarte des Schreckens schon in uns einprogrammiert. Wir wissen – ich kriege Gänsehaut, wenn ich das sage – wir wissen ...
Wir wachsen nicht unbeschwert auf, wir bewegen uns nicht unbeschwert, und wir reden hier von einem westlichen Land, einem Wirtschaftsstandort, Teil der EU, und trotzdem haben wir Frauen diese Themen ...
Du bist, wenn du auf der Straße des Nachts unterwegs bist, du bist mehr als wachsam, du kriegst leichte Panik, wenn jemand hinter dir läuft, du scannst alles ab, du begleitest Freundinnen, du wartest im Auto, bis sie im Haus verschwunden sind, du gewöhnst dir einfache Strategien an, womit du die Gefahr mini-

mierst, die du niemals ausschließen kannst. Du versuchst, dich – im Rahmen deiner Möglichkeiten – zu schützen, in allen erdenklichen Formen, immer eingerechnet, es könnte ja etwas passieren."

Ich erinnere mich an meine Zeit als junges Mädchen, junge Frau in Hamburg. Ich kenne es genau, das, was Coco erzählt.
Genauso war es damals auch bei uns. Damals hatte ich vom Bahnhof Barmbek etwa 10 Minuten Fußweg nach Hause. Aber diese 10 Minuten hatten es in sich. Ich weiß heute noch, wie es sich anfühlte, wenn ich das Gefühl hatte, dass jemand hinter mir ging. Obwohl da meist niemand war. Und obwohl ich eigentlich stolz darauf war, dass ich den Weg schon allein gehen durfte. Und ich spreche nicht von nachts, sondern von den frühen Abendstunden, wenn es schon dunkel war.

Coco erzählt, dass sie es sich drei Wochen lang genau überlegt hat, ob sie die Geschehen wirklich posten möchte, ob sie damit alte Wunden aufreißen wird, zumal gerade LinkedIn ja eine Businessplattform sei.

„Und dann habe ich gedacht: Du kannst doch nicht schweigen, nicht jemand wie du, der immer seine Stimme als Botschafterin nutzt und sich stark macht für andere! Du kannst erst recht nicht schweigen."

Sie berichtet über ihre Angst vor den Reaktionen der Leser*innen. Von den Leser*innen, die vielleicht ihr Erleben anzweifeln oder es herunterspielen würden. Zum Glück kamen nur positive Reaktionen.
Sie taucht noch einmal in diese Situation ein und berichtet, dass sie heute immer noch nicht fein damit sei, dass sie so abhängig von der Meinung der anderen war:

„... wenn die Leute anders reagiert hätten, dann hätte ich das wieder zu mir genommen, die Geschichte eingekapselt und damit weitergelebt. Das ist so schade, wie abhängig man da auch von Zuspruch ist. Diesen Weg zu gehen, das ist das eine ..."

Ich ergänze für mich selbst:

„Aber die Reaktionen auszuhalten, das ist das andere."

Ich erinnere mich sofort wieder an meine Gedanken und Ängste kurz vor der Veröffentlichung meines letzten Buches über sexuelle und sexualisierte Gewalt, in dem ich auch meine Geschichte erzähle. Fast hätte ich das Manuskript, das schon beim Verlag war, noch zurückgezogen.

Coco erzählt, dass sie diesen unbewussten Verdrängungsmechanismus anfangs gebraucht hat. Im darüber Reden, so Coco, fallen dann auch all die anderen Dinge ein. Als Beispiel nennt sie die Übergriffigkeiten im Schulsport, an die sie lange keine Erinnerung gehabt hat.
„Es ist eben so, wenn man sich öffnet und anderen mitteilt, wird das Geschehen ganz schnell bagatellisiert."

Ich denke sofort an Reaktionen wie:

„Stelle dich nicht so an, hab dich nicht so".

Diese Reaktionen im Außen führen dazu, dass man Geschehnissen ihre Existenz abspricht. Das ist eine der stärksten Folgen dieser Art von Traumatisierung.
Stück für Stück verlieren Frauen so das Vertrauen in sich selbst.

Ich frage Coco nach körperlichen Symptomen, mit denen sie auf diese Verdrängung reagiert hat.

Coco wird nachdenklich und nach einiger Zeit des Überlegens sagt sie:

„Ich bin irgendwann dazu übergegangen, die Amazone zu sein. Da war ganz viel Wut, die sich angestaut hatte. Ich begann rhetorisch wirklich Männer zu zersägen in Dialogen.
Mein Ziel war es immer, stärker zu sein als der Mann, zunächst rhetorisch, dann irgendwann körperlich. Da hatte ich eine Fitnessstudio-Zeit, wo ich Oberarme hatte, dicker als die der Männer meines Umfeldes."

In Folge dessen spürt sie, dass das nicht die Antwort sein kann, einfach nur stark zu sein.
Sie hat sich entschieden, aus der Opferrolle herauszukommen. In dem Moment, in dem man sich als Opfer sieht, macht man sich zu einem. Man ist „empfänglicher" für das, was passieren könne.
Diese Sicht bestätigt ihr ein Polizist, der mit ihr Selbstverteidigungsgriffe trainiert hat. Und der ihr demonstriert hat, dass sie im Ernstfall keine Chance habe. Dann, wenn ein Mann wisse, was er da tue, hat sie, und damit auch andere Frauen, körperlich kaum eine Chance mehr.

Sie empfiehlt Frauen trotzdem oder gerade deswegen, Selbstverteidigungskurse, die ebenso das Selbstbewusstsein steigern, zu durchlaufen.
Die dadurch veränderte Ausstrahlung kann entscheidend sein. Selbstsichere Ausstrahlung ist zumindest eine Chance, zu verhindern, dass ein Mann übergriffig wird.

Ich komme noch einmal auf die Wut zurück, auch im Hinblick auf die eingekapselten Emotionen, und frage Coco, wie sie generell mit ihren Gefühlen unterwegs ist.

Sie bezeichnet sich als sehr tief fühlend. Das zeichne sie aus. Hinter der Wut, die immer noch da ist, stecke eben auch viel Power und Veränderungswillen.
Wut ist einer ihrer Treiber und zwar nicht einfach kollektive Wut gegen Männer. Dafür denke sie viel zu differenziert.

Sie bezeichnet sich als einen gerechtigkeitsliebenden Menschen.
Aber, so sagt sie:

„Es gibt global so viele Dinge, die falsch laufen."

Daran könne sie sich schnell aufzureiben. Am stärksten treibe sie dann das Gefühl um, nichts dagegen machen zu können, gegen diese Dinge, die für sie global falsch laufen. Als Beispiel nennt sie die Art, wie wir Tiere behandeln.

Da ist Wut auch ein Weg, „Nein" dazu zu sagen.
Diese Wut allerdings zu transformieren in pure Liebe ist das, was sie gerade durchläuft.

Sie erläutert:

„Ich bin pure Liebe und ich will niemandem etwas Böses. Ich will auch nicht kollektiv Männer framen."

Gleichzeitig, so merkt sie an, sind es meist Männer, die übergriffig werden und diese Übergriffigkeiten dann auch versuchen kleinzureden.

Sie erinnert daran, dass es das immer noch allgegenwärtige Machtgefälle sei. Machtgefälle par excellence.
So wie es gerade in der Filmbranche zu beobachten sei:

„Da sind jetzt, Gott sei Dank, so viele Fälle, wo ... die Köpfe mächtiger Männer gerollt sind, wo niemand mit gerechnet hätte in der Entertainmentbranche.

Wenn du dir das anschaust, die Muster, das ist häufig: Höheres Alter gegen Jugend, Stand gegen Newcomerin. Da wird gezielt jemand gewählt in einem Machtgefälle. Ich glaube nicht einfach an Opfer und Täter, du weißt genau, was ich meine."

Dieses Machtgefälle wird gezielt ausgenutzt.

Manchmal – wie soeben – verselbstständigen sich ihre Gedanken und sie wechselt von einem Gedanken zum nächsten und nach etwas Zeit wieder zurück.
Das macht genau den Reiz dieses Interviews für mich aus. Ich verstehe, dass wir gar kein Interview führen, sondern immer klarer ein Gespräch, das von einem zum anderen Thema führt und manchmal wieder zurück.

Wir vertiefen in Hinblick auf die Opferrolle, denn ich wende ein, dass ich schon an Opfer und Täter glaube, obwohl ich das Wort „Opfer" lieber durch das Wort „Geschädigte" ersetze.

Opfer klingt immer so – und da sind wir uns beide einig – nach Hilflosigkeit, nach dem kleinen armen Opfer, dem geholfen werden muss. Diese Zuschreibung lehnen wir beide absolut ab!

„Geschädigte" trifft es für uns beide besser, denn Geschädigte bedeutet ja auch, dass wir über die Tat hinaus Schaden erlitten haben.

Coco spricht von ihren zwei Theorien. Die eine ist der Krebs.

Sie vertieft:

„Bei Brustkrebs usw., also alles, was das Weibliche abbildet – du hast teilweise in der ersten Generation im Krieg Vergewaltigung und dann zwei, drei Generationen später hast du ... in der dritten und vierten Generation:

Mutter und Tochter, die dann beide Brustkrebs bekommen ... Und du denkst so, nein, das ist nicht nur einfach Disposition. Das sind, darauf will ich hinaus, diese ungeheilten Geschichten in uns, die gehen mit uns weiter. Das ist auch mittlerweile epigenetisch belegt."

Ich bringe Louise Hay ein, eine Therapeutin und Autorin, die ganz klar auch in dieser Richtung geht, dass Vergewaltigungsbetroffene sehr häufig mit Krebs zu tun bekommen.
Und ich äußere mein Unverständnis darüber, dass die Medizin junge Mädchen gegen Gebärmutterhalskrebs impft, wenn doch eine mögliche Ursache und mögliche Schuld wo ganz anders liegt.
Warum wird nicht auch mehr Schutz vor Gewalt angeboten?
Ich verstehe es nicht.
Ich will es auch nicht verstehen. Für mich geht das schon in Richtung Opfer-Täter-Umkehr. Zwar spreche ich es nicht aus, denn ich bin mir nicht sicher, ob das nicht vielleicht übertrieben ist.

Coco jedoch versteht sofort, was ich damit meine und geht darauf ein:

„Du meinst, dass das nicht körperlich aufgearbeitet wird, mental? Genau. Ich würde doch bei jedem jungen Mädchen oder jeder jungen Frau, die Krebs hat, mal nach ihrer Lebensgeschichte fragen. Ich bin zu 100 Prozent bei dir.

Es gibt ja auch Kinder, die quasi im Krieg gezeugt wurden, nachvollziehbar als Vergewaltigungskinder. Und darüber wurde nicht gesprochen. Deckel drauf, Leben geht weiter.

Am Ende hast du was in deiner Linie und weißt es gar nicht. Am Ende kriegst du es und der Ursprung ist dir gar nicht bewusst. Das wird einfach still unter so einer Maske des Schweigens weitergetragen."

Und sie kommt auf ihre zweite Theorie zu sprechen, zögert aber noch, weil sie nicht genau weiß, ob und wie die in unser Thema reinpasst.

Dieses Thema muss sie aber doch mit mir teilen, weil es ihr ihr eigenes Gefühl sagt, dass das Thema Hexenverbrennung und die frühere Macht der Frauen auch mit unserer heutigen Situation zu tun hat.

Ich muss über ihren Einwurf lachen und natürlich fragt sie mich sofort, warum ich lache.
Ich bin ehrlich und teile meinen Gedanken, dass wir beide uns aus der Zeit der Hexenverbrennung kennen.

Auch sie lacht und für dich, liebe Leserin, die du vielleicht den Gedanken an mehrere Leben bzw. Reinkarnationen nicht glauben kannst:
Unterbrich an dieser Stelle einmal die Lektüre und frage dich, ob du bereit bist zu lesen, was zwei Frauen, die sich an ihre unterschiedlichen früheren Leben erinnern können, jetzt anfangen auszutauschen?
Bist du bereit für eine solche Exkursion, und kannst es nachvollziehen? Oder hast es bereits selbst erlebt, dass sich Frauen, die in früheren Leben unterschiedliche Geschichten miteinander lebten, in diesem Leben wiedertreffen und einander erkennen, dann lies weiter ...

Coco antwortet mir mit:

„Sehr gut, du denkst auch an das."

Wir teilen die gleiche Seite und damit die Erkenntnis, dass wir uns von früher kennen.
Ich bitte sie, erst mal anzufangen zu erzählen, damit ich nicht jetzt schon vorschnell etwas sage, was unseren Interviewrahmen endgültig sprengt.

Ich bin gespannt auf ihre Geschichte.
Und in der Folge geht unser „Interview" endgültig den Bach runter und wird immer mehr zum Gespräch.
Coco erzählt:

„Ich bin ganz sicher, drei bis vier Mal verbrannt worden zu sein. Und daher auch die Wut.
Ursprünglich. Und dann habe ich aber verstanden, der Schlüssel in diesem Leben ist Befriedung, Frieden machen. Die männliche und weibliche Energie ausgleichen.
Die haben ja Männer wie Frauen in sich. Das habe ich vorhin nicht gut genug erklärt. Ich gehe später noch wieder zu den Hexen."

Und so wechselt Coco noch einmal zu einem früheren Gesprächsfaden und geht auf einen sehr wichtigen Gedanken ein. Nämlich, dass Menschen, die Gewalt als Kind erlebt haben, diese sehr häufig weitergeben. Sie erzählt damit auch in entwaffnender Ehrlichkeit von ihren eigenen Handlungen:

„Hurt people hurt people. Jemand, der zu Hause häusliche Gewalt erfahren hat, der wird das ziemlich sicher auch bei seiner Frau ausleben. Ich bin auch so ein Fall.
Ich habe auch schon Männer geschlagen. Und ich denke mir heute so, was zur Hölle hast du gemacht? Ich habe einmal eine Backpfeife an meinen Ex-Freund verteilt. Mit einem anderen habe ich mich sowieso regelmäßig irgendwie gekloppt.

Also wir reden da nicht von ‚Ich habe es abbekommen', sondern wir beide haben uns nichts geschenkt. Und meinem letzten Partner jetzt, die Liebe meines Lebens, ich habe dem eine Kopfnuss gegeben. Und man darf Dinge nicht isoliert betrachten, weil woher habe ich das denn? Diese Wut und diese Aggression?

Und ich bin geneigt zu sagen, auch wenn Kinder missbraucht worden sind, da kenne ich jetzt keine Statistiken, aber das ist recht einleuchtend, geben sie diesen Missbrauch weiter, weil das ihre Normalität ist.
Die Herausforderung ist also, und das wäre mein Stichwort, wir müssen kollektiv heilen. Wir können aber nur kollektiv heilen, wenn wir darüber reden."

So kommt sie auf die Einkapselungen – wie sie es nennt – also, auf die unterdrückten Emotionen und die Verdrängungsmechanismen zu sprechen, und wie wenig auch wir beide uns zunächst noch nicht mal bewusst waren, was da alles in unserem Leben passiert ist.
Und irgendwann haben wir den Anfang gemacht und jetzt reden wir darüber und das ist gut so.
Sie hofft, dass irgendwann auch alle Männer mit im Boot sind und klar sagen, dass das so gar nicht mehr gehen kann, mit dem Nachpfeifen, dem Catcalling, den blöden sexistischen Komplimenten, den dummen Witzen und Sprüchen, auf Kosten von Frauen, bis hin zu nicht gewollten Bedrängungen. Und dass wir alle beginnen, interpersonelle Distanzen zu respektieren.

„Das wäre jetzt für mich die neue Zeit, die Welt, in der ich leben möchte",

ergänzt sie.

Aber noch leben wir nicht in so einer Welt und wir haben heute, und das ist ihre klare Meinung, die Aufgabe zu sensibilisieren und aufzuklären und das geht nur zusammen.

Allerdings, so fügt sie hinzu, sei es wichtig, sich überhaupt diese Dimension des heutigen Geschehens, rund um sexuelle und sexualisierte Gewalt, vor Augen zu führen, weil die Dunkelziffer so immens hoch sei.
Sie erzählt, dass sie auf einer Abendveranstaltung sagte, dass sie „heute" die Bombe habe platzen lassen.
In diesem Zusammenhang meint Coco ihren ersten Post bei LinkedIn über ihre Erfahrungen mit sexueller Belästigung am Arbeitsplatz mit 14 Jahren.
Und sie erlebt, in dem Zusammenhang, dass zwei Frauen ihr in der Folge Geschichten aus ihrem eigenen Leben erzählen, die objektiv weit schlimmer sind, als das, was Coco erlebte.
Ich erinnere mich sofort an meine Situation bei der Lesung im letzten Jahr in München und erzähle ihr davon: In der Pause kamen Frauen zu uns und haben uns, z. T. unter Tränen, von ihren Erlebnissen erzählt. Das war für mich eine sehr berührende Erfahrung.

Wir kommen kurz gemeinsam auf die Dunkelziffer bei sexualisierter und sexueller Gewalt zu sprechen und dass die Statistiken nichts darüber aussagen, wie es in der Realität aussieht, weil die Anzahl derer, die schweigen, so groß ist.
Wir sind uns einig darüber, dass das wirklich unglaublich ist.
Und mit der Frage:

„Wo kommt es her?"

kommt Coco wieder auf die Hexenverbrennung zu sprechen.

Ich verstehe sehr gut, weil ich es genau kenne, was Coco meint, und ich berichte von meinen Erlebnissen:

„Hat es mit damals zu tun? Ist es eine Rechtfertigungsreaktion von Männern, aufgrund ihrer Schuldgefühle, jetzt erst recht, was heute über uns reinbricht? Ich weiß es mitunter nicht. Ich weiß nur, es war eine der schrecklichsten Erlebnisse, als ich tatsächlich das Verbrennungserlebnis nacherlebte, in diesem Leben. Ich hatte mit einmal diese Erinnerung und dieses Gefühl der Schmerzen, dass ich dachte, ja, ich weiß, dass es so ist. Ist gut, kann aufhören. Ich muss jetzt aber erst einmal da durchgehen; ich musste definitiv einmal durchgehen."

Und ich setze meinen Gedanken fort:

„Ich wurde in meinen anderen Leben, noch nie so alt, wie ich jetzt bin. Ich bin z. B. unter der Guillotine gestorben im Dritten Reich.
Ich bin in Ägypten eingemauert worden und so weiter und so fort.
Also, nur weil du es bist, erzähle ich dir davon, weil das eigentlich etwas ist, was ich nur dann erzähle, wenn in einem Moment plötzlich klar ist, aha, die andere hat eine Ahnung davon. Und weil das die meisten überfordert."

Coco ergänzt:

„Um deine Frage zu beantworten, die Männer sind nicht allein Verursacher! Wir bewegen uns in einem kollektiven Trauma und der Schlüssel – da kriege ich Gänsehaut – der Schlüssel ist die Angst, die Angst vor weiblicher Macht. Frauen wurden unterdrückt, weil sie machtvoll sind."

Coco ergänzt sofort:

„Wir schenken Leben. Oh, ich habe sofort auch Gänsehaut am ganzen Körper."

Und Männer – so fällt uns beiden gemeinsam ein – sind genauso traumatisiert und das ist noch schambehafteter.
Die Männer dürfen allerdings selbst auf ihre Themen kommen, so wende ich ein.

Wir sind uns wieder einig, dass das irgendwann vielleicht mal kommt.
Und wir sind uns auch einig, dass es vielleicht schon die Zeit wäre, uns selbst und unsere Erlebnisse aus früheren Leben zu outen.

Coco meint dazu:

„Ich stehe gerade an dem Punkt Sichtbarkeit, ob ich wirklich rausgehe und sage: Ja, ich bin eine Hexe.
Ich würde das auch anders framen. Der eine Mann z. B. hat in diesem Business-Meeting gesagt, du bist eine Hexe. (Coco spielt auf einen Vorfall in einem Business-Meeting an. Anm. d. V.) Er war so vollkommen inbrünstig, als er das sagte.
Ich habe ihn angelächelt und gesagt: Dankeschön! Hexe bedeutet Heilerin! Die kamen zu uns in die Wälder. Wir hatten die Heilkräuter."

Damit kann ich mich voll einverstanden erklären, denn als Heilerin kann verstehe ich mich auch heute noch verstehen.

Coco ergänzt, dass wir dazu noch Leben schenkten, Totkranke zu uns kamen und Lahme plötzlich wieder gehen konnten. Dass das früher durch Jesus passierte, war für sie noch ok, aber auf einmal auch Frauen?'

Sie erzählt weiter, dass diese Macht den Männern irgendwann zu viel wurde.

„Im Prinzip ist die Unterdrückung aus Angst heraus entstanden. Und heute erziehen traumatisierte Frauen Kinder, die wiederum traumatisiert werden. Gerade die Jungen, denen immer noch gesagt wird, dass ein Indianer keinen Schmerz kennt und stark sein muss.
Wir haben also in der Folge alle angefangen, uns zu maskieren und vergessen, uns zu demaskieren."

So erläutert und ordnet sie die jetzige Situation zwischen Männern und Frauen ein und ich kann ihr da nur zustimmen.
Und das habe u. a. dazu geführt, dass wir heute diese Probleme haben.
Sie kommt damit auf die Rollenkonfusion zu sprechen, die heute gängig ist, weil nach ihrer Meinung nicht mehr klar ist, was eigentlich ein Mann ist und was einen Mann ausmacht.

„Genau das Gleiche gilt für Frauen. Was ist eine Frau? Was macht eine Frau aus? Die Frauen haben gelernt, stark zu sein wie Männer. So haben sie auch ihre Kinder erzogen, die dann auch wieder in die Welt rausgegangen sind und weiteres Unheil ausgelöst haben. Die Männer haben gelernt, wir unterdrücken unsere Emotionen."

Ich erläutere kurz, dass ich mein Buch in inklusiver Sprache schreibe. Ich nehme auch nicht nur das Gender-Sternchen, sondern verwende meistens den Gap, weil es eben zwischen Mann und Frau noch viel mehr gibt, eine ganze Welt kann sich da auftun. Und diese Welt gilt es für mich zu respektieren.

Ich frage Coco, was sie als ihre Aufgabe in diesem Leben versteht.

„In einem Satz: Liebe in die Welt bringen!"

Und das passiert bei ihr über Geschichten, die sie sowohl in Büchern als auch durch Speakings, Trainings und Workshops unter die Menschen bringt. Ihr „wirklich riesengroßes Ding", wie sie es nennt, ist „Empire of Love". Unter diesem Label werden demnächst Bücher erscheinen, die sie selbst publizieren möchte.

Coco fügt noch hinzu:

„Ich ergänze zu diesem Bereich den Bereich „Selbstliebe". Das geht für mich der allgemeinen Liebe voraus. Liebe beginnt bei mir selbst. Solange Menschen sich selbst nicht lieben, wird es auch nichts mit der Liebe zu anderen."

Ich sehe das ganz genauso.

Darüber und meiner Erwähnung zufolge, dass ich Pastorin bin, kommen wir auf das große Thema Kirche und Religion zu sprechen.

Ich erläutere, dass ich mit der Kirche nicht mehr einer Meinung bin, und dass das auch an der veralteten Sprache liegt. Und Sprache schafft nun mal Bewusstsein. Wie soll sich etwas ändern, wenn die Kirche immer noch in denselben Kategorien denkt wie vor unzähligen Jahren?
(Den weiteren Verlauf unserer Diskussion zum Thema Kirche und Religion lasse ich an dieser Stelle aus, weil das unser Thema völlig sprengen würde.)

Wir kommen dann noch einmal auf Cocos mögliche körperliche Reaktionen der erlebten Traumatisierungen zu sprechen.
Sie erzählt ehrlich und völlig offen von einem Erlebnis im Rahmen einer intimen Situation zwischen ihr und einem Ex-Partner. Abläufe, die einen in „altes" Unwohlsein zurückversetzen, und die Frage auslösen:

„Will ich das wirklich?"

Coco berichtet:

„Das kam mir erst im Nachgang so und ich habe mich so ausgeliefert gefühlt. Da geht es um persönliches Erfahren, basierend auf alten Traumata.
Plötzlich ist es so, dass man so realisiert, ich hatte dieses Gefühl ganz oft: War das jetzt schon eine Übergriffigkeit während des Sex? Oder war es das nicht? Wo ist die Grenze?
Und in dem Moment, das ist auch ein wichtiger Faktor, sagst du nicht immer sofort „Nein". Du brauchst manchmal den Retrospekt, die Reflexion, und die Distanz zu den Dingen, um dir bewusst zu sein: Das war eigentlich nicht mehr das, was ich wollte."

Coco fährt fort:

„Und im Nachgang habe ich dann mit ihm das Gespräch gesucht und das aufgeklärt. Und der war auch vor den Kopf gestoßen und sagte so: „Hä, du wolltest das doch alles?!"

Das ist so ein feiner Grad.
Und wenn ich allgemein meine, Männer zu sensibilisieren, meine ich auch, dass das selbst in Partnerschaften so wichtig ist, irgendein Code-Wort zu haben oder immer wieder zu wissen, wo verläuft da jetzt vielleicht etwas Ungesagtes, eine Grenze, eine Erfahrung, die mir gar nicht bewusst ist? Weil selbst mit meinem Partner, du hast mich gefragt, wie es sich körperlich äußert, selbst mit meinem jetzigen Partner habe ich am Anfang im Bett ..., da kamen Situationen wieder hoch. Ich merkte das, wenn er z. B. sein Gewicht auf mich legte, und meine Handgelenke umgriff.

In einem Moment finde ich das schön und spielerisch. Im nächsten Moment kommt so eine Panik in mir hoch, dass ich gefangen bin. Das ist eine Sache, wie es sich äußert.

Das habe ich heute nicht mehr, weil ich ihm zu 100 % vertraue. Aber dieses Gefühl der Unterlegenheit, der physischen Unterlegenheit, wenn ich das irgendwie im Bett erlebe, dann merke ich ganz schnell, da gehen bei mir die Alarmstufen an. Und auch da hilft nur reden. Also was kann denn der Partner dafür, wenn er nicht weiß, was man erlebt hat, und wo die Grenzen verlaufen?"

Ich gehe darauf ein, denn auf diesen Punkt sind wir bisher in keinem anderen Interview zu sprechen gekommen.
Was kann denn der Partner dafür, dass die Frau traumatisierende Erfahrungen gemacht hat? Das ist ein sehr wichtiger Gedanke. In der Generation von Coco ist es schon einfacher geworden, darüber zu reden.
In meiner Generation ist es noch ein echtes Tabu. Vor allem auch vor dem Hintergrund, dass viele Frauen meiner Generation es für selbstverständlich halten, dass der Mann seine Bedürfnisse in den Vordergrund stellen darf und die Frau eher nachgibt.
Wie viele Frauen in meiner Generation hatten schon mal Sex „nur um des lieben Friedens willen". Auch ich gehöre zu diesen Frauen. Und ich fand das damals total normal.
Heute erst weiß ich, dass das auf keinen Fall normal ist, und dass jede Form von Sex immer eine Frage von beidseitigem Einverständnis ist. Und dass es nicht bloß um die Lust des Mannes geht, sondern auch um die der Frau.
Allerdings spiegelt sich das Machtverhältnis zwischen Mann und Frau bis heute gerade auch in ihrem Umgang mit Sexualität wider.
Ich bin Coco sehr dankbar, dass sie uns mit diesem kurzen Ausflug in die „deutschen Betten" wieder zu unserem Thema zurückgebracht hat.

Nichtsdestotrotz endet unser Gespräch wieder mit einem kurzen Exkurs in frühere Leben.
Coco sagt zum Abschied:

„In Ägypten warst du eine sehr mächtige Königstochter."

Was bleibt mir anderes, als darauf zu antworten:

„Ja, ich weiß."

Die zweite Systemsprengerin ist eine sehr gute Freundin von mir, mit der ich schon fast 40 Jahre mit Unterbrechungen auf einem ähnlichen Weg unterwegs bin, Dr. Birte Göschl. Sie hat schon einen Beitrag für mein vorheriges Buch geschrieben. Und auch diesmal hat sie sofort zugestimmt, als ich sie fragte, ob sie wieder einen Beitrag schreiben könne. Und es dauerte kaum 24 Stunden, dass sie mir einen Beitrag schickte, den wir nur an wenigen Stellen gemeinsam geändert haben. Hier ist er, der „Ausbruch aus dem Schuhkarton", wie sie ihren Beitrag genannt hat.

3.4 Gespräch mit Dr. Birte Göschl

Ausbruch aus dem Schuhkarton von Dr. theol. Birte Göschl

Quadratisch, praktisch, gut? War ich nie, beinahe hätte ich gesagt: leider. Es wäre ja so viel einfacher gewesen, irgendwo mal irgendwie reinzupassen, weniger Stress und weniger Gegenwind im Alltag zu haben und mich zu Hause zu fühlen.

Meine Eltern waren Lehrer (Grund- und Hauptschule), beide auf ihre Weise unzufrieden, und mein Vater hätte gerne mehr erreicht, wenn sein Start ins Leben leichter und der Zweite Weltkrieg nicht gewesen wäre.
Meinen Start sah er als sehr viel komfortabler an, und mit der Intelligenz, die er in mir wahrzunehmen glaubte, bot ich ihm als Erstgeborene die ideale Projektionsfläche, sein ungelebtes Leben als Oberstudienrätin am Gymnasium zu übernehmen.
Was für eine Hausnummer ...
Warum wurde ich gerade in den letzten Jahren vor dem Abitur plötzlich viel besser in der Schule? War es, weil mein Vater mir keinen Stress mehr in Mathe machen konnte? Weil er meinem Unterrichtsstoff nicht mehr folgen konnte?
Kurz vor dem Abitur hatte ich gefühlt die Wahl, ob ich mir mit sehr viel Anstrengung eine Eins vor dem Komma der Note erarbeiten wollte, oder ob mir auch eine Zwei genügen würde, was für mich mit einer gewissen Leichtigkeit und erheblich besserer Lebensqualität zu machen wäre. Ich habe ganz bewusst auf die Eins verzichtet, und es fühlte sich gut an.

Wenige Monate danach ist mein Vater nach schwerer Krankheit gestorben.
Er hatte aber noch mitbekommen, dass ich in eine ganz andere Richtung gehen würde, als er es sich für mich erhofft hatte.
Studieren wäre für mich in Ordnung gewesen, dann aber bitte Bildende Kunst.

Er nannte es nur brotlose Kunst, und damit war das Thema durch ... Ich bastelte aber schon immer gern und viel und liebte es, mit Leder umzugehen.
Da erzählte mir meine Mutter, dass unser Schuhmacher in einem kleinen Nachbardorf auch Lehrlinge ausbildet, und ich wäre nicht die erste Frau. Das fühlte sich gut an! Also fädelte es meine Mutter für mich ein, hinter dem Rücken meines dominanten Vaters, der dann vollendete Tatsachen zur Kenntnis nehmen und nichts mehr verhindern konnte, da er bereits zu krank war.
Und ich fing schon vor meiner Lehrzeit an, freiwillig in der Werkstatt zu arbeiten, weil es mir wirklich Spaß gemacht hat! Nur ... jetzt kommt das Aber: Als die Vorgaben meines Meisters immer enger wurden und ich die Arbeitsgänge genau so machen sollte, wie es schon immer gemacht wurde, statt bestimmte Aufgaben nach einer eigenen Methode zu bewerkstelligen, da fing es an, immer mehr im Getriebe zu knirschen.
Die Gesellenprüfung habe ich trotzdem durchgezogen, mit Brief und Siegel und einer guten Note. Was man hat, das hat man, dachte ich mir, genau wie beim Abitur.
Den Gesellenbrief habe ich mitgenommen, und durch diese Lehre habe ich mir ein gewisses handwerkliches Geschick angeeignet, von dem ich bis heute gerne profitiere. Trotz alledem ging dieser Weg für mich nicht weiter.

Schon lange trieben mich Fragen um, die mit einer spirituellen Suche zu tun hatten und auch mit meinem Interesse an Menschen.
Dann vielleicht doch studieren ... am liebsten Theologie und Psychologie. Ich entschied mich dann für die Theologie, um meiner Suche nach Gott zu folgen, denn da war ich in existenzieller Not.

„Was ist, wenn es Gott gar nicht gibt? Was wird dann aus mir, wenn ich tot bin? Verschwinde ich im Nichts?“

fragte ich mich angstvoll schon als christlich geprägte Vierjährige, als ich nachts senkrecht im Bett saß und mein Leben wie eine Einbahnstraße unausweichlich auf den Tod zulaufen sah, auf der ich noch nicht einmal anhalten konnte.
Jahrzehntelang hatte ich verschiedene schwere Albträume. Besonders schlimm waren die Friedhofsträume, wo dann ein offenes Grab für meine Beerdigung bereit war, und ich bis dahin rechtzeitig tot sein musste. Zu meinen Eltern konnte ich damit nicht kommen, das spürte ich instinktiv. Dort nahm ich etwas wie einen Abgrund ohne Boden wahr. Und über diesem Abgrund hing ich in der Luft ...

Diese existenzielle Not brachte mich auf eine Spur, die sich seither als ein roter Faden durch mein Leben zieht, mit vielen Windungen, Wegen und Umwegen.
Das Studium der Theologie erwies sich nicht als gerader Weg zu Glauben und Spiritualität, sondern als Wissenschaft, die sich mit den historischen Grundlagen des Christentums beschäftigt und Möglichkeiten kritischen Reflektierens und Denkens vermittelt. Und so geriet ich dann an das Ende meines brüchigen Kinderglaubens, an dem ich immer noch versuchte festzuhalten. Es war mein Nullpunkt. All meinen Mut nahm ich zusammen und wandte mich noch einmal an Gott, um ganz ehrlich zu sagen:

„Ich habe Angst, aber kann nicht mehr beten. Das wäre verlogen. Wenn es Dich gibt, dann, bitte, melde Du Dich. Ich werde jetzt warten und nichts mehr tun."

Puh, das war hart. Und schwer für mich auszuhalten.
Irgendwann, Wochen später, spürte ich wieder vorsichtig in diese leere Stille hinein und sah etwas. Es war ein Bild von dunklem Erd- oder Ackerboden, aus dem kleine grüne Triebe herauskamen. Da wusste ich, es war die Antwort, auf die ich gewartet hatte. Da ist etwas. Oder jemand. Oder was auch immer sich noch zeigen wird ...

Ab da ging es weiter mit Promotion, 1. und 2. kirchlichen Examen und der Ordination zur evangelischen Pastorin. Und ich blieb auf der Suche nach einer lebendigen Beziehung zur Großen Göttlichkeit, nach Möglichkeiten, mich berühren zu lassen und „ins Gespräch" zu kommen.
Im Vikariat, der praktischen Ausbildung auf dem Weg zur Pastorin, habe ich ganz vorsichtige Anfragen in diese Richtung gestartet, aber eher Verunsicherung bewirkt. Der Schwerpunkt lag sehr auf der Pädagogik. In dieser Zeit schneite Johannes, mein wunderbarer Mann, in mein Leben, der allerdings nicht evangelisch, sondern katholisch ist und ursprünglich Ordenspriester war. Er trat meinetwegen aus dem Orden aus und ließ sich in den Laienstand zurückversetzen.
Für das Landeskirchenamt war das zunächst nicht ganz so leicht zu nehmen.

Auf seine behutsame und zurückhaltende Art brachte mein Mann mich auf den Weg der Geistlichen Übungen (nach Ignatius von Loyola), wo es unter anderem genau darum geht: Wie komme ich in Kontakt mit Gott, wie teilt Er sich mir mit, wie kann ich in spiritueller Verbundenheit leben? – Endlich ...!

Und dann kam es zur Auseinandersetzung mit meiner Landeskirche. Ich hatte schon seit einiger Zeit keine Stelle mehr als Pastorin, sondern verstand mich eher als Coachin für Suchende. Das war der Kirche jedoch unheimlich. Ich wurde nicht zum ersten Mal ins Kirchenamt zitiert. Ich wusste, diesmal geht es ums Ganze. Es würde darum gehen, ob ich mein Amt ruhen lassen oder ob ich es zurückgeben wollte, denn es gab massive inhaltliche Unstimmigkeiten zwischen mir und der Kirche.
Es war klar, dass mir mehrere Kirchenleute gegenübersitzen würden, die also in der Überzahl wären. Also bat ich meine langjährige Kommilitonin und liebe Freundin Dr. Claudia Richter, damals noch ohne Doktor und ihren jetzigen Namen, aber über-

all im Landeskirchenamt bekannt wegen ihrer theologischen Unerschrockenheit, mich zu dem Termin zu begleiten.
Und das hatte ich absichtlich nicht genehmigen lassen – wurde ich denn etwa gefragt, wie vielen kirchlichen „Machthabern" ich gegenübersitzen möchte? Weiche Knie hatte ich trotzdem, aber ich war sehr erleichtert, dass Claudia mir sofort mit all ihrer Treue zur Seite stand.
Himmel, war ich panisch, schon lange vorher. Es erinnerte mich an etwas. Etwas Altes und sehr Schreckliches. Verstoßen werden. Rausfliegen. Kirchlich verurteilt werden und das, was man mit Frauen gemacht hat, die nicht brav waren im kirchlichen Sinne. Heilerinnen, Frauen, die heilende Kräfte einsetzten, um anderen zu helfen. Frauen, die beneidet und gefürchtet wurden, weil sie mehr wussten und konnten als andere. Man nannte sie Hexen ... All diese Grausamkeiten sind bis heute noch im Kollektiv gespeichert, Erinnerungen vieler Frauen und auch Männer, von denen meine persönlichen nur ein kleiner Teil sind.

Und genau um solche Dinge ging es dann auch. Ganz aus Versehen rutschte mir die professionelle Frage heraus:

„Ja, wo hakt's denn?"

So, wie ich meine Klientinnen auch erstmal gefragt habe, mit welchen Lasten in ihrem Gepäck sie arbeiten möchten, um sie mit mir so weit wie möglich aufzulösen.
Wenn jemand ein Problem hat und mit mir sprechen möchte, gibt es erstmal freundliche Zuwendung! Tja, war wohl etwas irritierend für die Drei mir gegenüber.
Dann kamen sie mit ihren Vorwürfen und mit meiner mittlerweile armdick angeschwollenen Personalakte.
Dem Bischof war meine damalige Homepage „Karmabewusst.de" freundlich zugetragen worden, und so etwas geht bei einer kirchlichen Amtsträgerin natürlich gar nicht.

Der Glaube an die Reinkarnation oder „Seelenwanderung" von einem Leben nach dem Tode in ein anderes war auf einem der frühen Konzile abgeschafft worden und somit dogmatisch „verboten" bzw. modern gesprochen: „esoterisch".
Schlimme Sache also. Claudia wandte ein, dass ich mit meiner Arbeit Seelsorge im besten Sinne anbiete, und das sei das Herzstück unserer Kirche.
Ich versuchte noch von einer anderen Seite her zu erklären, dass Informationen nicht einfach so verloren gehen. Das hatte ich sehr deutlich bei einem Erdheilungsritual erlebt, wobei sich die ganze Landschaft spürbar und sichtbar verändert hatte, von neblig-verwunschen zu völlig klar und neu.
Blankes Entsetzen bei den Kirchenoberen: Waaas, Erdheilungsrituale???
Meine Panik legte sich immer mehr, denn ich wusste, was ich gesehen, gespürt und mit sechs anderen Frauen zusammen erlebt hatte.
„Schließlich hat Jesus sich damals auch nicht an die geltenden Regeln gehalten, als er am heiligen Sabbat Menschen geheilt hat", sagte ich. Und dass ich mich bei ihm in guter Gesellschaft fühle.
Es wurde immer klarer, und ich sprach es dann offen aus:
Wir machen einander gegenseitig Angst: Ich machte ihnen als Vertreter:innen der Kirche Angst mit meiner Arbeit, und sie machen mir mit ihrer Kontrolle Angst, die sie ja in ihrer Funktion ausüben mussten.
Ich aber brauche keine Kontrolle, sondern kollegialen Austausch und gemeinsames Lernen bei dieser sehr experimentellen Arbeit. Wie hatte ich noch bei den Geistlichen Übungen gelernt? Manchmal braucht man mehr Abstand, um Nähe in Frieden erhalten zu können, wie es eine alttestamentliche Geschichte erzählt.

„Ich möchte mein Amt zurückgeben,"

sagte ich, machte damit den ersten Schritt und fühlte mich endlich frei.

Heute arbeite ich schamanisch – für meine eigene Heilung und um Menschen zu unterstützen, die sich persönlich (und spirituell) weiterentwickeln möchten. Zu meinen geistigen Helfern gehören auch die Spirits der ätherischen Öle, die ich anbiete oder stellvertretend anwende. Es sind besondere Öle, die so hochwertig sind, dass sie tatsächlich lebendig sind, also Träger der lebendigen Seele/des Spirits der betreffenden Pflanzen. Meistens biete ich meinen Klienten zuerst die Ölmischung *Transformation™* an, die immer wieder überraschend etwas in Bewegung bringen kann. Das ätherische Öl von Zitrone und der Pfefferminze bringt richtig Frische in den Kopf, aber auch Öle mit uralter Tradition wie Heiliger Weihrauch und Palo Santo sind dabei, die energetisch reinigen und heilige Räume eröffnen. Und noch weitere Einzelöle sind darin enthalten, unter anderem Sandelholzöl, das seit alten Zeiten für die Meditation verwendet wird. Meine derzeitige Lieblingsmischung heißt *Into the Future™*, die mich mit ihrem sanft-süßen Duft fast unbemerkt lockt, meiner Nase zu folgen, und zwar vorwärts, in die Zukunft.

Die einfachste Anwendung besteht darin, einen Tropfen Öl in meine linke, die empfangende Handfläche fallen zu lassen, ohne den Tropfer zu berühren. Wenn ich möchte, aktiviere ich mit Zeige- und Mittelfinger der rechten Hand und mit Liebe den Tropfen, den ich dann zwischen den Handflächen verreibe. Anschließend öffne ich die Hände nach oben wie eine Schale und atme das Aroma ein. Der Duft geht bis in das Riechzentrum im Gehirn, wo besonders die Erlebnisse gespeichert werden, die mit Gefühlen verbunden sind. Daher kommt es, dass sich Gefühle wandeln und harmonisieren können und ich Erlebnisse dann leichter verarbeiten kann. Diese ätherischen Öle sind mir wirklich echte Freunde geworden.[23]

---

23 Wenn du sie kennenlernen möchtest, melde dich gerne bei mir: Dr. Birte Göschl, Tel. 0431–63 547 oder per Mail: birte.goeschl@gmx.de Meine Homepage findest du unter https://birtesduftendemagie.de Ich berate dich gerne und helfe dir auch beim Bestellen!)

Bei dieser Arbeit fällt mir auf, dass es Menschen häufig um ihre inneren Schuhkartons geht, deren Strukturen sich sicher für sie anfühlen, weil sie vertraut sind. Zu erkennen, dass diese aber sehr einengen und inneres Wachstum verhindern können, ist ein Teil meiner Arbeit.

Auch mein eigener Weg aus verschiedenen Systemen, Sicherheiten oder äußerlichen Vorgaben geht von innen nach außen, und das ist bis heute immer wieder mühsam.

Ich habe genügend Altlasten – auch aus meiner Kindheit – im Rucksack, um auf meinem Weg der Heilung und der neuen Entdeckungen für mich und auch für andere unterwegs zu bleiben. Eine Frage hilft mir, immer wieder, meinen vielfältigen Ängsten zu begegnen:

Wohin soll es gehen? Willst Du der Angst folgen – oder Deinem Herzen?

4. Vision

Wenn du schon etwas mehr von mir gelesen hast, weißt du, dass ich meine Texte, meine Bücher immer positiv beende.
Wir sind im letzten Kapitel auf Systemsprengerinnen eingegangen.
Auf Frauen, die uns zeigen, dass es trotz schwieriger Lebensbedingungen und Traumatisierungen möglich ist, seinen eigenen Weg zu finden und damit die Welt zu verändern.
Jetzt gehen wir noch einen Schritt weiter zum Thema Vision. Doch lass uns zunächst einmal gemeinsam überlegen, warum Visionen so wichtig sind.
Ich halte das gar nicht mit Helmut Schmidt, der in seiner Zeit als aktiver deutscher Politiker recht flapsig sagte:

„Wer Visionen hat, sollte zum Arzt gehen"[24]

Vor dem Hintergrund seiner Zeit war diese Aussage durchaus verständlich, denn es ging ihm darum, dass Politik in der Vergangenheit schon so häufig bei ihren Zielen und Vorstellungen stehen geblieben ist und sich nicht tatkräftig eingemischt hat in den Lauf der Geschichte.
Helmut Schmidt war ein „Macher". Das war zu seiner Zeit sicher wichtig und richtig. Du merkst schon, ich mag ihn und ich schätze ihn vor allem dafür, dass er als Innensenator in Hamburg zur Zeit der großen Sturmflut, die ich miterlebt habe, tatkräftig das Ruder ergriffen und gehandelt hat. Und das ohne zu fragen, ob er damit seine Kompetenzen überschreiten würde. Hamburg hat ihm das gedankt und für meine Eltern war er immer der Held.

24 Vgl. zum Beispiel https://www.ndr.de/geschichte/koepfe/Helmut-Schmidt-Wer-Visionen-hat-sollte-zum-Arzt-gehen,schmidtzitate102.html, letzter Zugriff 21.01.2026.

Heute leben wir jedoch in einer anderen Zeit. Unsere Krisen und Herausforderungen sind vielschichtiger.
Heute kommt es gerade für uns Frauen darauf an, zunächst für uns selbst zu entdecken, wer wir sind, was uns bremst und was uns antreibt.
Genauso wichtig ist es, dass wir uns dann Gedanken darüber machen, wohin wir wirklich wollen, was unsere Vorstellungen für unsere Welt sind, wofür wir also „brennen". Und damit können wir dann die Welt verändern. Wir wissen heute, wie wichtig dabei **jede Einzelne, ja gerade jede einzelne Frau, also auch du** ist, um unsere Welt zu einem lebenswerteren Ort zu machen.
Um dir eine klare Vorstellung der Kraft von Visionen zu geben, darf ich hier ein Gespräch mit „Vera" veröffentlichen, die ihre Vision mit uns teilt. „Vera" ist ein Pseudonym. Warum? Das erfährst du in folgendem Interview.

Interview mit Vera

Vera ist Pflegefachkraft in der Psychiatrie und arbeitet zurzeit in einer Klinik mit dem Fokus auf affektive Störungsbilder. Dazu gehören z. B. Burnout, Depression und Angst- bzw. Zwangsstörungen.
Sie möchte deshalb hier unter einem Pseudonym genannt werden, weil sie sich der Verschwiegenheit ihren Patient:innen und ihrer Klinik gegenüber verpflichtet fühlt.

Wir treffen uns zum ersten Mal in einem Kennenlernzoom und gegen Ende erzählt sie mir ihre Vision von einem Haus, in dem Menschen mit psychischen Erkrankungen einfach ausruhen können.

Sie macht dabei deutlich:

„Ich finde zu den meisten Menschen schnell einen Zugang. Und ich denke, dass von vielen physischen wie psychischen Erkrankungen der Ursprung in der Seele zu suchen ist."

Sie ergänzt, dass Therapie auch den Körper ansprechen sollte. Das finde ich spannend und wir verabreden einen neuen Termin. Ich möchte mehr über dieses Haus erfahren.

Ich starte mit der Frage, was traumatisierte und/oder psychisch erkrankte Menschen ihrer Meinung nach wirklich brauchen.
Sie macht deutlich, dass es für sie nicht mit Gesprächstherapie getan ist. Zwar wird diese Therapieform in der Klinik, in der sie arbeitet, schon ergänzt durch Bewegungstherapien wie Yoga, Nordic Walking und einiges mehr. Aber auch das reicht Vera nicht aus.
Ihr geht es darum, die Therapien mit sanften Methoden, mit Tieren und mit der Natur zu unterstützen.
Ihr Beispiel für sanfte Methoden bezieht sich zunächst auf Massagen bzw. Berührungen.
Sie konkretisiert diesen Gedanken in Hinblick auf ChiroBalance.
Ich frage nach, denn diese Form der Körpertherapie ist mir nicht bekannt.
Vera erläutert:

„Es geht dabei um eine Methode, Blockaden ohne Worte, nur durch sanfte Berührungen zu lösen."

Sie hat diese Art der Therapie selbst ausprobiert und sie als sehr unterstützend und hilfreich erlebt. Sie strebt zeitnah eine Ausbildung als ChiroBalance-Therapeutin an. Dann erklärt sie mit Hilfe eines kleinen Textes, den ich hier gern übernehme, ausführlicher diese Methode:

„ChiroBalance® ist mehr als Entspannung – es ist der Raum, in dem Heilung beginnen darf.
ChiroBalance® ist eine ganzheitliche, nonverbale Therapieform, die Körper, Geist und Energie in Einklang bringt. Sie kombiniert intuitive Energiearbeit mit der Aktivierung von Akupressurpunkten, Meridiansystemen, dem Vagusnerv und den Chakren – und ermöglicht so eine tiefe, regenerierende

Entspannung. Diese sanfte Methode unterstützt innere Prozesse, löst Blockaden und aktiviert die Selbstheilungskraft – ohne Worte, aber mit spürbarer Wirkung.
Besonders hilfreich ist ChiroBalance® bei Erschöpfung, Burnout, Schlafproblemen oder einfach dann, wenn du dir selbst eine heilsame Auszeit schenken möchtest."[25]

ChiroBalance kann darüber hinaus, so erläutert Vera, die Schlafqualität verbessern, eine pure Tiefenentspannung bewirken, Stresssymptome reduzieren und nonverbal Blockaden lösen.

Vera hat es, wie schon angedeutet, selbst ausprobiert. Sie hat das, was in ihr war, einfach kommen lassen: in ihrem Fall war es Weinen.
Und erlebt, dass nichts kommentiert wird, alles, was ist und sich zeigt, richtig ist und so stehen gelassen wird.
Die Behandlung, so erklärt Vera weiter, dauert ca. 60–90 Minuten. Es kann sein, dass es bei einer Behandlung bleibt, wenn es sich stimmig anfühlt.
Oder aber, so ergänzt sie:

„Wenn's in der Seele wehtut, darf man auch wiederkommen."

Und schon vertiefen wir in Richtung auf ihre Vision von einem Haus, in dem so etwas und noch viel mehr möglich ist.
Vera hat ihre Vision sehr klar im Kopf:
Sie träumt von einem alten Bauernhof auf dem Land mit einer großen Scheune, in der gemeinsame Projekte verwirklicht werden können. Dieses Haus soll ein Zuhause sein für die Bewohner:innen. Eventuell auf Zeit, oder aber auch dauerhaft.

---

25 Wenn dich die Quelle dieses Zitates interessiert, vermittele ich dir gern den Kontakt zu Vera.

Die Menschen, mit denen sie dort leben möchte, sind diejenigen, für die ein selbstbestimmtes Leben allein nicht möglich ist. Therapeutisches Ziel des Hauses soll damit auch sein, dass die Bewohner:innen diesen Einstieg in ein selbstbestimmtes Leben dort finden und langfristig wieder in den Alltag integriert werden können.
Dabei liegt der Fokus auch und gerade auf den kleinen Dingen des Alltags und auf der Erfahrung der eigenen Selbstwirksamkeit, an der die Bewohner:innen wachsen können.
Vera nennt es den „Kompass für das Leben" finden. Diesen nachhaltig zu erwerben – dafür braucht es Zeit.
Diese Zeit haben jedoch viele therapeutische Einrichtungen nicht.
Ihre Idee eines Lebens- und Gemeinschaftshauses legt einen klaren Schwerpunkt auf die Individualität ihrer Bewohner:innen, aber auch auf klare Regeln. Natürlich, so sagt sie, ist es notwendig, Kompromisse einzugehen, diese sollten dann aber schriftlich festgehalten werden.

Ich höre die Begeisterung in ihrer Stimme, wenn sie von den Tieren, die sie sich auf dem Hof vorstellt, erzählt, von Hunden und Katzen für die Körperwärme und zum Streicheln. Den Alpakas für die Wolle und die Spaziergänge.
Ich ergänze die Ziegen, die die Milch für selbstgemachten Käse liefern können und bin schon voll mit drin in ihrer Vision.
Sie spricht dann auch von der Resonanz mit der Natur. Dafür hat sie sich gerade in der Kräuterheilkunde ausbilden lassen.
Ich bringe das Waldbaden mit hinein.
Ebenso kann sie sich als kreative Angebote das Arbeiten mit Ton und Malen gut vorstellen.

Und immer wieder kommt sie auf den Körper als Basis von allem zu sprechen, erzählt von einer Familienaufstellung, während der der Therapeut gegen Ende gesagt hat:

„Ich habe dich jetzt von deinem alten Leben entwurzelt. Im neuen Leben musst du erst die Wurzeln wieder wachsen lassen."

Dieses Bild kann ich wunderbar nachvollziehen.

Vera überzeugt mich mit ihrer Vision vollständig, als sie sagt, es sei ihr innerer Wunsch, die Menschen nachhaltiger zu betreuen, als es in vielen Einrichtungen möglich ist.
Und sofort habe ich die Assoziation, was für ein Segen ein solcher Ort auf Zeit für schwer traumatisierte Menschen sein könnte. Heilung könnte möglich werden.

Ich frage sie, für wie viele Menschen sie sich diese Einrichtung vorstellen kann. Sie antwortet:

„8–10 Menschen zu betreuen, wäre perfekt. Und dann braucht man ja noch Betreuer für die Tiere, einen Koch oder eine Köchin. Und auf jeden Fall einen vertrauenswürdigen Arzt oder eine Ärztin."

„Wann willst du anfangen?"

frage ich.
Und hier liegt „natürlich" der Hund begraben und zwar nicht nur in der Finanzierung, sondern auch in dem ganzen „Papierkram".
Es braucht viele Unterstützer und Unterstützerinnen, um ein solches Projekt zu stemmen, Menschen, die sich mit der Bürokratie auskennen, Menschen, die sich engagieren, die Ideen einbringen, die mithelfen, die Geld spenden und und und ...

Aber der erste Schritt ist ja schon gegangen mit dieser Idee. Und die finde ich so wertvoll, dass ich sie nicht als unrealisti-

sche Träumerei abtun möchte, sondern sie gerne hier veröffentliche.
Liebe Leserin, wenn du dieses Projekt gern unterstützen möchtest, Ideen hast, mit Vera in Kontakt kommen möchtest: Eine Nachricht an mich genügt und ich leite deine Kontaktdaten auf Anfrage an Vera weiter.

Manchmal muss man das schier Unmögliche wollen, um Dinge möglich werden zu lassen, die zunächst völlig außerhalb unserer Reichweite lagen.

Oder um es mit John Lennon zu sagen:

„You may say, I'm a dreamer, but I'm not the only one. Perhaps some day you will join us and the world will live as one".

4.1 Anstiftung zum Unbequem-Sein

Wir nähern uns unaufhaltsam dem Ende dieses Buches.
Und am Ende dieses Buches steht wieder eine Vision, meine Vision, die zugleich eine Anstiftung zum Unbequem-Sein ist.
Denn mehr denn je sind wir lebenserfahrenen Frauen, die durch so manches Trauma und durch so manche Traumatisierung gegangen sind, in der Pflicht, Unrecht zu benennen und Stopp zu sagen für eine bessere Welt, in der sich Frieden immer mehr durchsetzen kann.
Und auch in diesem Sinne dürfen wir wieder bei uns anfangen.

„Nein"

Ist ein ganzer Satz
„Nein"!
Keine Begründung
„Nein"
Zieht eine Grenze
Die mein Außen
Sonst nicht sehen kann

Und diese Grenze ist wichtig
Für mich und für dich
Ich will nicht
Ausgenutzt werden

Für deine
Bedürfnisse
Die, die sich
Um alles kümmert

Ich bin nicht die,
Die für dich arbeitet
Natürlich
Unbezahlt

Ich verschenke
Meine Kreativität
Nicht, wenn du
Nicht weiterweißt

Ich will nicht
Bequem
Angepasst
Hilfsbereit
Lieb sein

Bei Dingen
Die du
Selbst
Kannst

„Nein"
Bedeutet auch
Ich nehme dich
Ernst

Und ich
Nehme
Mich ernst
Erkenne meinen Wert

Gibt es auch etwas, wozu du „Ja" sagst, fragst du
Morgen geht's weiter

Und ja, natürlich gibt es viel, zu dem ich Ja sage. Aber erstmal dürfen wir uns wirklich mit dem „Nein" auseinandersetzen und das ist ein großer Teil meiner Vision. Wir „willigen Mädchen" haben gelernt, dass ein „Nein" sich nicht gehört.

Weder das „Nein", wenn wir eine Aufgabe erledigen sollten, ganz banal als Kind vielleicht das Einkaufen für das Mittagessen. „Nein" stand für meine Eltern da überhaupt nicht zur Debatte. Auch ein „Nein" zum Essen, das auf den Tisch kam, stand nicht zur Debatte. Im Gegenteil: Das ging gar nicht.
Probieren musste ich immer, auch wenn ich das wirklich unter keinen Umständen wollte. Ach ja, wundert dich das übrigens, dass mein zweites Beispiel hier sich mal wieder um Essen dreht? Mich wundert das so gar nicht.

Und auch die obligatorischen Besuche bei Freunden meiner Eltern standen nicht zur Debatte, obwohl ich mich da meistens tierisch gelangweilt hab. Zu Hause bleiben, das wäre unhöflich gewesen. Und das war immer wieder der springende Punkt: Alles, was mit einem „Nein" zu tun hatte, war unhöflich und das ging gar nicht.
Wenn du auch zu den Babyboomern gehörst, kannst du dich womöglich daran erinnern. Das Leben war umgeben von einem Ring aus Konventionen und Regeln. Dagegen zu verstoßen bedeutete grobe Unhöflichkeit, ja, Peinlichkeit und wie oft ist daraus Scham entstanden. Denn für jeden offensichtlichen Fehler, für jede sogenannte Unhöflichkeit, bekam ich ein scharfes: „Schäm dich" zu hören.
Und wo Scham hinführt, das wissen wir, du und ich, ja mittlerweile zur Genüge. Wenn du detaillierter einsteigen möchtest in das Thema, lies meinen aktuellen Blogartikel, du findest ihn auf meiner Homepage oder aber wieder direkt hier.[26]

Weiter ging's dann mit den Konventionen und Regeln, um mal mit einem Beispiel aus meiner Jugendzeit aufzuwarten, in der Tanzschule. Wir Mädchen mussten warten, bis uns ein „Herr" aufforderte. Und abzulehnen ging gar nicht, egal wie unsympa-

26 https://dr-claudia-editha-richter.de/schamgefuehle-wenn-du-beginnst-zu-verstehen-was-dich-klein-haelt/

thisch der Typ war. Das wäre der Gipfel an Unhöflichkeit und Peinlichkeit gewesen.
Wohlgemerkt, das galt nur für uns Mädchen!
Meine Grenzen wurden so – und ich denke, dass wird dir in diesem Beispiel ganz deutlich – nicht respektiert. Das legte den Grundstock dafür, dass ich mich später in meinen Partnerschaften und auch in meiner beruflichen Laufbahn gar nicht mehr traute, „nein" zu sagen. Und darüber gestolpert, dass das nicht ok ist, bin ich nicht. Das wurde mir erst viel später klar.

Deswegen ist mir heute das „NEIN" so wichtig.
Meine Vision ist es, dass schon Kinder entdecken, was sie möchten und was nicht möchten und dass sie das auch formulieren dürfen. Und dass wir uns als erwachsene Frauen unser „Nein" wieder zurückerobern dürfen. Ohne es rechtfertigen zu müssen. Dass wir unsere eigenen Grenzen setzen und bewahren, dass wir klar und deutlich unsere eigenen Regeln formulieren und durchsetzen.
Obwohl es immer noch mal mit einem schlechten Gefühl verbunden sein mag, denn wenn das jede täte, wo bliebe dann die Hilfsbereitschaft, wo bliebe die Selbstlosigkeit und Fürsorge für den anderen?
Ein „Nein" heißt nicht, dass ich dafür plädiere, ab sofort nur noch eigennützig zu handeln. Darum geht es nicht. Sondern es geht um den Respekt, den du auch dir selbst gegenüber zeigen darfst und sogar musst.
Aber auch das „Ja" hat seine volle Daseinsberechtigung:

„Ja"
Ist auch ein ganzer Satz
Vielleicht gefällt dir der
Besser
Ein ganzer Satz
Aber nur dann,
Wenn es um dich geht

Um dein Verhältnis
Zu dir selbst

Erst das „Nein"
Nach außen
Macht ein „Ja"
Nach innen
Möglich

Beide gehören
Untrennbar zusammen
Das „Ja" zu dir
Zu deiner
Großartigkeit
Deiner Besonderheit

Du bist
Die wichtigste Person
In deinem Leben
Und du darfst dich
Annehmen
So wie du bist

Dies „Ja"
Zu dir
Gibt dir selbst
Einen Wert
Trotz der Angst
Nicht geliebt zu werden
Im Außen

Wer sollte dich
Als wertvoll sehen
Wenn du es
Nicht kannst

Wer sollte dich lieben
Wenn du
Es nicht
Tust
Wenn du an dir zweifelst
Dich kleinmachst

Nur aus dem „Ja"
Zu dir
Ergibt sich das
„Nein"
Zu all den
Erwartungen
An dich
Im Außen

Das „Ja"
Ist die
Voraussetzung
Für das „Nein"

Hier schließt
Sich der Kreis
Wie Henne und das Ei
Was ist zuerst da

Du entscheidest
Denn du
Erschaffst dein Leben
Jeden Tag neu
Ich unterstütze dich gern

Das Ja und das Nein gehören zusammen, eben wie Henne und Ei. Und aus dem Zusammenspiel entstehen so wunderbare Projekte wie das von Vera oder mein „Glücksmutmuskeltraining". Wenn du nicht weißt, was das ist, dann ist es Zeit für unseren persönlichen Zoomcall oder unser Telefonat.

Denn ich unterstütze nicht nur die Leser:innen dieses Posts gern, sondern auch dich. Und du weißt, ich bin immer nur einen Telefonanruf, eine E-Mail entfernt.
Vielleicht gehst du dann auch mit meiner Unterstützung aus der Angst in die Freiheit und wirst zur Systemsprengerin, denn:
Uns Systemsprengerinnen kann man nichts mehr vormachen.
Wir sind durch die tiefsten Ängste hindurch:
Der Angst, es nicht zu schaffen, Schuld zu sein an allem, was nicht rund läuft und uns dafür zu schämen.
Wir haben überlebt und sind frei,
wir – du und ich – verändern immer schon, aber genau jetzt mit unserem Wissen und unserer Freiheit die Welt.
Also schreibe mir eine Nachricht oder ruf mich an! Ich freu mich drauf!

Mach's gut meine Liebe, time to say good bye.
Ich bin sicher, wir sehen uns wieder und dann wird gefeiert!

Danksagung

Dass dieses Buch überhaupt entstanden ist, habe ich dir, liebe Beatrix Gerhartz, zu verdanken. Du warst die Frau, die mein Buch „Das habe ich noch nie gemacht, das wird gut" bis zur Veröffentlichung liebevoll begleitet hat und damit natürlich auch mich.
Du hast meine Nervosität auf dem Weg zum Amazon-Bestseller ausgehalten – wir haben es dann gemeinsam geschafft, aber wenn du nicht gewesen wärest, hätte ich es noch nicht einmal gemerkt!
Du hast es ausgehalten, wenn einiges nicht so ganz rund lief – wie z. B. die große Lesung in Hamburg, die wir leider absagen mussten.
Und du hast auf die Frage, ob ich als nächstes einen Roman oder eine Fortsetzung meiner „Selbstliebe"-Trilogie sofort gesagt:

„Fortsetzung. Der Roman hat Zeit!"

Und du hast damit genau richtig gelegen – hier ist sie, die Fortsetzung und der Abschluss meiner Trilogie. Es fühlt sich nach wie vor stimmig an. Und du hast es natürlich auch wieder von Anfang bis Ende begleitet.
Ich danke dir von Herzen.

Und ich danke euch, ihr lieben Menschen vom YessYess Verlag. Ihr habt im Hintergrund dafür gesorgt, dass auch dieses Buch ein Erfolg wird. Ihr habt wieder ein tolles Cover und Layout entworfen – dank dir, Pia. Ihr schreibt meine Blogartikel, und ihr zaubert im Hintergrund so manches, das ich gar nicht wissen muss.
Ich habe den besten Verlag der Welt für mich gefunden, ein Verlag, in dem Menschlichkeit, echte Kommunikation und Wertschätzung gelebt werden.

Danken möchte ich auch euch, all ihr zahlreichen Frauen, mit denen ich in den letzten Jahren Kontakt haben durfte, die mich unterstützt haben, ihre Gedanken beigesteuert haben und die meine Art zu schreiben schätzen. Ihr seid so wichtig für mich und ihr werdet immer mehr.
Immer dann, wenn ich nicht wusste, wie es weiter geht, erlebte ich ein Zoom-Gespräch mit einer von euch und ich war wieder neu motiviert.

Ganz besonders möchte ich in diesem Zusammenhang dich erwähnen, liebe Isabelle Delling. Wir kennen uns erst kurz, aber gefühlt schon ein ganzes Leben. Unsere Gespräche sind immer ein Highlight – von Null auf hundert in ca. 0,3 sec. Das darf man uns erst mal nachmachen. Es wird Zeit, dass wir uns in Hamburg treffen.

Lioba Heinzler, dir danke ich für die Einordnung meiner Bücher als wichtige Aushängeschilder im Bereich Selbstvermarktung. Das hört sich sehr nach Marketing an und ja, es ist auch Marketing. Du bist die erste, die mir diesen merkwürdigen neuen Bereich in meinem Leben schmackhaft machen konnte und kann. Es gibt kaum jemanden, die mich so bestärkt hat wie du, dass ich ein besonderes Talent zum Schreiben habe. Das gilt nicht nur für mein Buch, sondern auch für die unzähligen Posts, die mit der Zeit entstanden sind. Mit dir habe ich meine Positionierung erarbeitet, mit dir habe ich meine Ablehnung von Verkauf überwunden. Du warst und bist meine liebste Sparringpartnerin, denn du trittst und triffst mich immer da, wo ich es brauche. Mit dir habe ich sogar – trotz größter Widerstände – meine Jahresplanung gemacht. Ein Wunder! Danke.

Ich danke euch, meinen Interviewpartner*innen. Euer Mut und euer Engagement haben mich beflügelt und mich manchmal auch so sehr an mich erinnert, dass es kaum auszuhalten war.

Alexandra Pöhling, Antonia Schöler, Kerstin Rauch, Monika Schmidt, Saskia Holz, Coco Thamm, Vera – das hier ist auch euer Buch.

Carsten Bartsch – immer wieder der Carsten. Diesmal hast du es vielleicht wieder gar nicht gemerkt: Du bist immer da, wenn ich dich brauche. Du bereicherst mein Leben, gerade dann, wenn ich mal wieder viel zu viel zu tun habe. Und du merkst es noch nicht mal. Das macht dir keiner nach!

Alexander Rensinghof, die Gespräche mit dir sind in viele Gedanken meines Buches eingeflossen. Du bist für mich immer nur einen Anruf, einen Zoom entfernt. Meine tolle neue Homepage habe ich dir zu verdanken und meine neue Leidenschaft für Eisbaden ist durch dich entstanden. Die Tage in Bad Dürrheim auf dem Biohacking-Kongress waren eine wunderbare Ablenkung und zugleich eine neue Erfahrung für mich. Du bist nicht nur Geschäftspartner, du bist auch Freund. Ich danke dir für deine Unterstützung.

Mein Dank gilt auch meinen tollen Geschäftspartnerinnen unseres „Ladies Circels“: Sigrid, Doris, Fleur, Nina, Birte und manchmal auch Dörthe. Nein, wir sind kein Verein und auch kein Häkelclub. Wir sind Frauen, die sich einmal in der Woche online zum Austausch über BEMER und über Gott und die Welt treffen. Wir sind so zusammengewachsen, dass aus reiner Geschäftsbeziehung Freundschaft geworden ist.

Mein Dank geht ebenso an all die tollen Menschen aus meinem Freundeskreis, mit denen ich über so viele Inhalte auch kontrovers diskutieren durfte.

Ich bedanke mich von Herzen bei meiner wunderbaren Familie für eure Geduld, wenn ich mal wieder keine Zeit hatte, für eure Inspiration in vielen

Telefonaten und dafür, dass ich mich in eurem Kreis immer aufgehoben fühlen darf!

Birte – du meine Herzensfreundin, du darfst natürlich nicht fehlen, nicht in unserem Ladies Circle und auch nicht allgemein in meinem Leben! Du weißt genau wie ich, was wir aneinander haben seit über 35 Jahren! Danke, danke, danke ... Und danke für deinen wunderbaren Text am Ende des Buches, der „Exodus aus dem Schuhkarton", wie ich ihn nenne. Den du einfach mal so nebenbei für das Buch geschrieben hast. Aus einer spontanen Idee von uns beiden gemeinsam geboren. So funktioniert Kreativität.

Der größte Dank aber geht an meinen Mann Heinz – du bist an meiner Seite, egal, wie ich drauf bin. Du hältst es aus, dass ich dir nicht zuhöre, wenn du mir etwas erzählst, weil ich gerade so im Schreibprozess drin bin. Ich danke dir von Herzen für deine Liebe – ich liebe dich!

Über die Autorin

Pippi Langstrumpf für Best Agerinnen - Dr. Claudia Editha Richter, Jahrgang 1957, richtet ihren Fokus insbesondere auf die körperlich-emotional-intellektuelle Präsenz und Sichtbarkeit von Frauen in der Lebensmitte.
Als Role Model, Coach, Speakerin und Autorin stärkt sie Frauen 50+, die nächste Lebensphase frech, frei, lebendig und kreativ zu rocken.
Dabei setzt sie auf ein umfassendes neues Konzept innerer und äußerer Kommunikation. In ihren Büchern macht sie diesen Ansatz greifbar.
Ihr Leitsatz „Da geht noch was!" wurde zum Titel ihres ersten Buches, in dem sie Frauen ermutigt, ihr Potenzial zu erkennen und ihre Welt aktiv zu gestalten.
In ihrem zweiten Werk „Das habe ich noch nie gemacht – das wird gut" widmet sie sich Erfahrungen von sexueller/sexualisierter Gewalt bei Frauen. Sie verbindet dabei auf einzigartige Weise ihre eigenen Erfahrungen als Geschädigte durch sexuellen Missbrauch im Kindesalter und als junge Frau mit psychologischen und gesellschaftlicher Einordnung.
Darüber hinaus vertieft sie dieses in intensiven Gesprächen mit weitern Geschädigten.
Dabei geht es ihr darum, gerade auch ihren Leserinnen Perspektiven für neue Handlungsspielräume zu eröffnen, um sich aus dieser Art von Erfahrungen zu lösen, neue Kraft zu entdecken und mit Mut ihre eigenen Wege zu gehen.
Mit ihrem aktuellen Buch „Der Sturm wird stärker – wir auch!" führt Claudia Richter diesen Weg konsequent weiter. Sie richtet den Blick auf die langfristigen, meist auch gesundheitlichen Folgen von Traumatisierungen, auf innere Prozesse des Überlebens und auf die reinigende Kraft von Bewusstheit, Körperwahrnehmung und Selbstachtung.

Mit Klarheit, Tiefe und einer zugewandten und ermutigenden Sprache lädt Claudia Richter dazu ein, sich selbst ernst zu nehmen, Erfahrungen einzuordnen und den eigenen Weg bewusst neu zu gestalten.
Claudia Richter lebt in Nordfriesland und ist Mutter von drei erwachsenen Kindern. Ihr beruflicher Weg verbindet schon früh Theologie, Bildung, Forschung und die persönliche Begleitung von Menschen in Veränderungsprozessen
Nach dem Studium der Evangelischen Theologie war sie viele Jahre als Schulpastorin an einer beruflichen Schule tätig, später in der Aus- und Weiterbildung von Religionslehrkräften sowie in Forschung und Lehre an den Universitäten Kiel und Flensburg.
Im Zentrum ihrer Arbeit stand dabei stets schon die Frage, wie Menschen Orientierung gewinnen, innere Klarheit entwickeln und neue Handlungsspielräume erschließen können – besonders in biografischen Umbruchphasen. Mit 60 Jahren promovierte sie an der Europa-Universität Flensburg und entschied sich anschließend für die Selbstständigkeit.

www.dr-claudia-editha-richter.de

www.ingramcontent.com/pod-product-compliance
Lightning Source LLC
LaVergne TN
LVHW010853110826
845149LV00005B/1397